Dorner/Engelhardt

Arbeit an Bildern der Erinnerung

Dimensionen Sozialer Arbeit und der Pflege Band 9

Herausgegeben von der Katholischen Stiftungsfachhochschule München
Abteilungen Benediktbeuern und München

Arbeit an Bildern der Erinnerung

Ästhetische Praxis, außerschulische Jugendbildung
und Gedenkstättenpädagogik

Herausgegeben von
Birgit Dorner und Kerstin Engelhardt

 Lucius und Lucius · Stuttgart

Anschrift der Herausgeberinnen:

Prof. Dr. Birgit Dorner
Katholische Stiftungsfachhochschule
München
Preysingstr. 83
81667 München
E-mail: birgit.dorner@ksfh.de

Kerstin Engelhardt
Büro: Herschelstr.16, 10589 Berlin
Tel. und Fax: 030 - 346 519 72
Email: kengelhardt@versatel.de

Bibliografische Information der Deutschen Bibliothek

Die Deutsche Bibliothek verzeichnet diese Publikation in der Deutschen Nationalbibliografie; detaillierte bibliografische Daten sind im Internet über http://dnb.ddb.de abrufbar

ISBN 3-8282-0350-7 (ab 2007: ISBN 978-3-8282-0350-1 (Lucius & Lucius)
© Lucius & Lucius Verlagsgesellschaft mbH Stuttgart 2006
  Gerokstr. 51, D-70184 Stuttgart
  www.luciusverlag.com

Das Werk einschließlich aller seiner Teile ist urheberrechtlich geschützt. Jede Verwertung außerhalb der engen Grenzen des Urheberrechtsgesetzes ist ohne Zustimmung des Verlages unzulässig und strafbar. Das gilt insbesondere für Vervielfältigung, Übersetzungen, Mikroverfilmungen und die Einspeicherung, Verarbeitung und Übermittlung in elektronischen Systemen.

Druck und Einband: Druckhaus Thomas Müntzer, Bad Langensalza
Printed in Germany

Inhalt

Birgit Dorner und Kerstin Engelhardt

Einleitung 1

Birgit Dorner

Bilder der Verführung - Bilder der Erinnerung - gestaltete Bilder.
Kunstpädagogik in der Gedenkstättenarbeit 7

Thomas Lutz

Die Kunst der Erinnerung. Kunst und Pädagogik in Gedenkstätten 19

Mathias Pfüller

„Leuchttürme, leere Orte und Netze": Neue Möglichkeiten der
Erinnerung im Übergang vom kommunikativen zum kulturellen
Gedächtnis der Gesellschaft 27

Hilde Jakobs

ORTUNGEN – ein historisch-künstlerisches Projekt der Mahn-
und Gedenkstätte Düsseldorf 53

Susanne Bauer, Sabine Lorz und Anja Prölß-Kammerer

Kunstprojekt „Bahnhof Märzfeld" - Skulpturenworkshop 65

Birgit Dorner

Erinnern als Kunst. Sigrid Sigurdssons „Offene Archive" 77

Klaus Heuer

Die „Bibliothek der Alten" von Sigrid Sigurdsson – Eine Momentaufnahme eines Beteiligten im Jahre 2005 91

Birgit Kammerlohr

Halle G – Gedenkzeichen. Fragen und Positionen zu aktuellen Erinnerungsformen 95

Volker Gallé und Heribert Fachinger

Kunst und Kultur in der Gedenkstätte KZ Osthofen 105

Gunnar Richter

KUNST als pädagogische Herausforderung. Die Dauerausstellung der Gedenkstätte Breitenau 113

Ewa Guziak

Kunst in deutsch-polnischen Workshops – Projekte für Jugendliche mit Behinderungen in der Internationalen Jugendbegegnungsstätte Oswiecim/Auschwitz, Polen 123

Tanja Berg und Uwe Danker

Graffiti: Das etwas andere Medium in der Gedenkstättenarbeit 133

Anne Bitterberg

Kunstpädaogisches Arbeiten im Herinneringscentrum Kamp Westerbork, Niederlande 151

Regine Gabriel

TatOrt Gedenkstätte. Kunstpädagogisches Arbeiten mit Kindern und Erwachsenen in der Euthanasie-Gedenkstätte Hadamar 159

Kerstin Engelhardt und Dieter Starke

Annäherungen an die Geschichte des Ghettos Theresienstadt - Probleme und Erfolge eines CD-Rom-Projekts mit IT-Systemkaufleuten in der Ausbildung 171

Akim Jah und Michael Thoß

„Stumme Zeugen" – Der Einsatz von kognitiven und kreativen Methoden in der historisch-politischen Bildung. Eine Seminarreihe zum Thema „Todesmarsch im Belower Wald" 187

Melanie Klaric und Jonny Schanz

Experimente: Internationale Jugend-Kunst-Workcamps in der KZ-Gedenkstätte Neuengamme 203

Katrin Hattenhauer

„Freiheit wagen" - Ein Ost-West-Workshop in Kreisau/Krzyzowa mit Jugendlichen 217

Annette Eberle

Aktive Medienrezeption und handlungsorientierte Medienarbeit in der Gedenkstättenpädagogik 227

Die Herausgeberinnen 241

Die Autorinnen und Autoren 242

Einleitung

Birgit Dorner und Kerstin Engelhardt

Die Geschichte des Nationalsozialismus rückt in immer weitere Ferne. Dennoch ist mehr als 60 Jahre nach der Befreiung 1945 das Interesse daran ungebrochen: Hunderttausende Menschen aus dem In- und Ausland besuchen jährlich die Gedenkstätten, die Literatur zum Thema ist selbst für ExpertInnen kaum noch zu überblicken und Kino- und Fernsehfilme erreichen ein Millionenpublikum. Mit dem wachsenden zeitlichen Abstand, in einer Situation, in der die Erlebnisgeneration für ein direktes Gespräch kaum mehr zur Verfügung steht und sich die nachwachsenden Generationen in einer zunehmend von Bildern geprägten Gesellschaft bewegen, werden auch an die Bildungsarbeit neue Herausforderungen gestellt. Welche Herangehensweisen, welche Methoden der Auseinandersetzung mit dem Nationalsozialismus sind für diese Zeit des „Übergangs vom kommunikativen zum kulturellen Gedächtnis", wie die viel zitierte Aleida Assmann (1999 und 2004)[1] die Ausgangslage für heutige Erinnerungs- und Bildungsarbeit beschreibt, angemessen?

Die öffentliche Auseinandersetzung mit dem Nationalsozialismus ist zum einen von – oftmals semidokumentarischen - Bilddokumentationen im Fernsehen, die meist auf erwachsene ZuschauerInnen ausgerichtet sind, und zum anderen von wissenschaftlichen, also textzentrierten Diskursen geprägt. Letztere waren und sind auch für die Bildungsarbeit maßgeblich. Es wird versucht, mit einem möglichst genauen Schatz an historischen Fakten die Geschichte zu rekonstruieren, zu interpretieren und Ursachenanalyse zu betreiben (vgl. Bergmeier). Wissenschaft und Text stehen in unserer Kultur für objektive Darstellung. Allmählich setzte sich dann aber die pädagogische Erkenntnis durch, dass Sprache in der immer visuelleren Kultur unserer Zeit als bevorzugtes oder gar alleiniges Medium in der Bildungsarbeit nicht mehr ausreicht. Jugendliche heute erfahren ihre äs-

---

[1] Aleida Assmann und ihr Mann Jan Assmann thematisieren diesen Aspekt seit weit über einem Jahrzehnt.

thetischen Sozialisation in einer Welt der Bilder. Medien-Bild-Welten sind selbstverständlicher Teil ihrer Welt, sie werden von ihnen anders erfahren als von älteren Generationen. Will Bildungsarbeit Jugendlichen Zugänge zur Geschichte, zur Kultur der Erinnerung schaffen, muss sie die ästhetischen Bedürfnisse und die Lebenswelt der Jugendlichen berücksichtigen. Darüber hinaus begrenzt sich eine text- und faktenorientierte Pädagogik auf Zielgruppen mit höherer Schulbildung. Andere Zugangswege zur Geschichte bleiben ungenutzt und viele Bevölkerungsgruppen ausgegrenzt. Methoden der ästhetischen Praxis stellen hier eine dringend erforderliche inhaltliche Erweiterung dar.

Noch können einige Kinder, Jugendliche, junge Erwachsene in der Begegnung mit einem Menschen, der den Alltag als Kind oder junger Mensch in einem Konzentrationslager erlebt und überlebt hat, erfahren, was es für Menschen bedeutet, in einem Régime des Terrors zu leben. Das scheinbar unfassbare Grauen wird plötzlich real, vielleicht begreifbar. Die Bilder großer Leichenberge und die Opferzahlen in Millionenhöhe, die ins Reich des Abstrakten rücken, weil diese Dimensionen unsere Vorstellungskraft übersteigen, führen Überlebende der NS-Verfolgung zurück in eine Sprache, die die Geschehnisse zwar nicht nachvollziehbar, aber dennoch vorstellbar machen. Die Überlebenden verkörpern Geschichte als Person, durch ihre leibliche Präsenz und ihre Erzählungen, den Schilderungen von Ereignissen, Atmosphären und Emotionen, ablesbar an ihrer Gestik, Sprache und Mimik. Mediale Bild- und Tonträger können diese im Kontakt erfahrene Geschichte nicht ersetzen; die Geschichte des Nationalsozialismus wird in naher Zukunft endgültig die hautnahe Präsenz des Erzählten verlieren. Damit verbunden fällt auch die emotionale Berührung weg, die in solch unmittelbarer Begegnung mit Überlebenden entsteht und die eine wesentliche Basis historischen und moralischen Lernens bildet. In der historisch-politischen Bildungsarbeit wird deshalb seit geraumer Zeit nach Möglichkeiten gesucht, wie über die historische Distanz hinweg und ohne den Kontakt zur Erlebnisgeneration die Geschichte des Nationalsozialismus vermittelt werden, wie diese Geschichte auch weiterhin berühren kann. Eine Alternative können hier ästhetische Herangehensweisen bieten. Ästhetische Zugänge im Allgemeinen sowie die Kunstpädagogik, auf die der Fokus in diesem Buch gelegt wird, setzen sich nicht nur mit historischen Fakten und sichtbaren Bildern auseinander, sondern ermöglichen jenseits eines Betroffenheitsdiktats oder esoterischer „Nabelschau" Zugänge über verschiedene sinnliche und leibliche Empfindungen; sie arbeiten mit den inneren Bildern der eigenen Vorstellungskraft, mit Gefühlen und atmosphärischen Wahrnehmungen, mit der Welt der Phantasie, der Emotionen und der Vorstellungen, und schaffen so Zugang zur Geschichte. In diesem Zugang bedeutet ästhetische Praxis auch Selbsttätigkeit, sie verlagert das reine Konsumieren von Inhalten in schöpferisches Gestalten, legt Hand an. Sie fordert und fördert Eigentätigkeit und damit eigene Zugänge zur Geschichte.

In der außerschulischen Jugendbildung und Gedenkstättenpädagogik zum Themenkomplex Nationalsozialismus wird seit geraumer Weile und an unterschiedlichen Orten mit ästhetischer Praxis, also mit kunstpädagogischen und anderen Ansätzen der ästhetischen Praxis mit Bildern der Erinnerung, Bildern des Erinnerns gearbeitet. In diversen Sammelbänden oder Tagungsdokumentationen lässt sich das nachlesen[2]. Solche Ansätze werden in unserer raumerobernden Welt der Bilder weiter an Bedeutung gewinnen. Doch handelt es sich bei der vorliegenden Literatur immer um eine oder zwei Methoden- oder Projektbeschreibungen neben vielen anderen. Eine spezielle Sammlung kunstpädagogischer Ansätze liegt bislang nicht vor. Dieses Buch will die Lücke schließen und mit seiner Sammlung unterschiedlicher Methoden und Ansätze der ästhetischen Praxis im Umgang mit der Geschichte des Nationalsozialismus zur Diskussion und zur Weiterentwicklung der ästhetischen Praxis in der Jugendbildungsarbeit anregen.

Das Buch ist eine Fortsetzung der im Januar 2003 von der Katholischen Stiftungsfachhochschule München, der Stiftung Topographie des Terrors, dem Kreisjugendring Nürnberg-Stadt/Projekt „Pädagogik rund um das Dokumentationszentrum", dem Institut für Jugendarbeit des Bayerischen Jugendringes, der DGB-Jugend Bayern, der DGB-Jugendbildungsstätte Flecken Zechlin und dem Jugendgästehaus Dachau veranstalteten Tagung im Jugendgästehaus Dachau "Arbeit an Bildern der Erinnerung. Kunst- und Kreativpädagogik in NS-Gedenkstätten" unter der Leitung von Kerstin Engelhardt, Birgit Dorner, Thomas Lutz und Bernhard Schoßig.

Folgende Kriterien, die durchaus willkürlich sind, liegen den in diesem Band gesammelten Beiträgen zu Grunde: Dass die in Konzept und Praxis vorgestellten Beiträge nicht älter als sechs Jahre sind und damit einen jüngeren Erfahrungshintergrund aufzeigen. Dass sie sich auf unterschiedliche Zielgruppen beziehen. Dass sich die dargestellten Projekte im Bereich der methodischen Herangehensweisen unterscheiden und dass unterschiedliche, z.T. auch konträre Positionen formuliert werden. Dass sie ein breites Spektrum an möglichen Orten historisch-politischer Bildungsarbeit abdecken. Dass binationale und internationale Perspektiven gezeigt werden. Dass wir Herausgeberinnen sie spannend finden.

Manche der vorgestellten Projekte bewegen sich in mehreren Feldern ästhetischer Praxis, haben aber kunstpädagogische Anteile. Bewusst aufgenommen sind auch medienpädagogische Ansätze als wesentlicher Teil ästhetischer Praxis und ästhetischer Bildung. Neben Ansätzen aus der Gedenkstättenarbeit stellen wir

---

[2] Vgl. z.B. Ehmann; Klameth,/Wagner; Kuhls; Lernen aus der Geschichte; Pädagogik wider das Vergessen - Das alleine reicht nicht!.

zudem Projekte aus dem öffentlichen Raum vor, die sich auf Orte mit einer spezifischen Geschichte zur NS-Zeit beziehen; damit wollen wir deutlich machen, dass der außerschulischen Bildung neben den Gedenkstätten viele weitere, spannende Orte für ihre Bildungsarbeit zur Verfügung stehen.

Den Band einleiten werden Texte zu den Wirkungsweisen der ästhetischen Praxis (Dorner), zur Gedenkstättenpädagogik (Lutz) und zu grundsätzlichen Fragestellungen der aktuellen außerschulischen Jugendbildung im Kontext der NS-Geschichte (Pfüller). Die fruchtbare Zusammenarbeit von Schule und außerschulischer Jugendbildung beim Lernen zur NS-Geschichte sowohl an Orten der Täter als auch der Opfer zeigen Projekte in Nürnberg und Düsseldorf (Jakobs und Bauer/Prölß-Kammerer). Andere Beiträge erläutern, wie Zeitgenössische Kunst neue Perspektiven im öffentlichen Raum initiieren (Dorner) und in die ästhetische Praxis in der Jugendbildungsarbeit (Kammerlohr) einbringen kann, warum Kunst als integraler Bestandteil der Vermittlungsarbeit in der KZ-Gedenkstätte Osthofen verstanden wird (Gallé/Fachinger) und welche Resonanz eine Kunstausstellung als zentrale Ausstellung in der Gedenkstätte Breitenau erzielt (Richter). Im Weiteren werden Praxisbeispiele vorgestellt, die „besondere" Zielgruppen der Jugendbildungsarbeit in den Blick nehmen. In der Jugendbegegnungsstätte Oswiecim/Auschwitz arbeiten Jugendliche mit Behinderungen in binationalen Jugendbegegnungen gestalterisch an „Bildern der Erinnerung" (Guziak), über das Medium Graffiti werden in Sachsenhausen sozial benachteiligte Jugendliche in die Bildungsarbeit integriert (Berg/Danker), und in den Gedenkstätten Westerbork/Niederlande und Hadamar wagen sich die pädagogischen Mitarbeiterinnen an die schwierige Aufgabe, Kindern das Thema Verfolgung und das Thema Euthanasie zu vermitteln (Bitterberg und Gabriel). Andere Artikel zeigen die Brisanz historisch-politischer Jugendbildung in den ostdeutschen Bundesländern, wo rechtsextremistisches Gedankengut und Gehabe - nicht nur - unter Jugendlichen gefährlich verbreitet ist (Engelhardt/Starke und Jah/Thoß). Auf die besondere Bedeutung nicht-textgebundener Vermittlungs- und Arbeitsformen bei Internationalen Jugendbegegnungen verweisen spezifische Kunstprojekte der Gedenkstätte Neuengamme (Klaric/Schanz). Um das Spannungsverhältnis zwischen Visionen einerseits und unterschiedlichen kulturellen Gegenwartsbezügen andererseits geht es dann bei internationalen Projekten des europäischen Jugendbegegnungszentrums in Kreisau/Krzyzowa (Hattenhauer). Welche ganz eigenen Möglichkeiten schließlich die Medien DVD und Video bieten, wird am Beispiel der Arbeit mit der DVD-Lernstation „Das Heimweh des Walerjan Wrobel" sowie anhand eines Filmprojekts der Gedenkstätte Dachau vorgestellt (Eberle).

Literatur

Assmann, Aleida (1999): Erinnerungsräume. Formen und Wandlungen des kulturellen Gedächtnisses, München

Dies. (2004): „Erinnerungen verändern sich von einer Generation zur anderen". In: Psychologie Heute, 31. Jg., Heft 10, Oktober, S. 26-28

Bergmeier, Uwe: Pädagogische Arbeit zur NS-Geschichte mit Jugendlichen aus Migrantenfamilien. http://www.ghwk.de/deut/tagung/paed1.htm

Ehmann, Annegret u.a. (Hg.) (1995): Praxis der Gedenkstättenpädagogik, Opladen

Klameth, Wolfgang/Wagner, Andreas (Hg.) (2000): Gedenkstättenpädagogik in der Jugendarbeit, Rostock

Kuhls, Heike (1996): Erinnern lernen? Pädagogische Arbeit in Gedenkstätten, Münster

Lernen aus der Geschichte (2000): Projekte zu Nationalismus und Holocaust in Schule und Jugendarbeit. Ein wissenschaftliches CD-ROM-Projekt mit Begleitbuch, Bonn, und: http://www.holocaust-education.de

Pädagogik wider das Vergessen - Das alleine reicht nicht! (1999): Schriftenreihe des Kreisjugendrings Nürnberg-Stadt, NR. 14. Dokumentation der Fachtagung zum Thema pädagogische Arbeit mit Kindern und Jugendlichen anhand des Reichsparteitagsgeländes, 29.- 31. Januar, Nürnberg, S. 36-49

Einblicke und Ausblicke

Bilder der Verführung - Bilder der Erinnerung – gestaltete Bilder
Kunstpädagogik in der Gedenkstättenarbeit

Birgit Dorner

Da mit Kunstpädagogik Vielfältiges assoziiert wird und assoziiert werden kann, bedarf es zunächst ein wenig der Begriffsklärung. Gerade weil wir uns auf für die Kunstpädagogik ungewöhnlichem Terrain befinden – dem der Gedenkstättenpädagogik. Und umgekehrt gehören dort, in der Gedenkstättenarbeit, kunstpädagogische Ansätze noch lange nicht zum Alltag. Historisch-politische Bildungsarbeit wird in der Regel nicht oder eher nachrangig mit kunstpädagogischer Arbeit in Verbindung gebracht.

Das Anliegen der Kunstpädagogik in der Gedenkstättenarbeit

Kunstpädagogik fördert eine aktive, selbstgesteuerte Auseinandersetzung mit Geschichte und hat ihre Einsatzmöglichkeiten in der Gedenkstättenpädagogik zudem dort, wo die verbale Sprache als Kommunikationsmittel nicht ausreicht oder ihren Dienst versagt oder nicht zur bevorzugten Ausdrucksform der AdressatInnen gehört. Was charakterisiert nun Kunstpädagogik im Feld der Auseinandersetzung mit dem Nationalsozialismus und der Gedenkstättenpädagogik?

Kunstpädagogik ist zuerst Arbeit mit und an der sinnlichen Wahrnehmung, Arbeit mit dem sinnlich Wahrgenommenen. Und natürlich - Kunstpädagogik beschäftigt sich mit Bildern, sie arbeitet mit Bildern, sie analysiert Bilder und sie produziert Bilder. Sie richtet ihren Blick nicht nur auf äußere, mit den Augen wahrnehmbare Bilder, sondern auch auf die inneren Bilder wie Vorstellungen und Phantasien. Durch das Schaffen „eigener" Bilder können vorgeformte, medial vermittelte Bildwelten dekonstruiert werden, so wie die von NationalsozialistInnen geschaffenen Bilder und Bildwelten oder die über die Medien verbreiteten bildhaften Erzählungen von Geschichte. Kaum jemand kennt nicht diese Medienikonen, die immer und immer wieder die Geschichte des Nationalsozialismus scheinbar dokumentieren wie die Fotos des Konzentrationslager-

Eingangstors mit der Aufschrift „Arbeit macht frei" oder der Rampe in Auschwitz.

Kunstpädagogik in der Gedenkstättenarbeit ist keine spezielle Kunstpädagogik, sie orientiert sich an den Maßstäben außerschulischer Kunstpädagogik. Der Begriffsanteil „Kunst" wird hier im weiten Sinn verstanden, als eine Arbeit an der visuell und sinnlich erfahrbaren Welt und als Handeln mit ästhetischen Mitteln. Kunst meint hier weder ein auf dem Markt verkäufliches Objekt, noch die Produktion eines übermenschlichen Genies. In den neueren ästhetischen Theorien wurde der Begriff des Genies häufig angezweifelt oder ganz verworfen, jedem Menschen wird nun schöpferisches Potential und die Fähigkeit zur ästhetischen Auseinandersetzung zugesprochen. "Aus diesem Grund kann ich auf den zweifelhaften Begriff des ‚Genies' im Sinne einer ‚angeborenen Gemütslage' (…) völlig verzichten. Jeder Mensch (grundsätzlich jeder) kann in den Prozess künstlerischen Arbeitens eintreten. Man konnte allenfalls diesen Prozess selbst, das freie Spiel im Produzieren und das daraus entstehende Kunstwerk, wenn es gelingt, als ‚genial' bezeichnen" (Lehnerer, 102).

Die Kunstpädagogik in der Gedenkstättenarbeit hat eine situative und adressatInnenorientierte Herangehensweise. Sie ist auf der einen Seite eine produktionsorientierte, emanzipatorisch Tätige, aktiviert das vitale Handlungspotential der AdressatInnen, fördert also zum Beispiel entdeckendes Lernen. Auf der anderen Seite regt sie in vielfältiger Weise Reflexionsprozesse über das Wahrgenommene, die eigene Wahrnehmung, das Werten und Handeln an. Kunstpädagogik in der Gedenkstättenarbeit will die Wahrnehmungs-, Handlungs-, Erfahrungs- und Entwicklungsmöglichkeiten der AdressatInnen erweitern und deckt sich so mit den Zielen von politischer Bildung, wenn Lernen dort als aktive, ganzheitliche Auseinandersetzung mit Geschichte und Lernorten begriffen wird. Kunstpädagogik geht davon aus, dass aktive ästhetische Prozesse, Prozesse des gestalterischen Handelns Veränderungspotential haben, durch den kontinuierlichen Selbstdialog während des Gestaltens und über das zu Gestaltende, durch die produktive Eigentätigkeit, durch die das Ich zu sich selbst kommt, über seine Einstellungen und Werte reflektiert, sich eigene und fremde Wirklichkeit erschließt wie kommunikative Fähigkeiten entfaltet. In den ästhetischen Handlungsprozessen verschränken sich fortlaufend Reflexion, Selbstklärungs-, Ausdrucks- und problemlösende Gestaltungsaktivitäten, sowie sinnliche, geistige, emotionale Persönlichkeitsebenen (vgl. Richter-Reichenbach 1992, 98).

Diskurse in Gedenkstätten: Von Text und Sprache geprägt

Die öffentliche Auseinandersetzung mit dem Nationalsozialismus ist, wie Uwe Bergmeier es ausdrückt, geprägt von wissenschaftlichen, also Text geprägten

Diskursen. Mit einem möglichst genauen Schatz an historischen Fakten wird versucht die Geschichte zu rekonstruieren, zu interpretieren und die Ursachenanalyse zu betreiben (vgl. Bergmeier). Wissenschaft und Text stehen in unserer Kultur für objektive Darstellung. Diese Haltung durchzieht die Gestaltung und vielfach auch die Pädagogik von NS-Gedenkstätten und ihren Bildungsabteilungen. Der geschrieben Sprache wird diese Objektivität jedoch nur zugeschrieben, sie hat sie nicht automatisch inne. Aber nach wie vor funktionieren Wissenschaft und Bildung und mit ihnen Geschichte in der Regel durch und über Sprache. Ob Sprache diesen Status in der zunehmend visuell angelegten Kultur unserer Zeit, in der ästhetische Kategorien zunehmend gesellschaftsprägend sind, halten kann, ist fragwürdig. Nach-fragwürdig ist, ob nicht gerade Jugendliche, mit ihrer ganz anderen ästhetischen Sozialisation - sie bewegen sich ja viel natürlicher in den nicht mehr ganz so neuen visuellen Welten - nicht auch andere Zugänge zu Geschichte und Bildung brauchen.

Kunstpädagogische Konzepte in der gedenkstättenpädagogischen Praxis stellen eine Erweiterung der text- und faktenorientierten Pädagogik in der Bildungsarbeit dar und sie richten daher ihren Focus auch auf die Arbeit mit Zielgruppen, die mit den herkömmlichen Ansätzen schwer zu erreichen sind, als Bespiele wären zu nennen: Kinder, sozial- und damit häufig bildungsschwache Jugendliche, Menschen mit Behinderungen.

Bilder und Bildauswahl

Geschichte ist immer auch Geschichte in Bildern und in der Vermittlung bedienen wir uns Bildern der Geschichte, erzeugen Bilder von Geschichte bei unseren ZuhörerInnen und LeserInnen. Ein Ort besonderer Verdichtung von Konstruktion und Vermittlung mittels visuell Wahrnehmbaren sind historische Ausstellungen. Bilder von Geschichte, das lässt sich am Wandel der Ausstellungen in KZ-Gedenkstätten über die vergangenen Jahrzehnte gut ablesen, werden aber immer wieder neu und anders konstruiert, entsprechend neuer Erzählungen, Fakten, Quellen. Ähnlich verhält es sich mit den persönlichen Bildern von Geschichte, die im Zuge der fortschreitenden persönlichen Entwicklung neu komponiert und verändert werden, ausgehend von einem eher stabilen persönlichen „Bildarchiv" erworben durch Schule, Medien und prägenden Erzählungen. Während die Bildauswahl in den Ausstellungen von Gedenkorten sehr bewusst getroffen wird, passiert ein Vermittlungsprozess in Bildern in der konkreten pädagogischen Arbeit meist in einem vorbewussten Prozess. Wir als PädagogInnen sehen unsere Bilder der zu vermittelnden Geschichte nicht bewusst vor unserem inneren Auge, sie scheinen wie Phänomene des Halbbewussten präsent, und doch möchten wir, so behaupte ich, genau diese Bilder weitervermitteln, sie sollen sich auch in der Vorstellung der Zuhörenden einstellen. Das aber kann nur in Ansätzen funktionieren. Denn andere Menschen haben andere Grundvorlagen und durch gleiche Worte, Bilder oder Orte werden bei ihnen ganz andere Bilder wachgerufen. Aufgabe einer reflektierenden Kunstpädagogik in der politischen Bildung wäre es hier, uns unsere eigenen Bilder von Geschichte ins Bewusstsein zu rufen oder besser noch in bildhafte Form zu bringen, um uns Klarheit zu verschaffen über einen wichtigen Teil unserer Vermittlungsgrundlagen.

Bildungsdefizit Bild- und Medienkompetenz

Wir leben in einer visualisierten Welt, einer Welt der Bilder, die geprägt ist von den massenhaften Erzeugnissen der Bildmedien. Unser Alltag wird immer weiter ästhetisiert, Design ist aus unserem Alltag nicht mehr wegzudenken, Ästhetisierungsprozesse durchziehen unser Leben von der Stadtraumgestaltung bis zum individuellen Lebensstil. Diese Entwicklung fordert von den einzelnen eine hohe Bild- und Medienkompetenz, um Leben sinnvoll zu gestalten und Entscheidungen für das eigene, auch das politische Handeln, zu treffen. Da aber die Vermittlung dieser Kompetenzen an unseren Schulen nach wie vor einen viel zu geringen Platz einnimmt, scheinbar nicht zu den unbedingt zu vermittelnden gehört, haben wir hier ein Bildungsdefizit. Was bedeutet, dass wir vermittelten Bildwelten häufig unkritischer gegenüberstehen als entsprechendem Text, ihnen manchmal wie ausgeliefert scheinen. Wir haben es selten gelernt uns von Bildern, die auf uns einströmen, zu distanzieren, akzeptieren sie vorschnell als Abbild von Wirklichkeit. Dass diesem Bildungsdefizit so wenig entgegengesetzt wird, ist umso erstaunlicher, als die Erkenntnis, in welch wirkungsvoller Weise sich der Nationalsozialismus der Ästhetik und der Bilder für die Durchsetzung seiner politischen Ziele bedient hat, nicht neu ist. Kunstpädagogische Theorie fordert seit langem eine gezielte Förderung der Bild- und Medienkompetenz im Bereich der allgemein bildenden Schulen. Aber auch die außerschulische Pädagogik und gerade die politische Bildungsarbeit haben in diesem Bereich noch Entwicklungsmöglichkeiten. Wie mit Bilddokumenten aus der NS-Zeit kunstpädagogisch gearbeitet werden kann, hat Norbert Haase in seinem Artikel „Geschichte dokumentarischer Photos als Gegenstand gedenkstättenpädagogischer Veranstaltungen" eindrücklich dokumentiert (vgl. Haase).

„Rezeptionsästhetik"

Mit der Wahrnehmung, der Rezeption von Bildern der Bildenden Kunst befasst sich die „Rezeptionsästhetik". Sie geht davon aus, dass sich BetrachterInnen in einem Bild, einem Kunstwerk mit der ihnen eigenen Lebensgeschichte nähern. Durch das „Ausmalen" von so genannten „Leerstellen" oder „Ungewissheitsstellen" im Kunstwerk durch den/die BetrachterIn, legen BetrachterInnen ausgehend von der immer gleichen, sichtbaren Vorlage des Kunstwerks, das auf dem Bild Dargestellte vor dem Hintergrund ihrer individuellen Erfahrungswelt aus. Das geschieht beispielsweise durch das Hinzudenken von Aspekten des Vorher und Nachher - ein Bild zeigt ja immer nur einen verdichteten Augenblick -, oder in der Interpretation eines Bildes durch eine Geschichte (vgl. Mann/Schröter/Wangerin, 49ff). Ähnlich wie Werken der Bildenden Kunst begegnen wir allen visuellen Erscheinungen unserer Umwelt und auch jedem Gegenüber, wir lesen sie durch die „Brille" unserer Lebensgeschichte, unserer Erfahrung, unseres Wissens. Das gilt ebenso für historische Orte wie KZ-Gedenkstätten. Unser Standpunkt und unser Blickfeld fließen in die Betrachtung ein.

„Indem wir die Optik auf die Dinge außen richten, sehen wir sie mit den Augen der Imagination. Wir nehmen wahr, was wir an die Dinge herantragen, und tragen an sie heran, was wir von ihnen wahrgenommen haben. In diesem Wechselspiel der Subjektivität spielt das Gedächtnis die entscheidende Rolle. Gedächtnis bewahrt, was Erfahrung gewinnt, es sieht und interpretiert ... Ohne Gedächtnis gäbe es nur Reflexe, die mit dem Anreiz kommen und vergehen. Alles wäre unbekannt, so oft man es auch sähe" (Wolfgang Tunner, 82). Und Gedächtnis meint hier nicht nur die Dinge, an die wir uns bewusst erinnern.

Unser Wissen über die NS-Zeit ist in unserem Gedächtnis gespeichert, zum einen in Form von Wissen in Fakten, Daten und Zusammenhängen, vorwiegend in verbaler Sprache, zum anderen in Atmosphären, Emotionen und Bildern, gespeicherten, vermittelten Bildern – kaum jemand von uns hat die Zeit des Nationalsozialismus erlebt, die damalige Wirklichkeit mit eigenen Augen gesehen. Anhand der Bilder und Atmosphären, die durch Vermittlung erzeugt wurden, die wir spüren, wenn wir uns diese Geschichte „ins Gedächtnis rufen", anhand der Atmosphären von Bildern und der Emotionen, die wir mit den geschichtlichen Tatsachen verbinden, anhand dieser Form des Gedächtnisses wird deutlich, in wie weit und in welcher Weise jemand einen Bezug zur Geschichte entwickelt hat bzw. entwickeln konnte.

Bezüge zur Geschichte?

Einen Bezug zur Geschichte zu schaffen ist ein wesentlicher pädagogischer Schritt, um Auseinandersetzung mit Geschichte überhaupt zu ermöglichen. Bis vor einigen Jahren war das der wesentliche Verdienst der Zeitzeugen und Zeitzeuginnen. Sie als Personen, die diese Zeit erlebt und gelebt hatten, konnten schnell einen Bezug zur Vergangenheit herstellen. Sie verkörperten Geschichte als Person, durch sie und ihre Erzählungen, den Schilderungen von Ereignissen, Atmosphären und Emotionen, ablesbar an ihrer Gestik, Sprache und Mimik, wurde und wird immer noch das Unfassbare fassbar. Nun sind die ZeitzeugInnen, die noch erzählen wollen und können, wenige geworden. Andere müssen diese, für Nicht-ZeitzeugInnen wesentlich schwierigere Aufgabe übernehmen, einen Bezug zu einer für Kinder und Jugendliche doch schon reichlich vergangenen Zeit herzustellen.

Wer das scheinbar immer noch nicht besonders gut kann, ist der schulische Geschichtsunterricht. Ich will das nicht verallgemeinern, doch bin ich jedes Mal neu erschrocken, wenn mir Studierende von ihren Erfahrungen aus dem Geschichtsunterricht berichten. Ich selbst, obwohl einige Jahre älter als meine Studierenden, kann das so nicht teilen, mein Geschichtsunterricht scheint eine Ausnahme gewesen zu sein. Die StudentInnen, von denen ich hier spreche, für die und mit denen ich nun seit fünf Jahren Seminare zu kreativen und gestalterischen Methoden in der Gedenkstättenpädagogik veranstalte, sind Studierende der Sozialpädagogik aus dem Studienschwerpunkt Jugendarbeit an der katholischen Stiftungsfachhochschule München. Ihr Altersdurchschnitt liegt ungefähr bei 22-26 Jahren, nur wenige Teilnehmende sind älter. Kaum je eine/r hat vor dem Seminar Erfahrungen mit professioneller pädagogischer Arbeit in KZ-Gedenkstätten gemacht. Geschichtsvermittlung ist für sie gleich bedeutend mit schulischem Geschichtsunterricht. Immer und immer wieder erzählen sie mir zu Beginn der Seminare wie sehr sie Angst hätten, es würde jetzt wieder alles so ablaufen wie im Geschichtsunterricht; dass sie zum dritten, vierten, fünften Mal über die Zeit des Nationalsozialismus aufgeklärt würden, fürchterlich betroffen sein und sich schuldig fühlen müssten und eigentlich nicht wüssten wieso. Manche von ihnen waren auch schon mehrmals mit der Schule in Dachau in der Gedenkstätte bzw. im KZ, wie sie sagen, ohne dass sie irgendeinen Bezug zur Geschichte hätten herstellen können. Nun sind Studierende der Sozialen Arbeit in der Regel weder politisch uninteressiert, noch gefühlskalt und ohne Geschichtskenntnisse. Ihr Wissen um die Zeit variiert individuell, aber viele verfügen doch über beachtliche Geschichtskenntnisse. Und trotzdem: Die Zeit des Nationalsozialismus haben die Studierenden in der Form des schulischen Lernens aufgenommen, abgespeichert - und abgehakt. Das Wissen um die historischen Fakten allein, das wird immer wieder deutlich, ist für politische Bildung zu wenig. Hier können Methoden und Arbeitsweisen der Kunstpädagogik ein Weg für Menschen sein, um einen Bezug zur Geschichte herzustellen.

Atmosphäre der Kälte als Weg in den Bildungsprozess

Ein eher ungewöhnliches Beispiel für den Prozess politischer Bildungsarbeit werde ich nun an dem Beispiel Kälteerfahrung, Atmosphäre der Kälte beschreiben. Eines meiner gedenkstättenpädagogischen Seminare fand in der zweiten Oktoberhälfte 2003 statt, es war bei unserem Besuch in der KZ-Gedenkstätte für diese Jahreszeit recht kalt. Am Tag zuvor hatte ich die Studierenden gebeten, sich sehr warm anzuziehen, denn es wäre in der Gedenkstätte Dachau um diese Jahreszeit sehr kalt, überhaupt wäre es auf dem Gelände entweder ganz kalt oder ganz heiß. Wie fast immer bei dieser eindringlichen Bitte meinerseits, die wohl in den Ohren der Studierenden so klingt, als wenn die Eltern sagen, „setz die Mütze auf Kind, sonst erkältest Du Dich", wurde sie nicht ganz ernst genommen. Am folgenden Tag führte ich die Studierenden in der KZ-Gedenkstätte über das Außengelände, den Bunker und durch einen Teil der Ausstellung, bis wir nach gut zweieinhalb Stunden den Gesprächsraum der evangelischen Versöhnungskirche auf dem Gelände der Gedenkstätte für die Mittagpause aufsuchten. Der Raum war gut beheizt und trotzdem froren alle weiter; ich fand das nicht so außergewöhnlich, da ich diese Erfahrung schon öfter gemacht hatte. Nach dem Mittagessen stand eine Zwischenreflexion mit bildnerischen Mitteln auf dem Programm, ich bat die Studierenden, die eindringlichsten Erfahrungen oder Eindrücke des Vormittags auf Papier zu bringen, in Form eines Bildes, einer Zeichnung, einer Collage oder eines Gedichtes. Bei einigen Studierenden lautete die Antwort in Bild- und Textaussage: die Erfahrung von unglaublicher Kälte. Nun ließe sich diese Aussage mit einem müden Lächeln abtun und denken, die StudentInnen konnten sich eben wieder nicht auf die Geschichte einlassen, haben sich nur mit ihrem eigenen Körperempfinden beschäftigt. Die Intensität der Kälteerfahrung hat aber manchen geholfen, einen neuen oder überhaupt ersten Bezug zur Geschichte herzustellen: über das eigene körperliche Erleben.

Ich plädiere bestimmt nicht dafür, dass man bei einem Gedenkstättenbesuch „mal Probe fühlen lassen sollte, wie das so gewesen sein könnte im KZ", was bei Führungen bisweilen erlebt werden kann. Aber mein Anliegen ist es, die unmittelbaren körperlichen Erfahrungen der BesucherInnen in die Auseinandersetzung mit der Geschichte einzubeziehen, sie ernst zu nehmen und sie als Chance zu sehen. Was hat das nun mit Kunstpädagogik zu tun?

Der Begriff der Atmosphäre

Ein noch recht junger Begriff der Neuen Ästhetik ist der Begriff der Atmosphäre. Ästhetik ist als philosophische Disziplin auch die Wissenschaft von der Kunst, stellt also eine unmittelbare und wichtige Bezugswissenschaft der Kunstpädagogik dar. Der Begriff der Atmosphäre setzt sich mit der Wahrnehmung der Umwelt auseinander, mit dem Zusammenhang zwischen Umwelten und Befindlichkeiten. „Wahrnehmen ist ... als Befindlichkeit zu konzipieren im Sinne von Spüren, in welcher Umgebung man sich befindet" (Böhme, 13). Atmosphären werden über eigenleibliches Spüren wahrgenommen. Der Begriff des Leibes bedarf hier einer kurzen Klärung, klingt er doch zunächst ein wenig altmodisch. Leib und Körper werden im Alltag häufig fälschlicherweise als Synonyme gebraucht. Der Körper kann von uns quasi als Ding, von außen wahrgenommen werden, während der Leib, der wir sind, nur gespürt werden kann, also von innen wahrgenommen werden muss. Vom Körper haben wir ein klares Bild, sein Umriss wird durch unsere Haut gezeichnet. „Seine Haut kann man besehen und betasten, aber nicht am eigenen Leib spüren (…)" (Schmitz, 13). Der Leib hat im Gegensatz zum Körper keinen äußeren Umriss, hört nicht an der Grenze auf, die die Haut beschreibt, er kann aber über die Körpergrenzen hinaus empfinden. Es bedarf dabei keines direkten Tasterlebnisses, um mit unserem Leib wahrzunehmen. „Wir spüren z.B. den Druck, der von jemanden ausgeht, leiblich, aber ohne Körperkontakt" (v. Schnakenburg, 5). Wir spüren, wenn jemand hinter uns steht oder dass wir beobachtet werden, ohne den Beobachter dazu sehen zu müssen.

Eigenleibliche Wahrnehmung liegt vor jeder Spaltung während des Wahrnehmungsakts in Wahrnehmungssubjekt und Wahrnehmungsobjekt: Das grundlegende Wahrnehmungsereignis ist das Spüren von Anwesenheit als das Spüren zugleich und ungeschieden von mir als Wahrnehmungssubjekt, wie auch das Spüren der Anwesenheit von etwas. Der erste Gegenstand der Wahrnehmung ist die Atmosphäre oder das Atmosphärische, der Leib bildet dafür den Resonanzraum. Atmosphären können nur aktuell wahrgenommen werden, sie werden gespürt, indem man affektiv von ihnen betroffen ist. Gegenüber einer Atmosphäre ist eine vollständige Distanzierung nicht möglich, sie hat immer einen Ich-Anteil. Aber auf der anderen Seite sind Atmosphären auch etwas, was von mir unterschieden ist, das beschreibt Gernot Böhme anhand von Ingressions- und Diskrepanzerfahrung. Eine Ingressionserfahrung liegt beispielsweise dann vor, wenn ich einen Raum mit einer traurigen Atmosphäre betrete und von der Atmosphäre erfasst werde, Böhme spricht hier von einem gestimmten Raum. Eine Diskrepanzerfahrung zur eigenen Stimmung mache ich, wenn ich selbst in Trauer bin und über eine Frühjahrswiese spaziere, die eine fröhliche Stimmung ausstrahlt. Böhme spricht dabei von Atmosphären als etwas quasi-objektivem. Menschen können sich über Atmosphären verständigen, als ob „was in der Luft liegt" (Böhme, 45 ff.).

Orte und Räume können bestimmte Atmosphären haben. Atmosphären sind keineswegs naturgegeben, aus sich alleine heraus existierend, sondern sie können hergestellt werden. Ein gutes Beispiel hierfür ist das Bühnenbild im Theaterraum. Bildnerisches Gestalten ist für die Auseinandersetzung mit Atmosphären prädestiniert, da Bilder selber wiederum Atmosphären schaffen, auch nachbilden können, und damit Klärungsprozesse über die tatsächliche Wirkung einer Atmosphäre präziser als die verbale Sprache führen können.

Der bildnerisch-ästhetische Prozess als Schlüssel zur Auseinandersetzung mit Geschichte

Die Atmosphäre der Kälte auf dem Gelände des ehemaligen Konzentrationslagers Dachau und das körperliche Spüren von realer Kälte, diese ganz persönliche Erfahrung, der ganz persönliche Bezug, hat bei einigen Studierenden ein Wahrnehmungserlebnis ausgelöst, das sie veranlasste, sich intensiv mit dem Ort der Gedenkstätte und damit mit seiner Geschichte auseinander zu setzen. Erst nachdem sie über die Reflexion im angeleiteten bildnerisch-reflexiven Prozess auf den Eindruck der Kälte gestoßen sind, sich ihrer Wahrnehmungen bewusst wurden und diese Ausdruck fanden, fanden die StudentInnen so ihr Leitthema für die Auseinandersetzung mit der Geschichte.

Im Lauf des folgenden Nachmittags gingen die Studierenden in einer Art Spurensuche der Frage nach, was alles diese Kälte bei ihnen persönlich auslöst, ausgelöst hat, wo es bildhafte Repräsentanzen dafür auf dem Gelände gibt, welche Bilder Kälte ausdrücken, wo und wie Atmosphären der Kälte sich manifestieren. Ausgerüstet mit Fotoapparat und Schreibpapier verfolgten sie ihre Spuren auf dem Gelände und in der Ausstellung. In einer weiteren Seminareinheit trugen sie diese Spuren zusammen, brachten die damit verbundenen Gedanken in eine bild- und sinnhafte Form, in eine Komposition, und griffen die Reflexion über die vermittelte Geschichte und die Erfahrungen auf dem Gelände der KZ-Gedenkstätte Dachau ein weiteres Mal auf.

Was passiert nun während eines gestalterischen, bildnerisch-ästhetischen Prozesses, was macht ihn für politische Bildungsarbeit fruchtbar? Kunstpädagogische Praxis im Feld der Gedenkstättenpädagogik sucht ein Höchstmaß an Selbstleitung und Selbstorganisation der AdressatInnen zu realisieren, sie schafft Voraussetzungen, unter denen eine ästhetische Eigentätigkeit zustande kommen kann. Das bedeutet, dass die jeweils passende maximale Gestaltungsfreiheit ermöglicht wird, der ästhetische Prozess sowohl hinsichtlich des Ergebnisses, des Inhaltes, des Materials, als auch des Prozesses selbst möglichst konkretisierungsoffen gehalten wird. Ästhetische Prozesse werden nach einer Hinführung selbst geleitet, nach den in der ästhetischen Reflexion/Kommunikation aufkommenden Gedanken, Vorstellungen, Ideen, Ausdrucks- und Darstellungsabsichten, Verlaufsformen voran getrieben. Aus der Pädagogik wissen wir, dass selbstgeleitete, selbsttätige Prozesse des Lernens zu den effektivsten Lernformen gehören. „Im ästhetischen Prozess erarbeitet, ‚erhandelt' sich die Person ihr Thema, indem sie mit sich selbst mehrdimensional und ganzheitlich (auf sinnlich-emotionalen-kognitiven Ebenen) kommuniziert" (Richter-Reichenbach 1996, 114). In dem vorgestellten Beispiel war die Kälteerfahrung Ausgangspunkt dieses dann selbst geleiteten Prozesses der Auseinandersetzung über Geschichte mit bildnerischen Mitteln.

Ästhetische Prozesse basieren auf einem ganzheitlichen Selbstbezug und auf dem fruchtbaren Zusammenspiel von Einbildungskraft, Phantasie, Möglichkeitsdenken und Verstand in der ästhetischen Reflexion. Phantasie wird hier nicht als nettes Beiwerk zu den ernsten Dingen des Lebens gesehen, sondern als eine Fähigkeit zur Lebensbewältigung: Sich die Dinge anders vorstellen zu können als sie sind, ist nicht nur wichtig für die psychische Gesundheit, sondern trägt beispielsweise zur Bewältigung von Konflikten oder zur Entwicklung von Strategien politischen Handelns bei. Mit Hilfe der Einbildungskraft, der Phantasie können wir uns Realität anders konstruieren als wir sie erleben, damit haben ästhetische Prozesse in Bezug auf die persönliche oder soziale Realität wirklichkeitsaneignendes wie wirklichkeitsveränderndes, also innovatives Potential in sich (vgl. Richter-Reichenbach 1996, 115).

Bildnerisches Gestalten stellt außerdem eine Erweiterung der persönlichen Ausdrucksmöglichkeiten dar, wir können eine weitere „Sprache sprechen". Oft lassen sich Gefühle besser in gestalterischem Arbeiten ausdrücken als mit der „Normalsprache", genauso wie durch andere ästhetische Ausdrucksformen wie Tanz, schauspielerische Darstellung oder Schreiben von Gedichten. Gefühle und Vorstellungen werden sichtbar und gleichzeitig schon gestaltet, nehmen eine bleibende Gestalt an. Durch diese ästhetische Umformung, von einer rein innerlichen Wahrnehmbarkeit zu einer Form, in der sie auch andere wahrnehmen können, werden Gefühle, Vorstellungen und Gedanken einer weiteren Auseinandersetzung zugänglich. Sie lassen sich nun aus einer gewissen Distanz von verschiedenen Seiten und aus verschiedenen Blickwinkeln betrachten. Kommunikation mit ihnen und über sie ist möglich. „Das Ausmalen und Ausagieren von Gefühlen und Vorstellungen im körperlich-sinnlichen Tun wie die ästhetische Umformung in wahrnehmbare symbolische Repräsentanzen, die der weiteren Auseinandersetzung zugänglich sind, schafft ja nicht nur Distanz zum unmittelbaren Erleben, sondern dient auch der eigenen Bewusstwerdung." (Richter-Reichenbach, 1996, 94).

Bildnerisches Gestalten als Medium der Auseinandersetzung und der Kommunikation

Gerade in der persönlichen Auseinandersetzung mit der NS-Geschichte werden wir mit einer Fülle von Emotionen konfrontiert, Gedanken wandern zur Geschichte und den Erzählungen der eigenen Familie, die Frage nach dem Verhalten der Familienmitglieder wird gestellt – und das löst vielfältige Gefühle aus. Jede im weitesten Sinne deutsche Familie und viele andere europäische und außereuropäische Familien haben Erinnerungen an die Zeit des Nationalsozialismus. Es werden Geschichten tradiert, wahre und konstruierte. Unser Verhältnis zur NS-Zeit in der zweiten, dritten und vierten Generation der Nachgeborenen hängt davon ab, wie diese Geschichten tradiert werden und was erzählt wird. In der persönlichen Auseinandersetzung werden an diese Geschichten Fragen gestellt, Antworten und Klärung gesucht. Die bildnerische Gestaltung kann Wesentliches zu einem Klärungsprozess beitragen.

Gestalten ist eine Arbeit mit anderen Gehirnregionen als die, die die Sprache berühren, durch Bildnerisches Gestalten ist ein Selbstausdruck auch dann möglich, wenn die Gehirnregionen, die für den verbalen Ausdruck zuständig sind, blockiert, geschädigt oder gestört sind. Deshalb ist kunstpädagogisches Arbeiten ein wichtiges methodisches Element in der Gedenkstättenarbeit mit Zielgruppen, deren verbale Fähigkeiten nicht, noch nicht oder nur schwach entwickelt sind. Gestalten ist ein ganzheitliches, mit mehr Sinnen Erfahren und Nachdenken, ein Be-greifen, Hand anlegen, direkte, handgreifliche Berührung eines Themas. Im und durch Gestalten arbeiten wir mit und an den eigenen inneren Bildern, werden wir uns unseres Denkens in Bildern bewusst, können es als eigenständige Denkart begreifen. Unser Denken ist, auch wenn wir das oft im Meer der gedruckten Buchstaben übersehen, zu einem beachtlichen Teil ein Denken in Bildern. Es handelt sich dabei um eine Wechselwirkung von Rezeption, Reflexion, Produktion. Unablässig sind wir damit beschäftigt, Bilder von uns selbst, von anderen, von der Welt, in der wir leben, zu entwerfen, frühere Bilder zu verwerfen und neue zu erfinden. Ein Diskurs in Bildern, ein Denken in Bildern beschäftigt sich mit den Fragen, die aus einem Bild hervortreten, und mit den Antworten, die in ein anderes Bild zurückkehren, indem sie die Gestalt des Bildes abwandeln, ergänzen oder widerlegen. Das Denken in Bildern ist vorsprachliches Denken und damit entwicklungspsychologisch eine wesentlich ältere Erkenntnisform als das sprachliche Denken. Die Arbeit mit Bildern und bildnerische Prozesse können einen direkteren Zugang zu Erlebnissen und Erfahrungen darstellen, die in anderen Gedächtnisformen abgespeichert wurden, in einer Sprache jenseits der Wörter. Gestalterisches Arbeiten setzt Kommunikation in Gang, zu Gestaltendes und Gestaltetes lädt zur Kommunikation ein. Wird in der Gruppe gestaltet, kann es während des Gestaltungsprozesses zu intensiver nonverbaler Auseinandersetzung kommen, kann die nonverbale Kommunikation die verbale unterstützen.

In der Kunstpädagogik im Rahmen der Gedenkstättenarbeit hat das Gespräch über das Gestaltete oder über Assoziationen zu einem Bild eine meist wichtige Bedeutung. Denn Bilder sind immer mehrdeutig, sie selbst rufen wieder Assoziationen in Form von Bildern hervor. Deshalb ist es wichtig, dass die BetrachterInnen erfahren, welche Gedanken die SchöpferInnen der Werke verfolgen und welche Assoziationen zu den Bildern andere entwickeln. Die Öffnung für die Wahrnehmung der anderen im Austausch ermöglicht neue Selbsterfahrungen, die eigenen Sichtweisen können hinterfragt werden, durch den Vergleich mit anderen können die eigenen Wahrnehmungsstrategien und Tendenzen zu Wahrnehmungsverzerrungen erkannt werden. Doch trotz der Bedeutung des Gesprächs über das Gestaltete und den ästhetischen Prozess sollte die Eigenständigkeit des bildnerischen Ausdrucks nicht in den Hintergrund geraten. Ästhetische Produktion ist eine eigenständige Äußerungsform, die, wie ich hoffentlich aufzeigen konnte, über eine Fülle von Mitteilungsqualitäten und ein beachtliches Bildungspotential verfügt, genauso wie auch die ästhetische Reflexion – und dieses Potential gilt es für die Auseinandersetzung mit der Geschichte des Nationalsozialismus und für die Gedenkstättenpädagogik zu nutzen.

Literatur

Bergmeier, Uwe (2001): Pädagogische Arbeit zur NS-Geschichte mit Jugendlichen aus Migrantenfamilien. Berlin 2000 - http://www.ghwk.de/deut/tagung/paed1.htm

Böhme, Gernot (2001): Aisthetik. Vorlesungen über Ästhetik als allgemeine Wahrnehmungslehre, München

Haase, Norbert (2001): Geschichte dokumentarischer Photos als Gegenstand gedenkstättenpädagogischer Veranstaltungen. Berlin 2000 http://www.ghwk.de/deut/tagung/haase.htm

Lehnerer, Thomas (1994): Methode der Kunst, Würzburg

Mann, Christine/Schröter, Erhart/Wangerin, Wolfgang (1995): Selbsterfahrung durch Kunst. Methodik für die kreative Gruppenarbeit mit Literatur, Malerei und Musik, Weinheim und Basel

Richter-Reichenbach, Karin-Sophie (1992): Identität und ästhetisches Handeln, Weinheim

Dies. (1996): Männerbilder. Frauenbilder. Selbstbilder. Projekte, Aktionen, Materialien zur ästhetisch-kreativen Selbsterkundung, Aachen

Schmitz, Hermann (1998): Der Leib, der Raum und die Gefühle, Stuttgart

Von Schnakenburg, Renate (2003): Ästhetische Bildung in der Sozialen Arbeit auf dem Hintergrund Ästhetischer Theorie. Vortrag anlässlich der Kooperation mit der Fachhochschule für Kulturelle Bildung in Arnheim und Nijmegen/Holland

Tunner, Wolfgang (1999): Psychologie und Kunst. Vom Sehen zur sinnlichen Erkenntnis, Wien/New York

Die Kunst der Erinnerung
Kunst und Pädagogik in Gedenkstätten

Thomas Lutz

„So wichtig die wissenschaftliche Aufarbeitung des Holocaust ist, mindestens ebenso wichtig ist die künstlerische Auseinandersetzung. Diese wird mit wachsendem zeitlichem Abstand vom Geschehen eher noch wichtiger; denn die emotionale Dimension der Vermittlung ist genauso wichtig wie das Kennen der brutalen Fakten. Autoren, Komponisten, Maler und Regisseure lassen uns nachvollziehen, nacherleben, was sie selbst durchlitten haben oder was andere Ungeheuerliches erfahren haben. In der künstlerischen Verdichtung geht es darum, das Unfassbare fühlbar zu machen – gerade für diejenigen, die diese Zeit nicht miterlebt haben."(Wolfgang Thierse)

Bundestagspräsident Thierse hat in seiner Rede im Reichstag ausgedrückt, was sicherlich viele Menschen, die sich mit der Nazi-Zeit und den damals begangenen Verbrechen auseinandersetzen, ebenfalls für sich in Anspruch nehmen: Ziel ihrer Bemühungen ist es, ein möglichst umfassendes Verständnis von den Dimensionen der damals begangenen Untaten zu erlangen. In Wolfgang Thierses Äußerungen kommt die Hoffnung zum Ausdruck, dass die Kunst Dinge leisten könnte, die die (historische) Wissenschaft nicht erreichen kann.

Kunst – bildende Kunst, von der in dieser Veröffentlichung in der Regel die Rede ist – kann Dinge ausdrücken, die sich mit historischen Abhandlungen und wissenschaftlichen Ausdrücken nicht beschreiben lassen. Ein solches Beispiel ist für mich eine Zeichnung des ehemaligen Auschwitz- und Buchenwald-Häftlings Jozef Szajna, in der er mit der Aneinanderreihung seiner Daumenabdrücke, die Köpfe assoziieren, und mit einigen Strichen darunter, die als gestreifte Häftlingsjacken zu interpretieren sind, die von der SS erzwungene Uniformität der Häftlinge zeigt. Durch die Nutzung seines persönlichen, einzigartigen Daumenabdrucks werden zugleich die Bemühungen um die Individualität jedes Häftlings dargestellt. Mit genialer Einfachheit und zugleich Anrührung wird in dieser kleinen Zeichnung das System der KZ-Haft dargestellt.

Mit diesem kleinen Beispiel kann aber noch auf einen anderen Zusammenhang hingewiesen werden: Ohne die historischen Zusammenhänge zu kennen, lässt sich die Bedeutung der Zeichnung nicht einschätzen, und ohne ein kunstgeschichtliches Grundwissen über die Entwicklung der Kunst im 20. Jahrhundert lässt sich das Werk des Krakauer Kunststudenten Szajna ebenfalls nicht umfassend würdigen. Generalisierend bedeutet dies: Der Versuch der emotionalen Nachempfindung ohne Wissen ist gefährlich, weil sie schnell die falschen Zusammenhänge assoziieren kann, hilflos macht und in ihrer emotionalen Überwältigung alleine lässt, ohne Möglichkeiten der Bearbeitung derselben zu bieten.

Darüber hinaus ist der Aufbau eines Gegensatzes zwischen auf der einen Seite Dokument und Wissenschaft gleich kognitives Lernen und auf der anderen künstlerisches Gestalten gleich emotionales Lernen Unsinn. Ganz abgesehen von der Tatsache, dass jedes kognitive Lernen mit Emotionen behaftet ist, kenne ich nur wenige Lernorte, an denen die Emotionen so offenkundig das Lernen – in ganz unterschiedlichem Sinne – beeinflussen, wie Gedenkstätten an früheren Stätten nationalsozialistischer Verfolgung. Die Einbindung von bildender Kunst in diesen Lernprozess erschwert die Auseinandersetzung mit der Geschichte zudem. Denn damit tritt noch eine weitere Vermittlungsebene hinzu, die nur mit entsprechendem Vorwissen richtig verstanden und genutzt werden kann.

Bildende Kunst und Gedenkstätten: Die Anfänge

Bildende Kunst wurde von Anfang an in die dokumentarischen Ausstellungen der Gedenkstätten einbezogen. Dabei war es unwichtig, ob die Überlebenden die Kunstwerke während ihrer Verfolgungszeit oder nach der Befreiung als besondere Form der Verarbeitung anfertigten. Die besondere Situation von Menschen, die angesichts täglicher Todesdrohungen noch Kunstwerke geschaffen hatten, wurde jedoch nicht reflektiert. Skizzen, Graphiken oder ähnliche Formen zu schaffen in einer Situation, in der die Freiheit als Grundlage von künstlerischem Schaffen nicht vorhanden war, hat Menschen bedurft, die über eine besondere Stärke verfügen mussten. Zudem wurde nicht reflektiert, dass die Häftlinge zwar auf der einen Seite figürliche Darstellungen bevorzugten, aber auf der anderen Seite in vielen Fällen in ihren Darstellungsweisen auch die aktuelle Entwicklung der Kunst zu Beginn des 20. Jahrhunderts aufnahmen.

Später integrierten die Gedenkstätten auch Kunstwerke von nicht unmittelbar Betroffenen, die als künstlerische Form der Auseinandersetzung mit den NS-Verbrechen entstanden sind, in die Dauerausstellungen. Allerdings sind die Zeichnungen, Gemälde etc. zumeist als Beweis oder als eine besondere Form von Quelle in die historische Ausstellung aufgenommen worden. Die Kunstwerke wurden nicht wegen ihrer besonderen künstlerischen Form gewürdigt, sondern sollten Bereiche der KZ-Geschichte illustrieren, für die es in der Regel keine fotografischen Überlieferungen gab. Dies betraf vor allem den Bereich des Häftlingsalltags, aber auch Strafaktionen, Mordtaten und die große Anzahl von Leichen in den Lagern.

Die Beschäftigung mit Kunst musste in den Gedenkstätten gegen interne Widerstände durchgesetzt werden oder war zumindest ein unliebsames Kind. Der ehemalige KZ-Häftling und von 1947 an Mitarbeiter der Gedenkstätte Auschwitz Tadeusz Szymanski hat dort die Kunstsammlung betrieben und in den siebziger Jahren eine kleine, ständige Kunstausstellung zusammengestellt, die jedoch dem allgemeinen Publikum nicht zugänglich war. Diese Ausstellung thematisierte zum ersten Mal die sehr unterschiedlichen Bedingungen der Kunstproduktion in einem KZ. Häftlinge mussten wegen ihrer künstlerischen Ausbildung für die SS arbeiten. So musste z.B. Dinah Gottliebova Portraits von Roma-Zwillingen für Untersuchungen des SS-Arztes Mengele anfertigen. Andere Häftlinge schufen Gemälde zur Dokumentation von großen Bautätigkeiten im Lager. Neben einer vergleichsweise guten Arbeitssituation bekamen diese Häftlinge Materialien gestellt, von denen sie hin und wieder illegal etwas abzweigen konnten. Halblegal konnten Häftlinge arbeiten, wenn sie private Aufträge von SS-Männern erhielten. Die hierfür erhaltenen Vergünstigungen waren überlebenswichtig. Die meisten Kunstwerke jedoch entstanden in der Illegalität. Die Beschaffung von Zeichenmaterial, das Verstecken und die Rettung der Werke für die Nachkriegszeit waren äußerst schwierig.

Aber auch in den Nachkriegsjahren stieß die Bedeutung von Kunst als Dokumentations- und Widerstandsform nicht auf Verständnis, worauf vor allem die amerikanische Historikerin Sybil Milton hingewiesen hat (Milton, 44-63). Die meisten Historiker waren nicht dazu ausgebildet, visuelle Quellen für die Geschichtsforschung auszuwerten, und taten sich besonders bei der Kunst sehr schwer. Selbst Überlebende wollten dem Material keine so große Beachtung schenken. Ihr Argument lautete, dass das ungeheure Ausmaß der Tragödie angesichts der Tatsache, dass trotz allem gezeichnet werden konnte, geschmälert werden könne.

Veränderungen seit den 1990er Jahren

Für die sich vor allem im letzten Jahrzehnt verändernde Art und Weise des Umgangs von Gedenkstätten mit Kunstwerken waren drei Prozesse ausschlaggebend: Zum ersten ist die Geschichte der nationalsozialistischen Massenverbrechen in vielen Nuancen erforscht, geschrieben und rezipiert worden. In diesem Zusammenhang sind auch verwandte Disziplinen genauer bearbeitet und z.B. Kunstwerke nicht mehr nur als Illustrationen, sondern in ihrer kunsthistorischen Bedeutung bewertet worden. Zum zweiten hat eine Professionalisierung in der

Gedenkstättenarbeit dazu beigetragen, dass KunsthistorikerInnen und KuratorInnen - und sei es nur in Projekten - beschäftigt werden können, die sich mit dem Thema besser auskennen. Zum dritten zeigte sich mit zunehmendem zeitlichen Abstand von den historischen Geschehnissen sowohl eine Offenheit in den Gedenkstätten, sich anderer Themen und Zugänge anzunehmen, als auch ein erweitertes Interesse von Besuchergruppen, z.B. von Kunstinteressierten, an speziellen Bildungsangeboten (vgl. Brebeck/Hepp/Lutz; Lutz 2003, 33-36).

In Gedenkstättenseminaren fristete das Thema bisher ebenfalls ein Randdasein. Zwar befasste sich das erste internationale Seminar in der neu eröffneten Jugendbegegnungsstätte Auschwitz schon 1987 mit dem Thema Kunst und Gedenkstätten unter Mitwirkung von ExpertInnen und GedenkstättenmitarbeiterInnen aus neun Ländern. Doch einen zentralen Stellenwert in einem bundesweiten Gedenkstättenseminar nahm Kunst zum ersten Mal 1993 in Breitenau bei Kassel ein. Diskussionsanlass war die neu eröffnete Ausstellung in der Gedenkstätte, die sich bis heute als einzige in Deutschland mit künstlerisch-assoziativen Mitteln der Geschichte annähert[3]. Im Zusammenhang mit einem Forschungsprojekt zur Erfassung der in der KZ-Gedenkstätte Dachau gesammelten Kunstwerke hat dann ein bundesweites Gedenkstättenseminar im Mai 2004 im Jugendgästehaus der Stadt das Thema erneut in den Mittelpunkt gestellt.

Die Kunstsammlungen in den Gedenkstätten

Nach Aussage der für die Kunstsammlungen in Gedenkstätten Verantwortlichen wird „Kunst von NS-Verfolgten" grundsätzlich gesammelt. Hierbei handelt es sich um Werke, die zwischen 1933 und 1945 in Europa entstanden. Ausführende waren oft ausgebildete KünstlerInnen, aber auch Amateure und Kinder. Die technischen Einschränkungen, unter denen die KünstlerInnen, die in die Verfolgungsmaschinerie des NS-Regimes geraten waren, arbeiten mussten, bedeuteten dabei immer auch eine willkürliche Beschränkung ihrer künstlerischen Möglichkeiten.

Davon zu unterscheiden ist „Kunst zum Thema NS-Massenmord". Dieser Begriff ist weit gefasst. Die Werke sind im Unterschied zur ersten Kategorie, die sich geographisch und chronologisch geschlossener auf die individuellen Erfahrungen bezieht, eher kosmopolitisch angelegt und unterliegen weder vom Stil noch den Materialien her Einschränkungen. In allen Gedenkstätten, die Kunstsammlungen führen, werden beim Erwerb von Kunstwerken der zweiten Kategorie kunstwis-

---

[3] Siehe dazu Artikel in diesem Buch.

senschaftliche Kriterien angelegt. Zwischen beiden Bereichen gibt es Überschneidungen, wenn z.B. Überlebende ihre verloren gegangenen Bilder nach dem Krieg aus dem Gedächtnis noch einmal zeichneten, oder wenn sie, vor allem unmittelbar nach der Befreiung, Bilder malten, die ihre jeweils eigene Form der Bearbeitung mit einbezogen.

Das U.S. Holocaust Memorial Museum war die erste Gedenkstätte, die gezielt bedeutende zeitgenössische Kunstwerke gesucht und die Mittel zum Ankauf zur Verfügung hatte. Die Eröffnung der dortigen Ausstellung vor fast zehn Jahren wirkte für nachfolgende Ausstellungen weltweit Stil bildend. Außerdem zeigten sich Rückwirkungen auf die Nutzung von Kunstwerken in den Ausstellungen von Gedenkstätten. Nicht nur Gemälde, sondern auch andere kunsthandwerkliche Gegenstände von Lesezeichen über Spiele bis hin zu künstlerisch bearbeiteten Alltagsgegenständen werden heute in den Ausstellungen wesentlich genauer präsentiert. Sowohl die exakte Darstellung des Entstehungszusammenhangs als auch die Ausstellung des Originalgegenstandes und die Präsentation in korrektem Sinnzusammenhang werden nun bedacht. Die Nutzung dieser Gegenstände lediglich zur Illustration in einem historisch falschen Kontext wird abgelehnt, ebenso wie die Ausstellung von Kopien oder gar Repliken sehr skeptisch beurteilt (jedoch weiterhin) unternommen wird.

Buchenwald war die erste Gedenkstätte in Deutschland, die über die Einrichtung einer eigenen Kunstabteilung nachdachte. Die Mitte der achtziger Jahre entwickelten Pläne zur Errichtung einer eigenen Kunstausstellung zeigen exemplarisch die Entwicklung des Diskurses um die Bewertung von Kunst im KZ und dessen Bildungsgehalt. Während in den ersten Papieren noch die Verbindung zu dem politischen Konzept des Antifaschismus sehr stark war, hat die im restaurierten ehemaligen Desinfektionsgebäude bestehende Ausstellung in der 1998 überarbeiteten Form den Titel: „Überlebensmittel - Zeugnis - Kunstwerk – Bildgedächtnis". Sie zeigt Bilder und Zeichnungen von Häftlingen des Konzentrationslagers Buchenwald sowie künstlerische Arbeiten, die bis 1995 von Überlebenden oder Nachgeborenen zu dem Thema geschaffen wurden.

Kunst und Kunstpädagogik als Mittel der Auseinandersetzung und Aneignung

Kunst ist eine besondere Form der Auseinandersetzung und Aneignung - hier der Verbrechen der NS-Zeit im Sinne des würdigen Gedenkens an die Opfer und der Anstrengungen, sich selbst die Geschichte anzueignen. Um Kunst zu verstehen, ist es notwendig, sowohl die historischen als auch die kunstgeschichtlichen

Bezüge zu begreifen. Auf dieser Basis können dann neue Zugänge zu einem möglichst ganzheitlichen Bild der Geschichte gewonnen werden.

Bezogen auf die Wirkung von Kunst ist als erstes festzustellen, dass sich damit ein neues Publikum interessieren lässt. Die o.g. Dauerausstellung in der Gedenkstätte Breitenau hat dafür einen konkreten Beweis geliefert. Wenn darüber hinaus die BesucherInnen die Möglichkeit erhalten, Kunst nicht nur zu konsumieren, sondern selber Kunst im Rahmen ihrer Auseinandersetzung mit dem Thema zu schaffen, werden ebenfalls neue Gruppen erschlossen Vor allem sind auch solche Menschen damit zu erreichen, die sich nicht so gut verbal artikulieren können. Des weiteren können BesucherInnen hierbei neue Kunsttechniken lernen und sich dabei auf eine ganz andere Weise selbst wahrnehmen. Nicht zuletzt beinhaltet die pädagogische Arbeit mit Kunst Formen des sozialen Lernens, da man sich mit dem eigenen Tun z.B. seinen MitschülerInnen gegenüber öffnet und damit der kritischen Würdigung aussetzt. Die Integration innerhalb von Gruppen bekommt durch das eigene Tun eine neue Dynamik. Der damit verbundene Methodenwechsel und die Schaffung von individuellen Zugängen sind auch als eine Antwort auf heutige Anforderungen an Gedenkstättenpädagogik zu verstehen.

Verschiedene Gedenkstätten offerieren mittlerweile spezielle Angebote zu kunstpädagogischen Themen, von denen einige in diesem Buch vorgestellt werden. Neben der quantitativen Zunahme und Ausweitung kunstpädagogischer Angebote ist zugleich positiv zu vermerken, dass die Reflexion darüber und die Qualität der Bildungsangebote sich ebenfalls in den letzten Jahren sehr verbessert haben. Dies ist ein Ausdruck der Professionalisierung, die auch auf dem Gebiet der Bildungsarbeit stattgefunden hat. Dennoch wird das Thema wohl auch in Zukunft kein Modethema werden können. Hierzu fehlt den insgesamt ungenügend ausgestatteten Bildungsabteilungen in den Gedenkstätten das Fachpersonal, ExpertInnen, die die verschiedenen Kontexte, den historischen, den kunstgeschichtlichen und den personalen, in ein anspruchsvolles Bildungsprogramm umsetzen können.

Nicht mehr nur das Ob, sondern viel mehr das Wie der kunstpädagogischen Angebote ist heute die Frage. Als mögliche Gefahren unzureichend geplanter und durchgeführter Bildungsveranstaltungen zum Thema sind zu benennen, dass erstens die Kunst marginalisiert und nur noch auf die bloße Illustration reduziert wird. Eine zu starke Emotionalisierung kann zweitens zu einem unkritischen Gebrauch führen. Und drittens ist eine zu starke Ästhetisierung, in der Kunst als vermeintlicher Trost dargestellt wird, ebenso problematisch. Um ein Abrutschen in Klischees zu vermeiden, ist ein fachkundiger und sensibler Umgang mit Kunst in der Bildungsarbeit von Gedenkstätten unerlässlich.[4]

Ausblick

Im Sinne der Professionalisierung und Zusammenarbeit mit anderen Museumssparten möchte ich hier die Hoffnung formulieren, dass sich Kunstmuseen bereit finden, die Kunstwerke von NS-Überlebenden als ausstellungswürdig anzusehen. Während sich Gedenkstätten der Kunst gegenüber öffnen, wird umgekehrt in Kunstmuseen bisher die Beschäftigung mit historisch bedeutsamer Kunst abgelehnt. Es wäre außerordentlich erfreulich, wenn auch die Kunstmuseen eine thematische Öffnung vornehmen würden und damit ein gegenseitiges Befruchten in der Diskussion stattfinden könnte.

Die aktuelle Diskussion um Kunst und Bildung in Gedenkstätten, die sich auch in dieser Veröffentlichung widerspiegelt, weist auf einen veränderten Wahrnehmungsrahmen hin. Bildungsarbeit in Gedenkstätten ist offener, vielfältiger und selbstständiger geworden. Neue museumspädagogische Konzepte werden ausprobiert und weiterentwickelt. Vor allem Interdisziplinarität wird dabei immer stärker praktiziert. Die Kunstpädagogik öffnet hier eine sehr anspruchsvolle Herangehensweise an den Umgang mit NS-Verbrechen an den historischen Orten – eine Herausforderung, deren Annahme sicherlich zu neuen Erkenntnissen und dem Öffnen der Gedenkstättenpädagogik für neue Fragestellungen und neue Besuchergruppen führen wird.

Literatur

Brebeck, Wulff E./ Hepp, Nicolas/Lutz, Thomas (Red.) (1992): Über-Lebens-Mittel. Kunst aus Konzentrationslagern und in Gedenkstätten für Opfer des Nationalsozialismus, Marburg

Lutz, Thomas (2003): Kunst und Gedenken. In: Informationen, Studienkreis Deutscher Widerstand (Hg.), Nr. 57, 28 Jg.. S. 33 – 36

---

[4] Auf diese Gefahren hat z.B. Guido Fackler in seinem Vortrag: „Kunst in Gedenkstätten – Aktuelle Beobachtungen und zukünftige Herausforderungen" während des 41. bundesweiten Gedenkstättenseminars „Spuren des Überlebens – Dokumente der Erinnerung. Kunst, Künstler und politische Bildung in Gedenkstätten für NS-Opfer" am 23.05.2004 im Jugendgästehaus Dachau hingewiesen.

Milton, Sybil: Kunst als historisches Quellenmaterial in Gedenkstätten und Museen. In: Brebeck, Wulff E., aaO,. S. 44 – 63

Thierse, Wolfgang (.2003): Ansprache zum 27. Januar – Tag des Gedenkens an die Opfer des Nationalsozialismus. Zitiert nach: Bulletin der Bundesregierung Nr. 08-1

„Leuchttürme, leere Orte und Netze"
Neue Möglichkeiten der Erinnerung im Übergang vom kommunikativen zum kulturellen Gedächtnis der Gesellschaft

Matthias Pfüller

Vorbemerkungen

Die Feiern zum 60. Jahrestag der Befreiung der KZ zum Kriegsende haben die ZeitzeugInnen dazu veranlasst, selbst zu formulieren, dass dies wohl der letzte „große" Gedenktag sein könnte, den sie noch mit uns begehen können. Abgesehen von der vorweggenommenen Trauer, die auf allen Seiten mitschwingt, zeigt sich auch eine steigende Unruhe: Die Erinnerungspraxis, die Gedenkstättenarbeit, aber auch die Erinnerungspolitik werden „neu justiert" werden müssen. Noch niemand hat ein „Patentrezept", wie eine Antwort beschaffen sein müsste, die die sich öffnende Leere füllt oder zumindest überbrückt. Gleichzeitig ist erkennbar, dass auch die ZeitzeugInnen selbst deswegen beunruhigt sind. Die aktuelle Erinnerungspolitik ist zwiespältig und mehrdeutig geworden, seitdem die DDR und das gesamte System der sowjetischen Einflusssphäre mit ihrer Ideologie nicht mehr existieren und sich daraus eine neue „Gedenkstättenlandschaft" und eine weitere Erinnerungspflicht ergeben haben. Im negativen Fall - der leider so selten nicht ist - wird diese erweiterte Verpflichtung für die nachgeborenen Generationen als Beginn einer „Konkurrenz der Opfer" wahrgenommen, und das von beiden Seiten aus, also sowohl von den NS- wie auch den Kommunismus-Opfer-Verbänden. Eine Brücke zwischen ihnen, wie sie Jorge Semprún in seiner Rede auf der Gedenkfeier von Buchenwald geschlagen hat, ist bisher noch kaum von jemand anderem angeboten worden; wir wissen daher auch nicht, ob sie tragen kann[5].

---

[5] Die deutlichste Formulierung mit dem klarsten Problembewusstsein finde ich in der Dokumentation der Rede Jorge Semprúns anlässlich des 60. Jahrestags der Befreiung des Lagers Buchenwald. Die erwähnte Brücke zu den Opfern des (Post-)Stalinismus findet sich am Ende der Rede, die mit den Sätzen schließt: „Hoffen wir, dass bei der nächsten Gedenkfeier in zehn Jahren, 2015, die Erfahrung des Gulag in unser kollektives europäisches Gedächtnis eingegliedert worden ist. Hoffen wir, dass neben die Bücher von Primo Levi, Imre Kertész oder David Rousset auch die *Erzählungen aus Kolyma* von Warlam Schalamow gerückt wurden. Das würde zum ei-

Mit Blick auf die NS-Vergangenheit, ihre Verbrechen und ihre Allgegenwart in Europa ergeben sich jedoch einige Möglichkeiten eines Ausblicks, der vielleicht auch imstande ist, ein zusätzliches neues Problem anzugehen, das ebenfalls erst in den letzten Jahren ins Blickfeld gerückt ist: Die „Entnationalisierung" und „Europäisierung" des Gedenkens, spätestens aktuell, seit die große EU-„Osterweiterung" quasi unausweichlich eine neue Erinnerungs- und Memorial-Topographie konstituiert hat.

Schließlich muss noch einmal nachdrücklich darauf hingewiesen werden, dass es nicht nur um den unausweichlich kommenden Verlust der Möglichkeit geht, mit ZeitzeugInnen zusammen zu arbeiten. Es geht auch darum, dass die erste Nachkriegsgeneration - weitgehend identisch mit der seit einiger Zeit so genannten „Kriegskindergeneration" - sich anschickt, auf's Altenteil zu gehen. Auch dadurch wird sich die Erinnerungspraxis gründlich verändern. Wir wissen derzeit nicht, welche Einflüsse sich durchsetzen werden: Diejenigen, die von den Medien ausgeübt werden, oder solche, die auf eine zwar nicht mehr direkte, aber eine vermittelbare „Authentizität" setzen[6]. Damit ist gemeint, dass wir uns in einer Übergangsphase befinden: Langsam erlischt das direkte kommunikative Gedächtnis und das kulturelle Gedächtnis wird zur notwendigen, neuen Praxis[7].

---

nen bedeuten, dass wir nicht länger halbseitig gelähmt wären, zum anderen aber, dass Russland einen entscheidenden Schritt auf dem Weg in die Demokratisierung getan hätte". (Semprún)

[6] Von Gedenktag zu Gedenktag steigert sich die Intensität der Medien-Berichterstattung, die insbesondere im Fernsehen mit einer Bilderflut verbunden ist, die wenigstens gelegentlich eher irritierend als nur illustrierend oder (auf)klärend wirkt (vgl. z. B. die der FAZ zugeschriebene Kritik an dem Darstellungsstil des ZDF in der Verantwortung von Guido Knopp als „Aufklärung auf Küchentischniveau"). Noch immer scheint die Frage nicht geklärt, ob die reine Dokumentation oder eher die Inszenierung à la „Schindlers Liste" die dem Fernsehen (und dem Kino) angemessenere Methode für die Auseinandersetzung mit dem Nationalsozialismus, dem Holocaust und/oder dem Stalinismus ist. Klar ist jedoch, dass eine Form der Beschäftigung damit, die auf die Wahrnehmung von Ereignisorten setzt, ihr Verhältnis zu der von Medien gesteuerten Wahrnehmung der meisten Jugendlichen und Erwachsenen sorgfältig und kritisch reflektieren muss.

[7] In der Fachdiskussion wird seit einigen Jahren als „kommunikatives Gedächtnis" alles bezeichnet, was direkt (mündlich) weitergegeben wird, also beispielsweise durch Mitteilung von ZeitzeugInnen. Sobald das nicht mehr möglich ist, weil die Erlebnisgeneration verstorben ist, kann man sich (fast) nur noch auf materielle Zeugnisse stützen (Texte, Bilder, Gebäude, Orte usw.), die insgesamt das „kulturelle Gedächtnis" formen – soweit man die Zeugnisse wahrnehmen will. Als „Übergangszeit" möchte ich den Zeitabschnitt bezeichnen, in dem die Weitergabe von Erfahrungen auf intergenerationellem Weg erfolgt – gleichgültig, ob das direkt durch Kommunikation im herkömmlichen Sinn geschieht oder indirekt, z.B. durch unausgesprochene Weitergabe von Tabus, Traumata usw. So gesehen treten wir gegenwärtig in eine solche Übergangszeit ein.

Darüber hinaus hat sich in den letzten Jahren herausgestellt[8], dass wir wohl mit einem Übergang rechnen müssen, dessen Eigenart sich daraus ergibt, dass die Vergangenheit nachhaltiger und anders nachwirkt, als wir vorher annehmen konnten: Die bisherige Erinnerungspraxis selbst, d.h. die gegenüber früheren Zeiten veränderte und erweiterte historische Sensibilität hat dazu beigetragen, dass ein anderer „Mechanismus" sich bemerkbar gemacht hat, dem man vorher so gar nicht Rechnung tragen konnte: Die individuellen und die familiären Erinnerungen erwiesen sich als „intergenerationell geprägt"[9]. Die ungeheuer breite, die große Mehrheit aller ZeitgenossInnen der ersten Hälfte des 20. Jahrhunderts betreffende Erfahrung von traumatisierenden Ereignissen und Erlebnissen schien nur vorübergehend verdrängt und von einer regelrechten „Bleiplatte" des Vergessens überdeckt zu sein[10]. Die scheinbar eine Zwischengeneration über-

---

[8] In dem Band von Astrid Erll wird insbesondere mit Blick auf die deutsche, von Aleida und Jan Assmann stark beeinflusste Diskussion zusammenfassend herausgearbeitet, welche theoretischen „Entwicklungsschritte" es parallel zum zeitlichen Fort- und Übergang vom kommunikativen zum kulturellen Gedächtnis gegeben hat (vgl. Erll).

[9] Das erklärt sich leicht daraus, dass die dritte Generation seit der Erlebnisgeneration, also die Kinder der „Kriegskinder", sich vor 20 oder zehn Jahren noch kaum vernehmlich *als eigene Generation* äußern konnte. Überdies wurden Generationsunterschiede in der Art, historische Ereignisse wahrzunehmen, noch kaum thematisiert. Ausgenommen davon blieb die eher abwertende Beschreibung des Generationskonflikts der „68er" mit ihren Eltern (also der Erlebnisgeneration der ZeitzeugInnen) als eine fast naturwüchsige Konfliktform, die manchmal fast von den Inhalten abgekoppelt zu sein schien. Damit wurde allerdings kaum reflektiert, dass die Verbindung von „normalem" Generationskonflikt mit etwas so Ungewöhnlichem wie Nationalsozialismus und Holocaust auch ihrerseits etwas bis dahin Unbekanntes war.

[10] Es scheint, als sei die zigmillionenfache Betroffenheit (nicht nur) der Deutschen noch immer nicht ins allgemeine Bewusstsein vorgedrungen: Etwa 12 Millionen Flüchtlinge und Vertriebene, 20 Millionen Männer, die in der Wehrmacht waren und den Krieg und die Gefangenschaft (vor allem die Millionen, die in der Sowjetunion waren) erlebten, die alleinlebenden und -erziehenden Frauen der Jahre von 1944 bis 1950, z.T. bis 1955, die ebenfalls 1,5 – 2 Millionen zählenden Ausgebombten, die ca. 1 Million ehemaligen Verhafteten und in Lager aller Art von den Nazis Internierten usw. usf., um von den direkt und indirekt durch Stalinismus und Poststalinismus Betroffenen oder gar den überlebenden Juden und Jüdinnen gar nicht zu reden – diese Tatsache, dass die traumatisierenden Erlebnisse nachgerade Allgemeingut waren, relativiert sie in ihren Auswirkungen ja nicht. Noch immer, so scheint mir, gehen die Deutschen damit so um, dass man annehmen möchte, es beschäftige sie nicht weiter, obwohl die öffentlichen Erschütterungen bei größeren Erinnerungsimpulsen wie z.B. der sog. „Wehrmachtsausstellung" etwas ganz Anderes zeigen. Auch die HistorikerInnen haben lange gebraucht, bis sie die Problematik begriffen. So ließe sich fragen, ob die Schwierigkeiten bei der Akzeptanz solcher qualitativer Forschungsme-

springende Weitergabe der Traumatisierungen der „Erlebnisgeneration" auf ihre EnkelInnen hält die Erinnerungen wohl auch deshalb präsent, weil eben die „übersprungene" Kriegskindergeneration bereits in den 1960er Jahren (in der alten Bundesrepublik) mit ihrem Protest darauf bestand, die Erinnerung an das „Dritte Reich" wach zu halten und eine geeignete Erinnerungspraxis zu entwickeln[11]. Das trifft zusammen mit der jetzt sehr spät, aber immer deutlicher hervortretenden Bereitschaft der noch Lebenden der „Erlebnisgeneration", nun doch noch zu sprechen - und zwar unabhängig davon, ob es die TäterInnen oder die Opfer sind, die jetzt ihr Schweigen brechen. (Das ist, um es wenigstens nebenbei zu bemerken, auch so bei den von den Traumatisierungen der unmittelbaren Nachkriegszeit in SBZ und DDR Betroffenen, die früher nicht reden durften und auch nach der „Wende" 1989/90 noch keineswegs spontan und sofort in der Lage waren, sich von ihren Belastungen frei zu arbeiten und darüber zu sprechen.)[12]

Damit ergibt sich ein ganz erhebliches Problem: Wie wollen wir mit dem sich abzeichnenden Paradigmenwechsel in der Erinnerungsarbeit umgehen, der uns aufgezwungen ist bzw. in sehr absehbarer Zeit aufgezwungen sein wird? Damit möchte ich mich in den folgenden Überlegungen auseinandersetzen.

---

thoden wie der Oral History oder bei biografisch-narrativen Interviews und deren Analyse nicht etwa auch auf innerer Abwehr beruhen.

[11] Die Berichte der PsychologInnen und TherapeutInnen (z. B. T. Moser, H. Radebold, G. Rosenthal usw.) zeigen, dass die EnkelInnen der Erlebnisgeneration deutliche therapeutische Hinweise benötigten, um ihre eigenen, ihnen kaum erklärlichen Probleme und inneren Konflikte bis zu den Großeltern zurück zu verfolgen – und sie nur zum Teil der Verantwortung ihrer Eltern zuzuweisen, die ihrerseits ihre eigenen Generationskonflikte nur partiell ausagieren konnten, weil auch sie versuchten, sich vor dem Grauen der NS-Verbrechen und dem ungeklärten Verantwortungsanteil der eigenen Elterngeneration zu schützen. Ein seltsames gemeinsames Resultat ist wohl jene generationsübergreifende „Reparaturstrategie" zur Rettung einer intakten Mehrgenerationenfamilie, wie sie vom ForscherInnen-Team um Harald Welzer etwa im Buch „Opa war kein Nazi" beschrieben wird.

[12] Es stellt sich ohnedies die Frage, ob mit Blick auf die Bevölkerung der ehemaligen DDR wirklich schon alle Langzeitfolgen von Verdrängungen erkannt sind. Das Problem ist nicht neu, aber bei weitem nicht ausdiskutiert. Manche Impulse aus der Zeit unmittelbar nach der „Wende" scheinen fast „verpufft" – vgl. beispielsweise den Aufsatz von Olaf Groehler: Erblasten: Der Umgang mit dem Holocaust in der DDR, der sich mit den Verdrängungen der SED-Kommunisten auseinandersetzt.

„Leuchttürme" und „Netze"

Mit diesen beiden Begriffen sind zwei sehr verschiedene „Modelle" von Erinnerungsarbeit und Erinnerungspolitik bezeichnet. Mit „Leuchttürmen" sind diejenigen Erinnerungsorte und sonstigen „Memoriale" gemeint, die Bühnen für die anerkannte, offizielle gesellschaftliche Erinnerungspraxis sind - beispielsweise die großen KZ-Mahn- und Gedenkstätten als historische Orte einerseits, andererseits neue, eher „symbolische" Orte wie das vergleichsweise riesige Mahnmal für die ermordeten Juden und Jüdinnen Europas in der Mitte von Berlin. Diese Orte zeichnen sich dadurch aus, dass die allgemeine öffentliche Aufmerksamkeit zumindest periodisch auf ihnen ruht bzw. sich ihnen (wieder einmal) zuwendet[13]. Sie sind nach jahrzehntelangen Unklarheiten heute zumeist ausreichend öffentlich gefördert und nach vielen Auseinandersetzungen professionell museums- und gedenkpädagogisch „durchgeformt" in dem Sinn, dass ganze Jahrzehnte konzeptioneller Überlegungen und Auseinandersetzungen ihr Ergebnis in hochgradig durchreflektierten Inszenierungen, Dauer- und Wechselausstellungen gefunden haben[14]. Um diese „Leuchttürme" herum gab es in der alten Bundesrepublik bis nahezu zum Ende der 1970er Jahre wenig, was als Memorial überhaupt wahrgenommen wurde (auch in der DDR waren es neben Buchenwald, Sachsenhausen und Ravensbrück nur wenige Orte, die eine größere Aufmerksamkeit banden).

Besonders wichtig aber war und ist, dass die „Leuchttürme" bis heute zunehmend nicht nur den Mainstream der Gedenkkultur und Erinnerungspraxis darstellen, sondern auch Interpretationen quasi „kanonisieren", und sei es zumindest für mittlere Zeiträume. Das heißt: Generation für Generation lernt diese Orte kennen und gewinnt ihr Bild des Nationalsozialismus (oder eben nunmehr auch

---

[13] Einerseits ist diese Aufmerksamkeit als rituelle Zuwendung anlässlich der regelmäßig wiederkehrenden jährlichen Gedenktage sehr berechenbar (Befreiungsdaten von KZ; Volkstrauertag usw.); andererseits ist sie durchaus kontingent: Meistens sind es „Schändungen", die die Öffentlichkeit mobilisieren. Damit ist das Dilemma für diejenigen Memoriale beschrieben, die überhaupt bekannt und gestaltet sind. Alle anderen Erinnerungsorte sind vollends den Zufällen des Geschehens ausgesetzt. Dazu gehört u.a. auch die Tatsache, dass Rechtsextreme beispielsweise das Verzeichnis der Gedenkstätten, das die Bundeszentrale für politische Bildung herausgegeben hat, immer wieder einmal regelrecht als „Reiseführer" genutzt haben.

[14] Ein eindrucksvolles Verzeichnis der Entwicklungsschritte der „Gedenkstättenlandschaft" wie auch ihrer konkreten Ausgestaltung und deren Veränderungen findet sich in den „GedenkstättenRundbriefen" des Gedenkstättenreferats der Stiftung „Topographie des Terrors", das in diesem Punkt außerordentlich verdienstvoll ist und bei weitem noch nicht systematisch ausgewertet und gewürdigt wurde.

der DDR als Unterdrückungsstaat) aufgrund solcher Begegnungen – seien sie nun durch die Teilnahme an nahezu alle verpflichtenden Ritualen zustande gekommen oder aufgrund eigener, individueller Initiative. Die Präsentationen waren und sind über sehr lange Zeit sowohl früher in der DDR (bedingt durch das offiziell vorgegebene Antifaschismus-Konzept) als auch in der ganzen Zeit in der alten BRD relativ einheitlich gewesen[15]. In der alten BRD hat sich dann zwar über die 80er Jahre hin mancher Perspektivwechsel ergeben, aber die dadurch angebotenen neuen Möglichkeiten des Verständnisses und der Interpretation des NS wurden zumeist rasch Gemeingut und setzten sich in kurzer Zeit überall durch. „Beglaubigt" waren diese Inszenierungen und Ausstellungen fast durchweg durch den nie abreißenden Dialog mit den Opfern der NS-Diktatur als den ZeitzeugInnen, die sehr selten Einspruch erhoben haben (manche frühe Inszenierung, wie z.B. die in Buchenwald, und auch andere mit einer z. T. ausgesprochen konservativen Formensprache gingen auf ihre direkte Zustimmung zurück.) (vgl. Knigge/Pietsch/Seidel; Groehler)[16]

In den 1970er Jahren hat sich in der alten Bundesrepublik zunehmend Unzufriedenheit mit diesem Konzept abgezeichnet - nachdem es (wie in der DDR) langsam als etabliert gelten konnte. In der alten BRD waren Neuengamme, Bergen-Belsen, Dachau (und in geringerem Maß Flossenbürg) z.T. erst nach langen Auseinandersetzungen in eine derart zentrale Position gerückt. Die Unzufriedenheit bezog sich vor allem darauf, dass diese Orte stellvertretend für alle stehen sollten, aber dadurch den Eindruck entstehen ließen, als habe es eben nur sehr wenige Orte gegeben, an denen die Nazis diese Art von Verbrechen begangen haben.

---

[15] Das betrifft sowohl die „Formensprache des Gedenkens" in den räumlichen Anlagen und Gebäuden wie auch die Ausstellungen als solche, und zwar bis in die 1970er Jahre hinein: Es gab z.B. Grabanlagen, Denkmale und Gedenksteine, Kirchen bzw. Kapellen, einige Differenzierungen zwischen christlichen, jüdischen und anderen Grabstellen usw. Die Ausstellungen bezogen sich zumeist auf die Gesamtgeschichte des Nationalsozialismus einerseits, die Situation bei der Befreiung andererseits; der konkrete lokale und regionale Kontext wurde eher weniger berücksichtigt. In der DDR war die zentral gesteuerte „Normung" – z.B. mit dem Ausdrucksmittel des „Roten Winkels" – noch deutlicher; dort sind im Lauf der Jahre auch „Abweichungen" davon schrittweise beseitigt worden. Zwar konnte man nicht durchgängig sagen: „Wenn man eine Anlage kennt, kennt man schon alle" – aber ein gemeinsames „Grundmuster" war deutlich erkennbar.

[16] Das erstaunlichste und eindrucksvollste Beispiel, das ich gesehen habe, ist der „Skulpturen- und Memorial-Park" von Mauthausen, der zwischen dem Lagergelände im engeren Sinn und dem Steinbruch liegt: Man kann dort regelrechte Studien zur Entwicklung der „Formensprache von Mahnmalen" betreiben, wie sie von den verschiedenen Herkunftsnationen der Opfer gesetzt wurden. Hinsichtlich der Mahn- und Gedenkstätte Buchenwald haben bekanntlich Knigge/Pietsch/Seidel pars pro toto genauer analysiert, wie der Gestaltungsverlauf vonstatten ging.

Erst langsam verbreitete sich die Einsicht, dass man in Anbetracht der unerwartet hohen Zahl von Außenlagern bzw. -kommandos wirklich von einem dichten Netz sprechen kann, das das ganze Deutsche Reich überzog (vgl. Schwarz 1996, 84ff; Herbert/Orth/Dieckmann, 17-40). Gleichzeitig differenzierte sich die Sicht auf den Nazismus immer weiter durch. Damit rückten auch Orte ins Blickfeld der Öffentlichkeit, die nichts mit KZ zu tun hatten, die manchmal sogar das schiere Gegenteil zu dieser Welt des Terrors zu bedeuten oder zu zeigen schienen. So wurden langsam auch Orte der TäterInnen erkannt und als Erinnerungsorte anerkannt, an denen der Gedanke an die Opfer in den Hintergrund zu treten schien - wie beispielsweise das Reichsparteitagsgelände in Nürnberg oder, viel deutlicher noch, der Obersalzberg als Hitlers „Bergsitz" (vgl. Poromka/Schmundt).[17]

Damit begann sich ein neuer Weg in Deutschland abzuzeichnen, den andere Länder schon früher kannten, auch wenn sie nicht so „gründlich deutsch" vorgegangen waren: In Italien, der CSSR, Frankreich oder Polen fanden die deutschen TouristInnen schon immer eine Vielzahl von kleinen Erinnerungszeichen, eben Memorialen, an Häusern, Masten, Steinen, Bäumen usw. zu Ehren von MärtyrerInnen, die die Nazis hingerichtet hatten.[18] Zunächst war es Ende der 1970er Jahre der oppositionelle Pahl-Rugenstein-Verlag, der in mehreren Bänden einen

---

[17] In den letzten Jahren hat sich die Diskussion etwas beruhigt; es gibt auch keine direkte Konkurrenz zu den Gedenkstätten im eigentlichen Sinn mehr. Allerdings war das erst dann möglich, als exemplarisch einige grundsätzliche Einschätzungs- und Rezeptionsmomente korrigiert werden konnten. Das im Norden bekannteste Beispiel ist vielleicht Peenemünde: 1992 wollten technikbegeisterte Ingenieure den 50. Jahrestag des ersten Raketenstarts feiern – ohne jeden Bezug zum untrennbar mit ihm verbundenen Ausmaß von Zwangsarbeit, KZ-System und Tod in Peenemünde, Karlshagen und Mittelbau-Dora (und anderen Orten). Der daraus entstandene Skandal wurde indirekt zum Start für die Gedenkstättenarbeit in Mecklenburg-Vorpommern. Es war gleichzeitig ein Signal gegen die Dekontextualisierung von „Faszination", von Technik, von Architektur usw. Die vorerst neueste Publikation dazu ist: Porombka/Schmundt. Darin werden – manchmal etwas naiv-verkürzt – zehn Beispiele solcher vor allem architektonischer „Denkmale" in eher feuilletonistischer Manier vorgestellt.

[18] Der hauptsächliche Unterschied zur Situation in der alten BRD scheint mir zu sein, dass es hier zwar durchaus Erinnerungszeichen gab – sie waren aber meist marginalisiert, standen als Graboder Gedenksteine auf Friedhöfen usw. Anders war die Situation in der DDR – so gab es z.B. die Mahnmale an den Todesmarsch-Strecken, die einerseits zentralistisch vorgegeben waren, aber, durchaus „angenommen" wurden, wie sich an der Tatsache ihrer häufig bis heute anhaltenden Pflege und Betreuung erweist. Erst in den letzten Jahren hat sich das Konzept der „Stolpersteine" als wirksam erwiesen, die in immer mehr Orten z.B. dort gesetzt werden, wo sich z. B. Wohnhäuser von verschleppten und ermordeten Juden und Jüdinnen befanden.

regionalgeschichtlichen Wegweiser zu Stätten des Widerstands und der Verfolgung in der alten BRD vorlegte - diese Sammlung wurde zum Vorläufer der beiden uns heute geläufigen dicken Bände der Dokumentation der Gedenkstätten für die Opfer des Nationalsozialismus, herausgegeben von der Bundeszentrale für politische Bildung. Auf diese Weise wurde in den 1980er Jahren für alle Interessierten deutlich, in einem wie blamablen Zustand sich die Erinnerungspraxis in der alten Bundesrepublik befand - sie konnte auch nicht im entferntesten das Niveau und den Anspruch einlösen, den schon damals die Fachliteratur zum Nationalsozialismus vorgab. Es schienen zwei verschiedene Welten zu sein: Auf der einen Seite die damals noch immer wenigen Gedenkstätten, auf der anderen Seite die immer mehr anwachsende wissenschaftliche Literatur. Dazu kam das Ärgernis, dass in allzu vielen Darstellungen von Orts- oder Firmengeschichten über die Zeit des Nazismus alle schwierigen oder belastenden Fakten ausgeblendet waren[19]. Die zunehmende Empörung vor allem der StudentInnen führte dazu, dass seit den 1980er Jahren in einer beispiellos umfassenden Anstrengung die konkrete Geschichte des Nationalsozialismus in den Städten und Dörfern der alten BRD neu geschrieben wurde. Die nur allgemein bekannte oder vermutete Allgegenwart der NS-Verbrechen wurde nunmehr belegt. Daraus ergab sich rasch der Wille, möglichst viel zu dokumentieren - auch durch Erinnerungszeichen und Gedenkstätten. Langsam bildeten die Memoriale mehr und mehr von der Topographie des Terrors nach. Das Netz wurde sichtbar, obwohl es bei weitem noch nicht vollständig war: Schließlich hatten sich die Verbrechen keineswegs nur in den Lagern abgespielt. Allerdings war der teils offene, teils hinhaltende Widerstand großer Gruppen der Gesellschaft so stark - und blieb es oft bis heute -, dass das ganze Ausmaß der Verfolgung und Unterdrückung noch immer nicht bekannt ist (und in manchen Fällen wohl nie mehr aufgedeckt werden kann oder wird).[20]

---

[19] Auch in diesem Punkt zeigt sich, dass diese „Vergangenheit nicht vergehen will": So gibt es derzeit, im Frühjahr 2005, eine auch in die weitere Öffentlichkeit getragene Diskussion darüber, ob die Geschichte der Bundesministerien hinsichtlich der in ihnen in den 1950er Jahren wieder beschäftigten alten Nationalsozialisten hinreichend aufgearbeitet sei. Es kann also bei weitem noch nicht die Rede davon sein, dass die Allgegenwart, die Ubiquität des Nazismus voll bewusst wäre. Jeder, der diese Diskussion führen will, stößt auf so viele Vorbehalte, dass sehr deutlich wird: Es ist schwer, in diesem Punkt aus einer noch immer permanenten Defensive herauszukommen; von allgemeiner Akzeptanz kann keine Rede sein.

[20] Aus nunmehr zehnjähriger Erfahrung in Mecklenburg-Vorpommern kann ich sagen, dass es noch lange dauern wird, bis eine breite Wahrnehmung erreicht ist. Ein Beispiel dafür ist der Bereich des Tourismus: Es scheint fast ein Ding der Unmöglichkeit zu sein, in ganz normales Informationsmaterial über Orte und Regionen selbstverständlich Hinweise auf Memoriale aufzu-

Unweigerlich, unvermeidlich wiesen die neu geschaffenen Memoriale Elemente einer mehr oder weniger stark ausgeprägten „Überzeugungspädagogik" auf: Es galt immer, etwas zu beweisen und es in einen erkennbaren, nachvollziehbaren Kontext zu stellen - sei es der von TäterInnen und Opfern, ein lokaler und regionaler, ein wirtschaftlicher und gesellschaftlicher usw. Damit entstanden auf der einen Seite bemerkenswert gute, didaktisch und pädagogisch hervorragend aufbereitete Ausstellungen und Gedenkorte, die andererseits jedoch auch schon immer die gesamte Sicht auf die Dinge vorgaben: Die Darstellungen mussten in der Regel problemerschöpfend sein. Ich möchte dafür den Vergleich verwenden, dass es sich dabei um „Leitplanken für das Gedenken entlang einer möglichst geraden Straße" handelte (vgl. Hilberg).[21]

Erst in einem späteren Stadium, in den 1990er Jahren, wurde die überstarke Konzentration auf das kognitive Moment etwas zurückgenommen. Einerseits wurde stärker ein reflexives Moment zur Geltung gebracht (wie im wahrsten Sinn des Wortes beim bekannten Mahnmal der Spiegelwand mit Namen von NS-Opfern in Berlin-Steglitz, auf die die PassantInnen zugehen und sich selbst sehen); andererseits entwickelte sich eine ästhetisch-metaphorische „Linie", die auch mehr und mehr ins Abstrakte gehen konnte (wie z.B. wiederum in Berlin das Memorial am Bahnhof Grunewald für die Deportation der Jüdinnen und Juden - und eben gegenwärtig der „Stelenwald" des großen Mahnmals in Berlin Mitte)[22]. Damit wurden zwar mehr Momente in den Gedenkimpuls aufgenom-

---

nehmen – außer dann, wenn es sich wohl gar nicht vermeiden lässt. Die Furcht davor, das könne bei den TouristInnen die „schönsten Wochen des Jahres" überschatten, ist bei den zuständigen Fremdenverkehrs-ManagerInnen wohl tiefer verankert als sonst – obwohl alle mir geläufigen Diskussionen und Erfahrungen das glatte Gegenteil bezeugen: Man muss TouristInnen nicht unterschätzen, sie haben immer Interesse an solchen Memorialen und begegnen den Erinnerungszeichen fast immer mit Respekt vor dem Ort oder der Region, die sie setzt oder kenntlich macht. Allerdings gibt es ein weiteres, wirksames Hindernis: Auch im geläufigen Kartenmaterial sind die Orte selbst dann nicht eingezeichnet, wenn es dort oder in der Region (wie z.B. an den Autobahnen) deutliche Hinweisschilder gibt.

21 Ich meine das nicht im Mindesten denunziatorisch: Die schon beschriebenen Umstände, d.h. die konstitutionelle Schwäche der Erinnerungskultur hat eine solche Intensität geradezu erzwungen, vor allem auch die allzu häufigen Relativierungs- und Leugnungs-Versuche, die nicht nur von Seiten der Rechtsextremen kamen. So musste beispielsweise zur Geschichte der Judenvernichtung schon immer sehr genau dokumentiert werden.

22 Mir scheint das unter anderem auch ein Anzeichen dafür zu sein, dass ein Lernprozess stattfindet, der natürlich auch dadurch gegeben ist, dass inzwischen vier Generationen mit der Erinnerungskultur konfrontiert sind. Deren zeitlicher und psychischer Abstand erzeugt zwar keineswegs per se einen größeren Überblick oder mehr Souveränität, wohl aber eine andere Art der Suche

men, die über das rein Kognitive hinausgingen - aber andererseits löste sich die Formensprache tendenziell vom konkreten historischen Ort des Geschehens. Das ist verständlich aufgrund der Kritik am Fetisch der vorgeblichen „Authentizität": Natürlich sind die Orte heute nicht mehr so „authentisch" wie beispielsweise im Museum für einen Schriftsteller oder eine Malerin die Konservierung des Moments, in dem deren Leben endete und alles genauso blieb, wie es in diesem Augenblick aussah. Gerade an den Orten ehemaliger Lager ist sehr vieles komplett überformt worden, manches völlig verschwunden oder überbaut worden. Trotzdem wird immer wieder davon gesprochen, dass die Tatsache des historischen Ortes, an dem man steht, eine geradezu „auratische" Wirkung entfalten könne. Offen bleibt jedoch, ob die Formensprache des Memorials an den konkreten Ort zurückgebunden ist und ihn aufgreift oder nicht. Darüber hinaus lässt sich fragen, mit welcher Zielstellung diese Korrespondenz des Memorials mit dem Ort aufgegriffen wird[23]. Hier geht es zunächst um die Frage, ob und wie insbesondere die heute etwa 20jährigen einen Bezug zu Memorialen finden können.

Generationen und Wahrnehmung

Selbstverständlich wird die Wahrnehmung komplexer Bilder - wie beispielsweise Gedenkstätten als konkrete Orte - ausschlaggebend von dem beeinflusst, was die Wahrnehmenden an Kenntnissen, Emotionen und vielleicht auch bisherigen Erfahrungen mitbringen. Ebenso selbstverständlich ist, dass sich die Wahrnehmungsmodi generationsspezifisch durchdifferenzieren. Während wir über die Wahrnehmungsweise der Kinder der Erlebnisgeneration sehr gut informiert sind, ist es mit der Enkelgeneration schon anders: Sie ist eine Übergangsgeneration, die noch sehr viel von den Angehörigen der Erlebnisgeneration und ihren Eltern aus der zweiten Generation gehört – und wohl auch gespürt – hat, aber bereits in hohem Maß auf das angewiesen ist, was als „Rohmaterial" für das kulturelle Gedächtnis bezeichnet werden kann: Also auf Indirektes, Aufgezeichnetes, von der Erlebnisgeneration Losgelöstes, von ihr „Produziertes" und Hinterlassenes. Berichte aus der therapeutischen Praxis ebenso wie aus intergenerationellen Inter-

---

nach einem angemessenen Ausdruck für die Wahrnehmung und das Erleben anderer Generationen (als der Erlebnis-Generation): Es sind andere Emotionen, und die Tatsache macht sich bemerkbar, dass wir uns im Übergang vom kommunikativen zum kulturellen Gedächtnis befinden.

[23] Heute lässt sich diese Frage womöglich noch weniger schlüssig beantworten als je – viel zu verschiedenartig sind trotz des gemeinsamen Nenners „Erinnerungskultur" in seiner generationsspezifischen Ausprägung die lokalen und regionalen Kontexte, aus denen heraus die Memorialsetzung und –gestaltung erfolgt.

views besagen, dass die Enkelgeneration im Unterschied zur Kindergeneration psychisch und emotional womöglich stärker von den Verdrängungen der Erlebnisgeneration betroffen ist - allerdings so, dass ihr diese Betroffenheit, die beispielsweise die Form von unklaren Depressionen bis hin zur Suizidgefahr annehmen kann, in ihrer Genese völlig im Dunkeln liegt (vgl. Moser; Schulz/Radebold/Reulecke)[24]. In den Büchern, die von Schriftstellerinnen dieser Generation in den letzten Jahren veröffentlicht wurden, lässt sich nachlesen, welche Mühe es oft kostete, die eigenen Blockaden und die der Großelterngeneration wahrzunehmen und zu überwinden (vgl. Hahn; Seiffert; Dückers)[25]. Das inzwischen durch das Buch „Opa war kein Nazi" nachgerade berühmt gewordene Projekt von Harald Welzer und anderen zu den Formen und Mechanismen der „Familienerinnerungen" hat verdeutlicht, was die „heimlichen Lehrpläne" dieser Blockaden sind: Es sind „Reparaturstrategien" gegen die Beschädigung der generationsübergreifenden familiären Identität durch die (möglichen, d.h. vermuteten, befürchteten und/oder realen) Zerstörungen der „Familienehre" durch Verbrechen der Erlebnisgeneration - und es sind Abwehrstrategien gegen die traumatisierenden, ebenfalls generationsübergreifenden Nachwirkungen von Kriegs- und Nachkriegserlebnissen (vgl. Rosenthal; Moser).[26]

Bisher lässt sich aus der Literatur nicht erschließen, wie sich das Problem für die vierte Generation, also die UrenkelInnen, darstellt. Aus eigener Erfahrung kann ich nur schließen, dass es ein großes Interesse gibt, das allerdings nicht auf eine direkt wahrgenommene, bewusst problematisierte innerfamiliäre Tradition zurückgeht. Vereinzelte Gespräche und Berichte bringen mich zur Annahme, dass die unverarbeitete familiäre Vergangenheit ein Interesse generieren kann - mehr nicht. Eines wird jedoch immer wieder berichtet und entspricht auch meinen eigenen Erfahrungen: Der Schulunterricht war in der Regel nicht in der Lage, das Interesse wachzurufen. *Das ist keine Schuldzuweisung:* Es gibt bis heute keine auf breiter Grundlage wirksame Didaktik der Vermittlung geschichtlich so relevanter Probleme wie der der Rezeption der NS-Diktatur und ihrer Verbrechen. Woher

---

[24] Die Literatur dazu ist im letzten Jahrzehnt umfangreicher und allgemeiner geworden. Ich verweise hier stellvertretend für viele auf zwei Bücher von Moser; jetzt etwas allgemeiner dazu: Schulz/Radebold/Reulecke.

[25] Fast willkürlich herausgegriffen nenne ich von den älteren Autorinnen Hahn, von den jüngeren Seiffert und Dückers. Auffällig ist der hohe Anteil von Frauen in der aktuellen Literatur.

[26] Vgl. dazu analytisch und zusammenfassend die Habilitationsschrift von Rosenthal. Frau Rosenthal hat davor und danach noch eine ganze Reihe weiterer Publikationen zu diesem Problemkontext vorgelegt, die z.B. die Ansätze von T. Moser und anderen konkretisieren und systematisieren.

sollte sie auch kommen? Das Problembewusstsein dafür ist überhaupt erst vor kurzer Zeit entstanden, und die Literatur zur „Erinnerungskultur" in Deutschland und anderen, auch außereuropäischen Ländern zeigt, dass es keine fertigen Muster oder gar „Patentrezepte" dafür gibt, sondern viele ungeklärte, manchmal auf den ersten Blick auch widersprüchliche Phänomene, die erst noch gedeutet werden müssen (vgl. Knigge/Frei; Cornelißen/Klinkhammer/Schwenkter; Nütznadel/Schieder)[27].

Einen zentralen Hinweis glaube ich aber formulieren zu können: Diejenigen Formen und Muster, die meine eigene Generation (also die zweite, die der Kinder der Erlebnisgeneration) für die Verarbeitung von NS-Diktatur, Verbrechen, Krieg und Traumatisierung entwickelt hat, sind *nicht unmittelbar* geeignet für die Zusammenarbeit mit der Generation der Urenkel. Das liegt mit einiger Wahrscheinlichkeit auch daran, dass wir zu stark fakten- und textorientiert waren (womöglich auch deswegen, weil wir Bilder entweder nicht brauchten und/oder nicht aushielten). Aufgrund des direkten Kontakts mit der Erlebnisgeneration blieben wir lieber auf sicherem, kognitivem Grund – wir waren und sind völlig außerstande, die Emotionen der Erlebnisgeneration zu verstehen oder auch nur nachzuvollziehen (vgl. Brandt 2001)[28]. Bedingt dadurch hat meine Generation zwar ganze Gebirge von Büchern produziert, historische Orte gesichert und sehr differenzierte Ausstellungen erarbeitet - hat aber auch, bedingt durch diese Fixierung aufs Kognitive, die historischen Orte häufig mit Material, Didaktik und Methodik nachgerade „zugeschüttet"[29]. Damit sind Schwierigkeiten entstanden,

---

[27] Damit wird ein Ansatz fortgeführt, der u. a. von Buruma schon 1994 vorgegeben wurde. Noch komplexer gestaltet sich das Bild seit dem Beitritt der osteuropäischen Länder zur EU im Jahr 2004 – ein Prozess, der nicht abgeschlossen ist.

[28] Dafür soll hier nur ein kleiner Ausschnitt aus dem weiten Problemspektrum stehen: Wie sollen wir denn begreifen, was für diese Generation der Begriff „Vaterland" bedeutete? Der Nazismus hat alles, was mit „Patriotismus" zusammenhing, so nachhaltig zerstört, dass es heute einer großen Anstrengung bedarf, die damaligen „Befindlichkeiten" zu rekonstruieren. Wie nachdrücklich und tiefgreifend die Zerstörung ist, belegen die Bücher des Sohnes von Willy Brandt, Peter Brandt (Jahrgang 1948), der sich um eine solche Rekonstruktion sein Jahren bemüht, vgl. zum Beispiel Brandt 2001.

[29] Auch diese Feststellung ist, um es wiederholt zu betonen, nicht selbstquälerisch-denunziatorisch gemeint: Die jahrzehntelange Unkultur des „kommunikativen Beschweigens" (H. Lübbe 1983) hat diese „Materialschlacht" geradezu erzwungen. „Schlacht" bedeutet hier im übrigen keineswegs, dass wir sie etwa schon gewonnen hätten – jedenfalls nicht in der Selbstwahrnehmung meiner Generation; anders wären die immer wiederholten Anläufe zur Untersuchung und Dokumentation von noch mehr und anderen Aspekten nicht zu verstehen. Ein gutes Beispiel für die unablässige Bemühung ist - gewollt oder nicht - die große Produktivität von

die nicht allein auf die bekannten Verständigungsprobleme zwischen Generationen zurückzuführen sind. In der Zwischenzeit sind neue Formen von Kommunikation Allgemeingut geworden, die früher unbekannt waren[30]. Unter dem Einfluss der etablierten Medien Film und Fernsehen sowie vor allem der neuen, auf digitaler Datenverarbeitung beruhenden Möglichkeiten sind Texte als Medium stark zurückgetreten, während Bilder ihren Einfluss ausgerechnet in dem historischen Augenblick stark vergrößert haben, in dem sie aufgrund der technischen Möglichkeiten so leicht zu bearbeiten und zu verändern sind wie nie zuvor.

Bezogen auf die Erinnerungskultur, die Gedenkstättenarbeit und die damit verbundenen pädagogisch-didaktischen Anstrengungen ergeben sich dadurch wohl ebenso viele Schwierigkeiten wie Möglichkeiten. Die Schwierigkeiten liegen in der Frage der „Authentizität". Nicht nur Orte, auch Bilder sind keineswegs mehr umstandslos als „authentisch" ausgewiesen. Bearbeitungen, ebenso aber auch Fälschungen sind jederzeit möglich und entwerten jedes Bild, das seine „Echtheit" nicht beglaubigen kann (vgl. Heer, 12-66)[31]. Gerade dadurch bekommen historische Orte beim Übergang vom kommunikativen zum kulturellen Gedächtnis für die Gedenkstättenpädagogik eine erhöhte Bedeutung, sofern außer Zweifel steht, dass es der „richtige" historische Ort ist. Dann jedoch kann die Gedenkstättenpädagogik auch bei der vierten Generation auf eine Grundlage setzen, die trägt - sofern die Erwartungen keine falschen sind.

Götz Aly, und zwar ganz ausdrücklich unter Einschluss der Auseinandersetzungen, die er damit immer wieder sucht bzw. provoziert.

[30] Damit möchte ich keineswegs nur das Internet ansprechen. Insbesondere das Fernsehen hat die gewaltige Maschinerie der unendlichen Talkshows geschaffen, in denen die ProtagonistInnen der Konflikte immer wieder und unentwegt aufeinander treffen. Damit ist ein permanenter Diskurs entstanden, der beispielsweise zu Zeiten meines Studiums in der zweiten Hälfte der 1960er Jahre noch gar nicht vorstellbar war (unter anderem auch deswegen, weil sich die damals führenden HistorikerInnen, PolitologInnen usw. solchen Diskursanforderungen kaum gestellt hätten; die damaligen öffentlichen Diskussionen – beispielsweise mit den führenden Leuten der Frankfurter Schule – verliefen eher katastrophal).

[31] Wie quälend eine solche Diskussion um Fragen dieser Art sein kann, hat sich in der Kritik an der ersten „Wehrmachtsausstellung" gezeigt. Im Rückblick ist es schwer, endgültig zu beurteilen, ob es wirklich notwendig war, sie zurückzuziehen und gänzlich neu zu konzipieren. Auch die neueste Publikation von Hannes Heer mit dem ersten Kapitel: Die bedingungslose Kapitulation der zweiten Wehrmachtsausstellung, bringt keine entlastende Klärung.

Historische Orte und „Inszenierungen"

Nahezu jede Gedenkstätte ist ein „Konstrukt", wird zur Gedenkstätte nur durch „Inszenierung". Das war von Anfang an so – natürlich bedeutete jede Einrichtung eines Mahnmals (gleich welcher Art) auf dem Gelände eines ehemaligen KZ oder eines sonstigen Ortes der Verfolgung oder des Widerstands einen radikalen Bedeutungswechsel. Schon scheinbar „Harmloses" konnte die „Authentizität" verändern – so haben sich ehemals in Ravensbrück internierte Frauen nahezu darüber beklagt, dass auf dem ehemaligen Lagergelände jetzt Bäume stehen, die dem Ganzen beinahe einen Anstrich von „Idylle" geben. Vor allem die Standorte der ehemaligen Stammlager sind heute als Gedenkorte zwar nach wie vor historische Orte, aber sie sind etwas völlig anderes geworden (vgl. Eschebach/Jacobeit/Lanwerd). Ihre Probleme beginnen mit Blick auf die vierte Generation eben dann, wenn die für die vorangegangenen Generationen noch stimmigen Inszenierungen „versagen", d.h.: den Zugang zu dem, was vermittelt werden soll, eher versperren als öffnen[32]. Nun wäre es unsinnig, diese Gedenkorte gänzlich umformen zu wollen - die einzelnen Generationen müssen sich schon miteinander arrangieren. Nach meinen Erfahrungen mit einem Jahrzehnt Gedenkstättenexkursionen mit StudienanfängerInnen der Sozialpädagogik möchte ich aber dafür plädieren, verstärkt andere Möglichkeiten solcher historischer Orte zu nutzen, die bisher eher vernachlässigt wurden. Für mich verhalten sie sich komplementär zu den großen Gedenkorten - und zwar eröffnen sie gerade dann um so mehr Möglichkeiten, wenn sie nahezu oder vollständig ohne traditionelle Inszenierung da sind. Das eine schließt das andere nicht etwa aus, nur scheint mir manchmal die Reihenfolge didaktisch wirksamer, die mit den „leeren Orten" beginnt und erst danach zu den „großen" Gedenkorten hinführt (ohne dass das ein Dogma wäre). Dazu führen mich einige Grundsatz-Überlegungen, die aus Beobachtungen der letzten Jahre folgen, die nicht nur ich gemacht habe.

In erster Linie ist mir wichtig, dass sich die jungen Leute auf eigenen Beschluss hin auf das Thema „Gedenkstätten" einlassen. Die Furcht davor, mit „Gräueln" konfrontiert zu sein, mit denen sie nicht umzugehen gezwungen sein wollen, ist leicht nachvollziehbar; Betroffenheitspädagogik ist nicht (mehr) gefragt (vgl.

---

[32] Einerseits ist das Problem banal, andererseits methodisch sehr vertrackt: Jede Generation „will" in einer solchen Gedenkstätte etwas Bestimmtes sehen oder erkennen können; dieses „Bestimmte" muss aber mit dem, was es für die Erlebnisgeneration war, keineswegs übereinstimmen. Das Schwierigste daran ist wohl, dass es vermutlich keinen Anspruch auf eine unveränderbare „Wahrheit" gibt, die über die Generationen hinweg übermittelt werden könnte. Damit erweist sich der Auftrag des Mahnens und Gedenkens als ein sehr zeit- und generationenbedingtes Konstrukt – ohne dass jedoch damit gesagt werden sollte, der Auftrag als solcher sei unerfüllbar oder „sinnlos".

Dückers 2005). Es gibt viele Möglichkeiten, das Interesse zu wecken; manchmal (wie in meinem Fall) reicht schon das einfache Angebot, an einer Exkursion teilnehmen zu können[33].

Vor Beginn des Besuchs eines historischen Ortes sollte ein Minimum an Information stehen: Warum sollte man dort hin fahren? Wofür steht dieser Ort? Warum ist er bisher so unbekannt? Häufig genügen einfache Informationen; mir ist es am liebsten, wenn ich auf Nachfragen und Wünsche *reagieren* kann. Texte sollten Bilder und Illustrationen nicht überwiegen. Das Besuchen des historischen Ortes ist notwendig - wer sich wirklich interessiert, nimmt auch die Mühe auf sich, direkt dort hin zu kommen. Körperliche Anwesenheit ist die Voraussetzung für (Kennen-) Lernen und mögliches Verstehen, da erst über die Körper-Erfahrung die Atmosphäre (um nicht zu sagen: die „Aura") eines Ortes (vgl. Böhme 2001, 45-71; Hoffmann-Axthelm)[34] wahrnehmbar wird. Die Differenz zu dem, was Fotos oder auch Videofilme vermitteln können, ist bekannt. Erst die körperliche Präsenz erlaubt es, einen eigenen Zugang zum Ort und dem mit ihm verbundenen Geschehen zu finden - die sinnliche Wahrnehmung ist schließlich die Basis für die Erinnerung (vgl. Pethes/Ruchatz; Roth, bes. 153-176, 285-309; Fried; Welzer)[35]. Manchmal ist die sinnliche Wahrnehmung auch das Medium, das eigene Reflexionen auslöst und womöglich eine eigene Relevanz hat, weil

---

[33] Wichtig scheinen daran zwei Umstände zu sein: Ich nötige niemanden – und ich vergebe lediglich Teilnahmebestätigungen, wenn jemand nur mitfahren, aber nicht auch gleich eine Seminararbeit dazu schreiben möchte. Damit entfällt jeder Zwang, sich zum Exkursionserlebnis zu äußern. Und weiter: Die Exkursion führt aus dem Campus heraus in eine „Inselsituation", die quasi „aus der Zeit ausgeschnitten" und die kein „didaktischer Raum" mehr ist. Alle, die an den Exkursionen teilnehmen, wissen aber auch, dass sie sich in eine nicht alltägliche Situation begeben, in der sie ihr Erleben für sich nicht vollständig steuern können, weil sie nicht wissen, wie sie rational, emotional und sozial reagieren werden.

[34] Zum Konzept der „Atmosphäre(n)" und des „Atmosphärischen" vgl. Böhme 2001, 45 – 71. Schon früher und mit zeittypisch anderer Akzentsetzung vgl. Hoffmann-Axthelm. Mit dem Begriff der „Aura" wird häufig in einer ähnlichen Weise wie mit „Atmosphäre" argumentiert; ich möchte ihn wegen verschiedener „esoterischer" Konnotationen nicht oder allenfalls sehr zurückhaltend erwähnen.

[35] Hier sind aufgrund des begrenzten Raumes nur Andeutungen möglich – die Diskussion um die Körperbindung von Erinnerung ist in den verschiedensten Disziplinen angekommen und hat dem entsprechend viel Literatur entstehen lassen. Zur Interdisziplinarität vgl. Pethes/Ruchatz. Die neurophysiologischen Grundlagen erörtert ausführlich Roth, darin insbes. Kapitel 5: Gedächtnis und Erinnerung, 153-176, und Kapitel 9: Gefühle, 285-309. Einen anregenden, eigenen Zugang entwirft Fried. Ähnlich grundlegend ist Welzer.

damit bzw. dadurch Emotionen entstehen. Häufig sind sie zwar intensiv, aber nicht ohne weiteres zu deuten, und vertiefen die Reflexionen zusätzlich[36].

Die Orte lösen regelmäßig weitere Nachfragen aus. Dazu ein konkretes Beispiel: Im Februar 2005 besuchte ich mit einer Gruppe von Studierenden einen sehr kleinen Friedhof weitab eines kleinen Ortsteils des Dorfes Conow in Südwest-Mecklenburg, auf dem elf polnische Frauen, Männer und Kinder beigesetzt sind, die in der näheren Umgebung als ZwangsarbeiterInnen eingesetzt waren. Die Informationen über diesen ungewöhnlichen „Waldfriedhof" sind spärlich; am Ort selbst gibt es nur einen Findling als Gedenkstein mit einer eher allgemeinen Inschrift: „Hier fanden 1944 11 polnische Bürger ihre letzte Ruhe [.] sie mahnen zum Frieden"; neun Holzkreuze tragen Namen mit Geburts- und Todes-Daten; zwei Holzkreuze stehen für unbekannte Tote (vgl. Endlich u.a., 401). Im Verlauf des Aufenthaltes der Gruppe in der Region zeigte sich an den beiden folgenden Tagen, dass die vom Ort offen gelassenen Fragen an ihnen „nagten" - und erschöpfende Antworten gibt es bis jetzt nicht.

Im Bundesland Sachsen, aus dem die Gruppe angereist war, haben vergleichbare Gegebenheiten an historischen Orten längst dazu geführt, dass sich die interessierten StudentInnen intensiver informiert haben. Es handelte sich dabei um Außenlager-Standorte der Stammlager Buchenwald, Flossenbürg und Groß Rosen. Das Ergebnis ist inzwischen eine kleine Wanderausstellung über diese Orte und ihre Geschichte, die schon mehrfach gezeigt wurde und seither stetig durch neue Ergebnisse zu anderen Orten mit Außenlagern erweitert wird. Ähnliche Erfahrungen haben dort wie in Mecklenburg-Vorpommern die wenigen LehrerInnen gemacht, die sich der Mühe unterzogen, die zunächst etwas zufällige und scheinbar kurzzeitige Motivation ihrer SchülerInnen aufzugreifen, die konkrete Nachfragen nach Orten, TäterInnen und Opfern stellten und die Spuren sehen wollten. Häufig sind gerade dann erstaunliche Arbeitsleistungen erbracht und Ergebnisse erzielt worden, wenn es sich um wenig bekannte, kaum oder gar nicht gekennzeichnete Orte handelte. Dabei fällt auf, dass sich die Arbeitsergebnisse formal nahezu vollständig im Rahmen dessen bewegen, was bekannt und ge-

---

[36] Dieser Aspekt geht, wie mir scheint, keineswegs immer auf die sinnliche Wahrnehmung eines konkreten Ortes zurück, sondern kann assoziativ gesteuert sein mit Rekurs auf unverarbeitete, frühere Erfahrungen, Eindrücke, Wahrnehmungen usw. Es ist kaum möglich, etwas Anderes als ganz allgemeine Hinweise zu geben, die für die StudentInnen eher Impulse für eigenes, weiteres Suchen sein können. In Anlehnung an Schulz u.a., Moser usw.. ließe sich beispielsweise fragen, inwieweit es durch frühere Äußerungen oder Verhaltensweisen von Eltern zu bestimmten Besetzungen von Orten, Umständen (wie etwa Wetter, Temperatur) usw. gekommen sein könnte. Das ist jedoch schon sehr weitgehend und erreicht sehr schnell die Grenze zu einem therapeutischen Diskurs oder zumindest zu Elementen von Selbsterfahrung.

wohnt ist: Ausstellungen mit Fotos, Texten, Zitaten, ebenso Informationstafeln an den historischen Orten und erste, kleine Memoriale (Steine, ein Kreuz), schließlich der Versuch, mit Überlebenden und/oder deren Familienangehörigen Kontakt aufzunehmen, womöglich sogar Besuche, beispielsweise in Polen, und Gegenbesuche. Fast am Rand wird erwähnt, dass es auch Formen künstlerischer Auseinandersetzung gibt, dass die Arbeit Auswirkungen auf die Persönlichkeit der beteiligten SchülerInnen hat und dass in der Regel alle politische Schlussfolgerungen „gegen rechts" gezogen haben (vgl. Albrecht, bes. 59-73).

An solchen Ansätzen ist bisher kaum weiter gearbeitet worden (und sei es auch nur deshalb, weil die SchülerInnen und StudentInnen nur eine begrenzte Zeit in der Schule bzw. (Fach-) Hochschule bleiben). Einen möglichen Weg diskutierten die Teilnehmenden der Tagung, die auch zu diesem Buch anregte, im Januar 2004 im Jugendgästehaus Dachau. Dieser Weg wurde u.a. durch den Vortrag von Prof. Dr. Birgit Dorner skizziert: „Bilder der Verführung - Bilder der Erinnerung - gestaltete Bilder"[37]. In einem ersten, noch sehr vorläufigen Bezug auf ihn sind ihm Wolf Leo und ich in unserem Vorschlag „Konzeption: Gedenkstättenarbeit als Angebot in Ganztagsschulen" gefolgt, der 2004/05 erschien und den Ganztagsschulen in Mecklenburg-Vorpommern zugeleitet wurde. Wolf Leo hat darin zwei Vorschläge für kunstpädagogische Projekte entwickelt und vorgestellt.

Wie unscharf die Konturen dessen sind, was entstehen kann, hielt der ZEIT-Autor Klaus Hartung in seinem Artikel „Luftballons, Rap und KZ-Opfer. 60 Jahre nach Kriegsende schaffen die Bürger eine sehr eigene Kultur der Erinnerung" als Sammlung von Eindrücken ohne systematisierende Schlussfolgerung fest: „Offene Fragen, wie jede Erinnerungstradition auch offen bleiben wird" (Hartung 2005, 15) lautet sein Schlusssatz. Ich möchte versuchsweise einige Überlegungen formulieren, die einige Schritte darüber hinausgehen.

Konsequenzen und Perspektiven

Gegenwärtig ist ein vorläufiger Höhepunkt in der Erinnerungskultur mit Bezug auf den Nationalsozialismus erreicht: Die wissenschaftlichen Publikationen erscheinen in dichter Folge, ohne dass ein Nachlassen der Forschungsintensität erkennbar wäre; das Holocaust-Mahnmal samt Informationszentrum ist eröffnet worden; die Feierlichkeiten aus Anlass des 60. Jahrestags des Kriegsendes und der Befreiung der Lager sind mit großer Öffentlichkeitswirkung begangen worden; viele Mahn- und Gedenkstätten sind neu hergerichtet worden. Anders ge-

---

[37] Vgl. dazu den Artikel von Birgit Dorner "Bilder der Verführung – Bilder der Erinnerung – gestaltete Bilder. Kunstpädagogik in der Gedenkstättenarbeit" in diesem Band.

sagt: Die „Leuchttürme" haben ihre Arbeit getan, und sie werden sie weiterhin tun. Dennoch ist die Frage der Aneignung dieser bestimmten Form der Erinnerungskultur durch die nachrückende Generation der jetzt etwa 20jährigen nicht geklärt. Die Gefahr, dass sie an ihnen vorbei geht, wenn sie keine Anstrengungen unternimmt, zu einem anderen als dem traditionellen Zugang zu kommen, ist bald eben so groß wie die nach wie vor bestehende Gefahr, dass die Schulen es unverändert schwer haben werden, die Jugendlichen zu erreichen und bei ihnen etwas zu bewirken. Das gilt um so mehr, als manche Jugendliche inzwischen sogar schon als „resistent" gelten können gegen die „Zwangsimpfung gegen den Nazismus" durch die Schule(n), die Produktionen der Massenmedien und die traditionelle Arbeit der Gedenkstätten und Ausstellungen, denen von Seiten der Jugendlichen die Arbeit mit einer „Betroffenheitspädagogik" auch dann unterstellt wird, wenn es schon gar nicht mehr zutreffen sollte. Damit droht eine „Sollbruchstelle" zu entstehen, an der populistische Parolen und Parteien bis hin zur NPD ansetzen könnten - und das auch tun, soweit die Informationen über Demonstrationen oder die Aktivitäten der sächsischen NPD-Landtagsfraktion beispielsweise richtig interpretiert werden (vgl. „NPD statt LSD" ,44 – 46).

Wie es scheint, wird eine Möglichkeit neuer Arbeit mit Memorialen vergeben, wenn es bei dieser Situation bleibt. Diese Möglichkeit bezieht sich auf die Verknüpfung mehrerer Ansatzpunkte:

- Das Netz der gesicherten (und noch zu sichernden) historischen Orte der Verbrechen, der Verfolgung und des Widerstandes gegen die NS-Diktatur, soweit sie nicht bereits von der traditionellen Erinnerungskultur überformt sind.
- Der Besuch solcher Orte, verbunden mit den vorhandenen Grund-Informationen über sie, und die gezielte Anleitung zur „Wahrnehmung der Atmosphäre dieser Orte" (im Sinn der Wahrnehmungstheorie der modernen Ästhetik und Kunstpädagogik).
- Die Arbeit mit kunstpädagogischen Methoden an den Wahrnehmungen der einzelnen BesucherInnen und ihrer Gruppe(n), um insbesondere sinnliche Wahrnehmungen und daraus resultierende Emotionen, aber auch kognitive Fragestellungen aufzunehmen und sie zu strukturieren.
- Die Erarbeitung von Zugängen – wobei spätestens zu diesem Zeitpunkt das Potential der klassischen Erinnerungskultur und Gedenkstättenpädagogik uneingeschränkt genutzt werden kann und muss, um auch solche Zugänge zu eröffnen, die erst über Kontakte mit wichtigen Personen, mit Archiven usw. möglich werden.
- Die Arbeit an Inszenierungen, die in angemessener Weise mit den historischen Orten umgehen – von der archäologischen Arbeit bis hin zum Setzen neuer Memoriale.
- Der Versuch, für solche Arbeiten insgesamt neue methodische und didaktische Formen zu finden, die eine neue Kontinuität generationsspezi-

fischer Art schaffen können – durch institutionelle Formen (beispielsweise in Ganztagsschulen), durch bürgerschaftliches Engagement (beispielsweise in Vereinen) und durch das Erarbeiten nachhaltiger „Produkte" (beispielsweise von Theaterstücken, Kunstwerken, langfristigen Begegnungsprogrammen usw.).

Der Kernpunkt dieser Bemühungen kann in die folgende Begriffskette gefasst werden: *Orte - Körper(erleben) - Bilder- Emotionen - Suche - Produzieren.*

Dabei sind in der Regel eben die „offenen, leeren Orte" gemeint, die über die gesicherten Memoriale und Gedenkstätten hinaus das gesamte Netz der historischen Orte der NS-Diktatur und ihrer Folgen markieren. Sie gut vorbereitet zu besuchen heißt vor allem: ihren Kontext zu verdeutlichen, um in der Lage zu sein, die „Atmosphäre" zu identifizieren, die solche Orte charakterisiert. Die Wahrnehmung der Atmosphäre ist zumeist eher eine körperlich-sensuelle als eine rationale Angelegenheit. Das ist ein wesentlicher Grund, diese historischen Orte aufzusuchen - die Differenz zwischen der Wahrnehmung aufgrund eigener, körperlicher Anwesenheit ist etwas anderes als ein Urteil aufgrund einer auch noch so guten Photographie oder einer anderen bildlichen Darstellung, und sei es ein guter Video-Film. Die Wahrnehmung des Ortes und der Atmosphäre lässt Bilder entstehen - von dem der bloßen Erinnerung bis hin zu Konstrukten, die darauf zurückzuführen sind, dass der Betrachter bzw. die Besucherin des Ortes kaum je gänzlich voraussetzungslos an einen bestimmten Ort kommen. Sie nehmen den Ort und seine Atmosphäre je nach dem wahr, was ihre Wahrnehmung strukturiert. Diese Strukturierung bzw. Konstruktion ist bereits ihrerseits von anderen, vorgängigen Bildern beeinflusst, die oft zu einem „Kanon" gehören, der durch häufige Wiederholung in den Massenmedien entstanden ist[38]. In engem Wechselbezug zu den Bildern stehen Emotionen, die durch körperlich-sinnliche Wahrnehmung ebenso wie durch kognitiv-rationale Impulse entstehen. Sie tragen in hohem Maß dazu bei, dass z.B. die gesehenen Orte im Gedächtnis verbleiben, und sie sind ein Auslöser für Aktivitäten, die aus dem Gesehenen und Wahrgenommenen folgen.

---

[38] Daraus ergibt sich die Folgeaufgabe, diese vorgängigen Bilder zu „dekonstruieren", d.h. sie sorgfältig daraufhin zu untersuchen und zu diskutieren, inwieweit sie die Wahrnehmungsfähigkeit nicht nur lenken, sondern womöglich geradewegs in die Irre führen. Diese Aufgabe erweist sich häufig als außerordentlich komplex, da sie weit in das seinerseits sehr umfangreiche Gebiet der Bildtheorie(n) hineinführt. Einen Eindruck davon vermittelt die voluminöse Monographie von Knoch. Als Ergänzung dazu bietet sich das ältere Buch von Pörksen an. Ein anderer analytischer Zugang aus dem gleichen thematischen Umfeld von Naumann macht deutlich, wie sinnvollerweise Texte ergänzend herangezogen werden sollten.

Diese Folgeaktivitäten möchte ich als „Suche" bezeichnen, weil es nicht nur um eine ganz nüchterne Suche nach Archivmaterialien und ähnlichen Zeugnissen und Dokumenten geht, sondern ebenso um die Suche nach Menschen, die mit den Orten und dem, was dort geschehen ist, in Verbindung stehen – TäterInnen oder Opfer, Tote oder noch Lebende. Darüber hinaus ist es auch oft eine Suche nach dem, was die Person der Suchenden mit dem Geschehen verbindet, und sei es auch „nur" die Suche nach einer Antwort darauf, inwieweit die eigene Familie damit verknüpft ist (wobei ich eher eine vorbehaltlose Suche meine und weniger die Aktivitäten zur Rettung der Familienehre, wie sie in „Opa war kein Nazi" beschrieben werden) (vgl. Moller, bes. 106-175). Ein solcher Suchprozess geht oft nahezu unmerklich über das Sammeln in das Produzieren über: Gruppen – wie z.B. Schulklassen oder Seminargruppen – sammeln nicht nur Zeugnisse aller Art. Das, was gefunden wird, drängt aufgrund seiner Authentizität manchmal geradezu danach, veröffentlicht zu werden, d. h.: nicht nur in einer Sammlung zu „verschwinden". Nur die sog. „NS-Devotionalien" eignen sich offensichtlich als Sammlungsobjekte, die die Selbst-Befindlichkeit des Sammlers heben können - alle anderen Gegenstände, sofern sie nicht ausgesprochen privater Natur sind, tragen die Züge von „Tatzeugen", die Verschwiegenes öffentlich machen können, sie sind „Beweisstücke" für eine häufig zweifelnde, widerstrebende Öffentlichkeit und lösen oft Folgeprozesse aus, die den jahrzehntelangen „Bann" des Vergessensendlich aufheben können (vgl. Klawitter; Michel)[39].

Die „klassischen" Produkte sind zweifellos Ausstellungen und Memorialsetzungen, aber auch Begegnungen (wie z. B. mit ehemaligen Zwangsarbeiterinnen und deren Familien). Spätestens damit verlässt die Arbeit den engeren Bereich der persönlichen, individuellen Auseinandersetzung mit der Frage, wie die Nachfolge-Generationen die Verantwortung für den Umgang mit den Erinnerungen an die NS-Verbrechen wahrnehmen sollen. Dieser Schritt führt in das Konfliktfeld der Vergangenheits- und Erinnerungs-Politik hinein, also mitten in die Öffentlichkeit (vgl. Leggewie/Meyer).[40] In diese Kategorie von „Produzieren" fällt auch

---

[39] Diese befreiende Wirkung erläutert die Lehrerin Petra Klawitter für das Schülerprojekt, das sie seit 1999 anleitet: Durch eine sogar im engeren Sinn archäologische Suche wurde bewiesen, was man vorher nur annehmen konnte, vgl. Klawitter. Dennoch gibt es einen komplementären Aspekt, den des Schreckens, vgl. Michel.

[40] Wie abzusehen war, zeigt sich die Entwicklung in der Öffentlichkeit sehr schnell am Holocaust-Mahnmal, das ein zum alltäglichen Raum hin offener Ort ist. Gut zwei Wochen nach der offiziellen Eröffnung schreibt Jörg Lau in der ZEIT über die Erfahrung einer neuen Spannung: „(...) wer hätte ahnen können, dass am Berliner Holocaust-Denkmal eine neue Geschicklichkeits-Sportart entstehen würde. Nun reden alle über das `Stelen-Hüpfen´, zu dem sich junge Leute von der Architektur Peter Eisenmans inspirieren lassen. Kinder spielen Verstecken im Denkmal, klei-

die Kunstpädagogik: Bilder, Filme oder Theaterstücke dienen nicht nur der Selbstverständigung von Gruppen, sondern sind an eine weitere Öffentlichkeit gerichtet.

Nachbemerkungen

An dieser Stelle breche ich die Überlegungen ab - auch deswegen, weil sie als Beschreibungen eines idealen Prozesses von Erinnerungsarbeit in manchen Punkten noch Zukunftsmusik sind. Da dieser Weg jedoch schon häufiger exemplarisch beschritten wurde, kann auch gehofft werden, dass das eine Richtung ist, in die sich andere als nur die Ausnahmegruppen bewegen[41]. Die Begriffe „Weg" und „Suchen" implizieren, dass es einen Prozess gibt; ich habe den Eindruck, dass er in seiner Anfangsphase steht. Er ist insofern offen, als wir nichts darüber wissen können, wie sich das kulturelle Gedächtnis letzten Endes als „gültige Variante" der Erinnerung sedimentiert. Immer noch sind erhebliche Verschiebungen möglich, wie das Beispiel der Erinnerungen Semprúns zeigt: Der Semprún heute erinnert sich anders als der parteigebundene Kommunist. Daneben aber treten die Geschichten, die sich die junge Generation von heute „konstruiert" – angewiesen auf die Überlieferungen zusätzlich zu den historischen Orten, die sie vorfinden. Mir drängt sich das Bild des Palimpsests auf: Das wieder überschriebene Manuskript, der überformte, manchmal auch „überwältigte" Ort. Der Suchprozess, der sich auf seine Realität in der NS-Zeit richtet, ist mithin Dekonstruktion und Rekonstruktion zugleich; die Analogie zur sozialen ebenso wie individuellen Erinnerungsarbeit ist sinnfällig, ebenso die Kontingenz der Resultate.

---

ne Gruppen picknicken auf den flachen Stelen am Rand. (...) Sein Denkmal sei `kein heiliger Ort´, hat Eisenman trocken festgestellt. Jeder Versuch, ihn doch noch dazu zu machen – etwa durch die Versenkung von Reliquien, wie es Lea Rosh vorhatte – , ist frivol. Das Holocaust-Mahnmal ist kein Friedhof und braucht darum auch keine Friedhofsruhe. (...) Das Denkmal lebt, zum Glück. Es ist kein heiliger Ort, aber es darf auch kein banaler Ort werden" (Lau). Zur ganzen verschlungenen Vorgeschichte vgl. die gute Zusammenfassung von Leggewie/Meyer.

[41] Eine solche Ausnahmegruppe war über Jahre der Verein „Jugend für Dora" im Umfeld der Gedenkstätte Mittelbau-Dora, der u. a. auch fachlich betreute Ausgrabungen vornahm. Diesem Beispiel folgten später häufiger Workcamps von Jugendlichen an vielen Orten; die Erfahrungen damit waren insgesamt zumeist positiv. Vermutlich werden in den nächsten Jahren aufgrund der anzunehmenden intensiveren Beschäftigung mit historischen Orten solche Aktivitäten zunehmen.

Kann damit der Suchprozess als Form von Geschichtsarbeit neben dem bestehen, was die „Leuchttürme" anbieten? Reicht die Beobachtung, dass die „Leuchttürme" die Jüngeren heute oft nicht (mehr) erreichen, als Legitimation für das Suchprozess-Verfahren aus? Ich nehme das an, da die Legitimation zu der der „Leuchttürme" analog ist: Auch deren heutige „Bauform" ist Resultat eines langjährigen Suchprozesses. Die Arbeit mit den „leeren Orten" ist indessen nicht nur eine quantitative Erweiterung, sondern auch ein qualitativer Schritt hin zu einem anderen, komplementären Modell. Die in den Individuen der ZeitzeugInnen und im weiten Netz der großen Lagerorte beschlossene, relative Begrenzung der Erinnerungsarbeit des kommunikativen Gedächtnisses wird durch den Einbezug der „leeren Orte" überschritten: Das Netz ist dichter gespannt und weiter ausgedehnt. Damit wird die Entwicklung untersetzt, die z. B. Volkhard Knigge 2002 so formuliert hat: „Vielmehr ist (...) nüchtern zu konstatieren, dass sich seit der Wiedervereinigung in der Bundesrepublik mit zunehmender Beschleunigung (...) ein Prozess der Nationalisierung negativen Gedenkens vollzogen hat. Mit *negativem* Gedenken ist der Umstand gemeint, dass begangene bzw. zu verantwortende Verbrechen im kollektiven Gedächtnis der Deutschen dauerhaft aufgehoben werden sollen (...)" (Knigge, 423). Dazu werden die „leeren Orte", wird das dichtere Netz gebraucht – ebenso ein Modell eines anderen, neuen Umgangs mit den Orten, die ja nicht alle zu Gedenkstätten umgewandelt werden können oder sollen.

Dieses im Entstehen begriffene Modell weist in manchen Ansätzen über die Grenzen Deutschlands hinaus (weil der Nationalsozialismus die Grenzen überschritt). Das bedeutet jedoch keineswegs, dass es für andere Länder und andere Erinnerungskulturen eine Orientierungs- oder gar Vorbildfunktion hätte. Das Problem bzw. die Potentiale sollten anderswo gesucht werden: In der Frage, ob diese Art der Erinnerungsarbeit auch für den Umgang mit Stalinismus und Post-Stalinismus in der Form des „real existierenden Sozialismus" der DDR und anderer Staaten geeignet sein kann (vgl. Kaminsky; Behrens/Wagner)[42]. Einiges spricht dafür; dennoch ist - aller Totalitarismustheorie einfacher Machart zum Trotz - keine simple Gleichsetzung möglich. Die verschiedene Qualität dürfte sich auch in einer anderen Erinnerungskultur ausdrücken[43]. Aber das ist ein anderes Thema und ein neues, weites Feld.

---

[42] Vgl. dazu die Überlegungen im von Kaminsky herausgegebenen Sammelband, v.a. aber in den vielen Aufsätzen des Sammelbands von Behrens/Wagner mit dem leicht irritierenden Titel „Deutsche Teilung – Repression und Alltagsleben. Erinnerungsorte der DDR-Geschichte".

[43] Eindrücke davon, wie sich künftige Aktivitäten entwickeln können, gaben in den vergangenen zwei Jahren internationale Seminare in der polnisch-deutschen Gedenkstätte Krzy_owa/Kreisau, an denen TeilnehmerInnen aus Polen, Weißrussland, der Ukraine, Russland, Rumänien usw. mit-

Literatur

Adelmann, Ralf/Keilbach, Judith (2000): Ikonographie der Nazizeit. Visualisierungen des Nationalsozialismus. In: Heller, Heinz-Bernd u.a.: Über Bilder Sprechen. Positionen und Perspektiven der Medienwissenschaft. Schüren Verlag, Marburg

Albrecht, Martin (Hg.) (2005): Rüstung und Zwangsarbeit im nationalsozialistischen Mecklenburg und Vorpommern, Schwerin

Assmann, Aleida (2003): Erinnerungsräume. Formen und Wandlungen des kulturellen Gedächtnisses, München

Dies./Frevert, Ute (1999): Geschichtsvergessenheit - Geschichtsversessenheit. Vom Umgang mit deutschen Vergangenheiten nach 1945, Stuttgart

Assmann, Jan (1997): Das kulturelle Gedächtnis. Schrift, Erinnerung und politische Identität in frühen Hochkulturen,: München

Behrens, Heidi/Wagner, Andreas (Hg.) (2004): Deutsche Teilung, Repression und Alltagsleben. Erinnerungsorte der DDR-Geschichte, Leipzig

Belting, Hans (2001): Bild-Anthropologie., München

Benz, Wolfgang/Distel Barbara (Hg.) (2005): Der Ort des Terrors. Geschichte der nationalsozialistischen Konzentrationslager, München

Boehm, Gottfried (Hg.) (1994): Was ist ein Bild?, München

Böhme, Gernot (2001): Ästhetik. Vorlesungen über Ästhetik als allgemeine Wahrnehmungslehre, München

Ders. (2004): Theorie des Bildes, München

Brandt, Peter (2001): Schwieriges Vaterland. Deutsche Einheit. Nationales Selbstverständnis. Soziale Emanzipation. Texte von 1980 bis heute, Berlin

Buruma, Ian (1994): Erbschaft der Schuld. Vergangenheitsbewältigung in Deutschland und Japan, München und Wien

Cornelißen, Christoph/Klinkhammer, Lutz/Schwentker, Wolfgang (Hg.) (2003): Erinnerungskulturen. Deutschland, Italien und Japan seit 1945, Frankfurt

Dückers, Tanja (2003): Himmelskörper, Berlin

---

arbeiteten. Dabei wurde vor allem deutlich, wie stark sich der thematische Radius dadurch vergrößern wird, dass mittel-osteuropäische Länder zur EU stoßen (werden).

Dies. (2005): Jenseits der Selbstbespiegelung. Nicht apolitisch, aber gelassen wenden sich die Jüngeren der Geschichte zu. In: Beilage „Deutschland danach", Frankfurter Rundschau, 07. Mai, S. 11

Endlich, Stefanie u.a. (1999): Gedenkstätten für die Opfer des Nationalsozialismus. Eine Dokumentation", Band II, Bonn

Erll, Astrid (2005): Kollektives Gedächtnis und Erinnerungskulturen, Stuttgart/Weimar

Eschebach, Insa/Jacobeit, Sigrid/Lanwerd, Susanne (Hg.) (1999): Die Sprache des Gedenkens. Zur Geschichte der Gedenkstätte Ravensbrück 1945 – 1995, Berlin

Fried, Johannes (2004): Der Schleier der Erinnerung. Grundzüge einer historischen Memorik, München

Groehler, Olaf (1992): Erblasten: Der Umgang mit dem Holocaust in der DDR. In: Loewy, Hanno (Hg.): Holocaust: Die Grenzen des Verstehens, Reinbek, S. 110 – 127

Hahn, Ulla (2003): Unscharfe Bilder, München

Hartung, Klaus (2005): Luftballons, Rap und KZ-Opfer. 60 Jahre nach Kriegsende schaffen die Bürger eine sehr eigene Kultur der Erinnerung. In: DIE ZEIT Nr. 20, 12. 05., S. 15

Heer, Hannes (2004): Vom Verschwinden der Täter. Der Vernichtungskrieg fand statt, aber keiner war dabei, Berlin

Herbert, Ulrich/Orth, Karin/Dieckmann, Christoph (Hg.) (2002): Die nationalsozialistischen Konzentrationslager, 2 Bde, Frankfurt/M.

Dies.: Die nationalsozialistischen Konzentrationslager. Geschichte, Erinnerung, Forschung. In: Herbert, Ulrich/Orth, Karin/Dieckmann, Christoph (Hg.) (2002): Die nationalsozialistischen Konzentrationslager, aaO., Bd. 1, S. 17 – 40

Hilberg, Raul (2001): Die Quellen des Holocaust. Entschlüsseln und Interpretieren, Frankfurt/M.

Hoffmann-Axthelm, Dieter (1984): Sinnesarbeit. Nachdenken über Wahrnehmung, Frankfurt/M.; New York

Kaminsky, Annette (Hg.) (2004): Orte des Erinnerns. Gedenkzeichen, Gedenkstätten und Museen zur Diktatur in SBZ und DDR, Leipzig

Kindt, Christine (2005): Erfahrungen bei der Projektarbeit am Herder-Gymnasium in Schwerin. In: Albrecht, aaO., S. 68-73

Klawitter, Petra (2005): Projektgruppe „Kriegsgräber" der regionalen Schule Gelbensande – seit 1999 aktiv. In: Albrecht, aaO., S. 59-67

Knigge, Volkhard (2002): Statt eines Nachworts: Abschied der Erinnerung. Anmerkungen zum notwendigen Wandel der Gedenkkultur in Deutschland. In: Knigge/Frei, aaO., S. 423 – 440

Ders./Frei, Norbert (Hg.) (2002): Verbrechen erinnern. Die Auseinandersetzung mit Holocaust und Völkermord, München

Ders./Pietsch, Jürgen Maria/Seidel, Thomas A. (1997): Versteinertes Gedenken. Das Buchenwalder Mahnmal von 1958, 2 Bde., Spröda

Knoch, Habbo (2001): Die Tat als Bild. Fotografien des Holocaust in der deutschen Erinnerungskultur, Hamburg

Köhler, Jan Thomas (1999): Wie authentisch ist der authentische Ort? Zum Umgang mit den baulichen Relikten des Konzentrationslagers. In: Eschebach,/Jacobeit/Lanwerd, aaO., S. 240-254

König, Helmut (2003): Die Zukunft der Vergangenheit. Der Nationalsozialismus im politischen Bewusstsein der Bundesrepublik, Frankfurt/M.

Lau, Jörg (2005). In: DIE ZEIT Nr. 22, 25.05., S. 47

Leggewie, Claus/Meyer, Erik (2005): Ein Ort, an den man gerne geht. Das Holocaust-Mahnmal und die deutsche Geschichtspolitik nach 1989, München

Michel, Kai (2005): Stumme Zeugen. Die letzten Überlebenden deutscher Konzentrationslager werden bald sterben. Umso wichtiger sind die Funde der Archäologen. Sie bergen Geschichten, die oft so entsetzlich sind, dass kaum jemand sie erzählen will. In: DIE ZEIT Nr. 20, 12.05, S. 48

Moller, Sabine (2003): Vielfache Vergangenheit. Öffentliche Erinnerungskulturen und Familienerinnerungen an die NS-Zeit in Ostdeutschland, Tübingen

Moser, Tilmann (1996): Dämonische Figuren. Die Wiederkehr des Dritten Reiches in der Psychotherapie, Frankfurt/M.

Ders. (1993): Politik und seelischer Untergrund, Frankfurt/M.

Müller, Marion G. (2003): Grundlagen der visuellen Kommunikation. Theorieansätze und Analysemethoden, Konstanz

Naumann, Klaus (1998): Der Krieg als Text. Das Jahr 1945 im kulturellen Gedächtnis der Presse, Hamburg

„NPD statt LSD" (2005): In: DER SPIEGEL Nr. 21, 23.05., S. 44 - 46

Nützenadel, Alexander/Schieder, Wolfgang (Hg.) (2004): Zeitgeschichte als Problem. Nationale Traditionen und Perspektiven der Forschung in Europa, Göttingen

Pethes, Nicolas/Ruchatz, Jens (Hg.) (2001): Gedächtnis und Erinnerung. Ein interdisziplinäres Lexikon, Reinbek

Pörksen, Uwe (1997): Weltmarkt der Bilder. Eine Philosophie der Visiotype, Stuttgart

Porombka, Stephan/Schmundt, Hilmar (Hg.) (2005): Böse Orte. Stätten nationalsozialistischer Selbstdarstellung – heute, Berlin

Rosenthal, Gabriele (1995): Erlebte und erzählte Lebensgeschichte. Gestalt und Struktur biographischer Selbstbeschreibungen, Frankfurt/M.; New York

Roth, Gerhard (2003): Fühlen, Denken, Handeln. Wie das Gehirn unser Verhalten steuert, Frankfurt/M.

Schulz, Hermann/Radebold, Hartmut/Reulecke, Jürgen (2004): Söhne ohne Väter. Erfahrungen der Kriegsgeneration, Berlin

Schwarz, Gudrun (1990): Die nationalsozialistischen Lager, Frankfurt/M.

Seiffert, Rachel (2001): Die dunkle Kammer, Berlin

Semprún, Jorge (2005): Niemand wird mehr sagen können: "Ja, so war es". In: DIE ZEIT Nr. 16, 14.04., S. 52

Welzer, Harald (2002): Das kommunikative Gedächtnis. Eine Theorie der Erinnerung, München

Ders./Tschuggnall, Karoline/Moller, Sabine (2002): „Opa war kein Nazi". Nationalsozialismus und Holocaust im Familiengedächtnis, Frankfurt/M.

Zimmermann, Rolf (2005): Philosophie nach Auschwitz. Eine Neubestimmung von Moral in Politik und Gesellschaft, Reinbe

Orte und Ortungen

ORTUNGEN
Ein historisch-künstlerisches Projekt der Mahn- und Gedenkstätte Düsseldorf

Hildegard Jakobs

Eingangsbereich der Mahn- und Gedenkstätte Düsseldorf mit dem Ausstellungsplakat zum Schulprojekt ORTUNGEN sowie Blick in die Ausstellung im Keller der Gedenkstätte, 2003.

„Gedenken ist etwas persönliches", sagte der Düsseldorfer Schüler Alexander Pasternak 2003 im Rahmen der Gedenkveranstaltung zur Erinnerung an die Pogromnacht 1938, „und helfen dabei kann ein **Ort**, der zu einer Pforte wird. Der den Weg frei macht zu den Menschen, die gelitten haben."

ORTUNGEN, so hieß auch das Projekt, das im Rahmen dieser Gedenkveranstaltung einem größeren Publikum vorgestellt wurde und das die Mahn- und Gedenkstätte Düsseldorf mit SchülerInnen des Leibniz- und des Humboldtgymnasiums im Jahr 2003 durchgeführt hatte.

Das Gedächtnis der Orte

ORTUNGEN - um welche Orte ging es? Um den ehemaligen städtischen Schlachthof, die so genannte Augusta-Bahnrampe und das Gelände des ehemaligen Güterbahnhofs Düsseldorf-Derendorf. Diese drei Orte waren Schauplatz der letzten Stufe der Diskriminierung und Verfolgung der jüdischen Bevölkerung in der Stadt Düsseldorf: die Deportation aus dem Gestapo-Bereich Düsseldorf in die Ghettos und Lager ab Oktober 1941. Aber: diese drei Orte begannen sich 2003 grundlegend zu verändern. Auf dem Gelände des ehemaligen Güterbahnhofes werden in Zukunft Büros- und Wohnneubauten entstehen. Die Neunutzung des ehemaligen Schlachthofgeländes ist zur Zeit noch in der Planungsphase.

Deshalb war es eine Chance im Rahmen eines Schulprojektes, initiiert und konzipiert von der Mahn- und Gedenkstätte Düsseldorf, gemeinsam mit Jugendlichen über Gedenkkonzepte nachzudenken, konkrete Ideen zu formulieren und die Ergebnisse den städtischen EntscheidungsträgerInnen vorzustellen. Aufgrund dieser Ausgangslage – der historische Ort verschwindet – gilt die Aussage, dass Fiktion und Imagination in der Auseinandersetzung mit dem Nationalsozialismus Wege zur Aneignung von Wirklichkeit sind (vgl. Genger, 5). Diese Wege, die bereits auch von Angehörigen der Verfolgtengeneration begangen wurden, sind auch für die nachfolgenden Generationen gangbar.

So waren es vor allem drei Kunstkurse des Leibnizgymnasiums, die als TeilnehmerInnen für dieses konkrete Projekt ausgewählt wurden, damit mit Ausdrucksmitteln der bildenden Kunst, aber auch literarische, musikalische und fotografische Auseinandersetzungen mit dem Thema erfolgen konnten. Neben den drei Kunstkursen nahm zusätzlich ein Geschichtskurs einer 10. Klasse des Düsseldorfer Humboldtgymnasiums am Projekt teil. Deren kreative Arbeit erfolgte allerdings im Gegensatz zu den Kunstkursen im Rahmen von selbstgewählten Arbeitsgemeinschaften außerhalb der Schulzeit. Die Gesamtkonzeption wurde von Hildegard Jakobs im Auftrag der Mahn- und Gedenkstätte Düsseldorf erarbeitet.

„Aktives Gedenken" lernen

In der Mahn- und Gedenkstätte und an den genannten Orten beschäftigten sich die SchülerInnen mit Berichten von ZeitzeugInnen, historischen Fotos und Dokumenten zur Geschichte der Jüdischen Gemeinde Düsseldorf vor und während der NS-Zeit. Konzipiert und geleitet wurde der historisch-didaktische Part von Seiten der Mahn- und Gedenkstätte Düsseldorf. Verschiedene Methoden wurden eingesetzt, um sich sowohl dem Thema „Deportation" als auch den davon betroffenen Menschen und deren Lebensgeschichten zu nähern. Als erste Annäherung an die konkreten Biografien einzelner Opfer wurde ein Stuhlkreis mit großformatigen Alltagsfotos aus Familienalben Düsseldorfer Juden gebildet. Jede/jeder TeilnehmerIn sollte sich ein Foto aussuchen und dieses vor der Gruppe beschreiben, die mögliche Situation der Aufnahme erläutern und schließlich begründen, warum die (spontane) Wahl gerade auf dieses Foto gefallen war. In einem vertiefenden Arbeitsschritt konnten sich dann alle über die Einzelheiten der Lebensgeschichte der ausgewählten Biografie informieren.

Um von der Vorgeschichte jüdischen Lebens in Düsseldorf Informationen über die konkreten Deportationstransporte zu erhalten, beschäftigten sich die SchülerInnen mit den Erinnerungen von Überlebenden der Düsseldorfer Deportationen. Die organisatorische Seite der Deportationen wurde anhand verschiedener Dokumente der Geheimen Staatspolizei Düsseldorf bearbeitet. Dann begann die Arbeit an den historischen Orten: zunächst mit einer Führung über das historisch-relevante Gelände im Klassenverband, angeleitet von Hildegard Jakobs. Im

Anschluss daran erforschten die Schülerinnen und Schüler in Kleingruppen (ausgerüstet mit Fotoapparaten, Videokameras und Skizzenblöcken) das Gelände, um Details der historischen Nutzung aufzuspüren und zu dokumentieren. Im Rahmen dieser historischen Spurensuche wurden auch Anwohner und Passanten befragt. Letzteres war für die Schülerinnen und Schüler recht unergiebig, da ältere Anwohner sich nicht gerne über diese Zeit und ihre möglichen Beobachtungen äußern wollten. Eine Schülerin, Sabrina Auster, hat diese Haltung in ihrer künstlerischen Umsetzung „DAS FENSTER - GEDANKEN" später aufgegriffen. Bei der Befragung jüngerer Passanten – auf dem Gelände des Güterbahnhof befand sich zu diesem Zeitpunkt noch ein Café, ein Restaurant, ein Weinhandel, ein Fahrradgeschäft und ein Kunstcafé – wurde den Schülerinnen und Schülern sehr schnell klar, dass eine Information über das historische Geschehen vor Ort sehr wichtig ist. Vier Schülerinnen entwickelten daher in der Umsetzungsphase eine Informationssäule, die auf dem Gelände aufgestellt werden soll. Sie vermittelt die Geschichte mithilfe von Fotos der Opfer, Dokumenten der Verfolgung und weiteren Informationen. Andere Schüler wollten Objekte gestalten, die Ruhe und Gedenken an die Opfer zulassen.

Die künstlerische Umsetzung aller entstandenen Ideen der Schülerinnen und Schüler des Leibnizgymnasiums erfolgte im Rahmen des Kunstunterrichts in der Schule. Während dieser Phase erhielten die Schülerinnen und Schüler fachliche und praktische Hilfestellung sowohl von ihren Lehrerinnen als auch von der Mahn- und Gedenkstätte. Vorgesehen war, dass die künstlerische Erfahrung des Düsseldorfer Künstlers Norbert Mauritius und ein Atelierbesuch bei ihm in den kreativen Prozess miteinzubeziehen. Diese Idee wurde jedoch im Verlauf des Projekts verworfen, um die Schülerinnen und Schüler nicht während ihrer Ideenfindung in eine bestimmte Richtung zu beeinflussen. So fiel Norbert Mauritius die Rolle zu, die Arbeiten der Schülerinnen und Schüler im Rahmen der öffentlichen Präsentation aus der Sicht eines Künstlers zu interpretieren und zu würdigen.

„... es sollte die Zerbrechlichkeit zeigen" - Ideen und Formen der Präsentation

Die Ergebnisse dieses Projektes wurden in der Zeit vom 16. Oktober bis 3. November 2003 in der Mahn- und Gedenkstätte ausgestellt. Entstanden sind über 30 Skulpturen aus Gips sowie Vorstudien aus Ton, Collagen, eine digitale Bild-Ton-Collage, ein Internetauftritt und großflächige Textfahnen. Zwei Schüler des Humboldtgymnasiums (Kristijan Tasevski und Alexander Pasternak) erstellten eine beeindruckende Schwarz-Weiß-Fotoserie über den Güterbahnhof Derendorf.

Drei exemplarische Opfer-Biografien, eine Auswahl ihrer Kunstobjekte und ihre Überlegungen zum Thema „Gedenken" (formuliert vom Schüler Alexander Pasternak) wurden von SchülerInnen im Rahmen der zentralen Gedenkveranstaltung zur Erinnerung an die „Pogromnacht" im Jahr 1938 im Düsseldorfer Rathaus präsentiert. Einige dieser Kunstobjekte werden später mithilfe der Kommentierung von Norbert Mauritius vorgestellt.

Gedenken mit Erinnerung verbinden

Dieses kunstpädagogische Projekt enthält Aspekte, die für die pädagogische Vermittlungsarbeit der Mahn- und Gedenkstätte Düsseldorf grundlegend sind:
- Gedenken mit Erinnerung zu verbinden und
- „aktives Gedenken" fördern (vgl. Genger/Griese, 3f).

„Gedenken" kann sehr Verschiedenes bedeuten: Diejenigen, die selber Opfer waren, diejenigen, die Angehörige und Freunde verloren haben, erinnern sich an diese Personen und konkrete Begegnungen und Situationen. Mit dem Verlust persönlicher Erinnerung reduzieren sich auch die Möglichkeiten der Erinnerung an all diejenigen, die nicht überlebten. Während für die Zeitgenossen und Verwandten die Kranzniederlegungen, das Gebet oder das gemeinsam gesungene Lied wichtige Erinnerungszeichen sind, also ritualisierte Formen das „Gedenken" hervorrufen, gilt dies für viele Jugendliche oder Menschen aus anderen Lebensräumen nicht. Solche Gesten müssen an Bedeutung verlieren, wenn sie sich nicht mit konkreter Erinnerung füllen lassen. Um noch einmal mit den Worten des Schülers Alexander Pasternak zu sprechen: „Das Gedenken darf aber auch nicht zu einem Muss werden, zu einer Pflicht. Es kann so leer, herzlos werden" (Pasternak, 47).

Hier setzt das „aktive Gedenken" an. Auf die Frage danach, was die Jugendlichen während des Projektes ORTUNGEN wichtig fanden, stellte sich heraus, dass für sie das Wissen über das Leben und Schicksal Einzelner von besonderer Bedeutung war, mit dem sie sich intensiv beschäftigen konnten. So näherten sie sich aus einer (anonymen) Masse von über 6.000 Personen einzelnen Menschen und Persönlichkeiten. In Briefen, Fotos und Dokumenten oder auch in Interviews fanden die Schülerinnen und Schüler Spuren lebendiger, beeindruckender und interessanter Personen. Damit ist eine Grundvoraussetzung angesprochen, die die pädagogische Arbeit der Mahn- und Gedenkstätte Düsseldorf befördert und ermöglicht: das Vermächtnis der Zeitzeugen zu bewahren und mithilfe einer Sammlung zugänglich zu machen. Die Sammlung der Mahn- und Gedenkstätte Düsseldorf umfasst inzwischen weit über zweihundert Interviews mit Zeitzeugen, darunter mehreren Überlebenden der Deportationen, sowie persönliche Photos und Dokumente ebenso wie stadtgeschichtliche, regionalgeschichtliche und allgemein relevante Dokumente der Geschichte, insbesondere des Nationalsozialismus. Insofern stellt die Gedenkstätte einen besonderen Fundus zur Konstitution des stadtgeschichtlichen, historischen und letztlich auch kulturellen Gedächtnisses zur Verfügung. Eine weitere Basis neben der Sammlung ist die ständige Ausstellung, die Einzelbesuchern und Gruppen einen informativen, anschaulichen Zugang zur Geschichte ermöglicht. Diese Information ist auf den speziellen Ort – Düsseldorf im Nationalsozialismus – bezogen. Für eine lebendige Vermittlungsarbeit entscheidend ist zudem der beständige Dialog zwischen Gegenwart und Vergangenheit sowie zwischen den Generationen. Im Mittelpunkt steht die Frage, was erinnert werden soll und wie erinnert werden kann. Dies hat von Anfang an die Vermittlungsformen wesentlich geprägt. So gaben und geben neben besonderen Projekten mit ZeitzeugInnen auch kunstpädagogische Angebote (im weitesten Sinne: Gestaltung von Erinnerung, z.B. in Form von Kunstobjekten, Mahnmalen, szenischen Lesungen, Theaterstücken etc.) Gedenkstätten wie der Mahn- und Gedenkstätte Düsseldorf ihren besonderen Charakter.

Jede Generation hat eigene Zugangsweisen zur Realität und zur Geschichte. Dabei gibt es sehr unterschiedliche Wege der Konstitution von Erinnerung und Gedächtnis nicht nur des jeweiligen Kollektivs oder einer Gruppe, sondern auch jedes einzelnen. Deshalb müssen sich auch die Methoden der Vermittlungsarbeit beständig weiterentwickeln und so jeder Generation die Gestaltungsformen einräumen und ermöglichen, die ein authentisches, aktives Gedenken und historisches Lernen fördern. Daher bietet die Mahn- und Gedenkstätte Düsseldorf generell eine sehr breite Methodenpalette an: Führungen, ZeitzeugInnengespräche, Projekttage, Stadtrundgänge, Spurensuchen, berufsbezogene Angebote, Begegnungsprojekte und längerfristige Projekte wie das Beispiel ORTUNGEN zeigt. In diesem Projekt wurde deutlich, dass z.B. die Generation der heutigen 16jährigen die Möglichkeiten digitaler Medien selbstverständlich in ihre kreative Arbeit integriert und auch zur Präsentation nutzt. Jedoch werden „herkömmliche" Gestaltungsmöglichkeiten, z.B. das Arbeiten mit Ton und Gips nicht verworfen. Eine Feststellung lässt sich jedoch wagen: Die heutige Generation ist visueller geprägt als ihre Vorgänger. Sowohl der Zugang zum Thema Nationalsozialismus als auch die Beschäftigung damit werden sehr stark an bekannte, in Filmen, Fernsehen und Medien vermittelte Bildwelten geknüpft. Das Gedenken an sich wird vielfach mit Bildern fest verbunden: Bilder der Opfer, Bilder der Täter – verbunden mit Bildern des konkreten historischen Geschehens. So waren beispielsweise die Teilnehmer des Projekts ORTUNGEN verwundert darüber, dass es scheinbar kein einziges historisches Foto einer Deportation aus Düsseldorf gibt. Sie erwarteten, dass zu jedem Ereignis auch dokumentarische oder Zufallsfotos existieren. Mit der Einsicht, dass dies häufig aber nicht der Fall ist, begannen sie, ohne konkrete historische Fotos die Spurensuche auf dem Gelände des ehemaligen Güterbahnhofs Derendorf.

Die Aspekte der historischen Spurensuche, des „aktiven" Gedenkens, der Entwicklung eigener Gedenk-Formen und die anschließende Präsentation der Ergebnisse sind wesentliche Merkmale pädagogischer Projekte. Darin unterscheidet sich die historisch-politische Bildungsarbeit in Gedenkstätten in der Regel vom herkömmlichen Schulunterricht. Der Düsseldorfer Künstler Norbert Mauritius hat dies in seiner Eröffnungsrede am 16. Oktober 2003 folgendermaßen beschrieben: „„Ortung" – das ist eine Handlung mit dem Ziel, einen Ort zu erkunden und zu bestimmen. In unserem Zusammenhang ist dieser Begriff auf die Erkundung eines Geschehens bezogen, für das in der Tat in unserem Bewusstsein und unserer Seele ein Ort gefunden werden soll, wo wir es rational und gefühlsmäßig ertragen können, wo wir es mit uns und in uns tragen können. Die Ausstellung, die wir hier bewundern dürfen, ist das Ergebnis eines Lernprozesses, einer Ortung. Es handelt sich hier um einen Lernprozess, dessen Wert und Erfolg niemand im Sinne einer PISA – Studie je messen und orten könnte. Alle Beteiligten hatten das Ergebnis nämlich vorher noch gar nicht im Kopf. Die

Arbeit war offen. Die historische und künstlerische Arbeit ist hier nämlich ihr eigner Maßstab. Die „Ortungen" sind freie Erkundungen. Gott sei Dank." (Mauritius, 48f.)

Ausgangspunkt der Geschichtsvermittlung nicht nur im beschriebenen Projekt ist oftmals der Ort, an dem wir uns befinden, auch dann, wenn dieser auf den ersten Blick von wenig zentraler Bedeutung für die Gesamtgeschichte ist. Denn über all diese Orte: der Stadt Düsseldorf, dem Schlachthof und Güterbahnhof kommen andere in den Blick: Litzmannstadt/Lodz, Minsk, Riga und Auschwitz. Gleichzeitig repräsentieren diese Orte des Terrors und der Verfolgung eine sehr kurze Geschichtsspanne. Und es handelt sich um eine Zeit, die zwar scheinbar allgegenwärtig ist, deren Gegenwärtigkeit aber keineswegs im Stadtbild sichtbar erhalten blieb und bleibt. So wird die Dokumentation der Orte im Rahmen des Schülerprojekts zugleich „Momentaufnahme" und gleichzeitig „Bewahrung" der Geschichtsspur. Das von den Schülerinnen und Schüler dokumentierte Gelände, die Gleise, die Bahnrampen, die Hallen, existieren zum Zeitpunkt des Verfassens dieses Artikels bereits nicht mehr. Alles ist abgetragen worden. Wer nicht weiß, dass er sich auf dem früheren Gelände des Güterbahnhofes Derendorf befindet, wird es nicht mehr erkennen – d.h. keine Spuren mehr finden.

Gedanken über die entstandenen künstlerischen Objekte – kommentiert vom Düsseldorfer Künstler Norbert Mauritus im Rahmen der Eröffnungsrede

„Alle Exponate sind – finde ich – lebendiger und körperlich greifbarer Ausdruck von Identifikation mit der Arbeit an dem gegebenen historischen und immer aktuellen Thema. Alle Exponate zeigen, dass lebendige Fragen an die Geschichte unserer Stadt gestellt worden sind. Alle Exponate sind Ausdruck von Mut und Selbstbewusstsein. Und von Engagement und Ausdauer. Alle Exponate spiegeln geistige und emotionale Erlebnisse wider. Die Ausstellung hat außer den Formen und den Inhalten noch eine andere Dimension: die der Unbefangenheit, wo doch die Sache, um die geht, im äußersten Maße befangen macht, - wo doch die Sache, um die es geht, einem bewusst macht, wie sehr man in konventionellen Mustern des Trauerns und des Erinnerns gefangen ist.

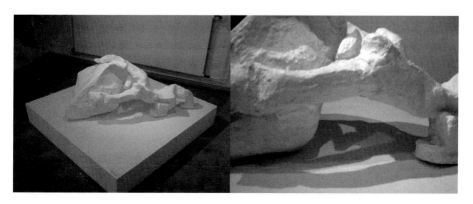

Die Skulptur von Andreas Apostolakis erinnert an ein archaisches Bild, von Sisyphus, Stein wälzen, Energie immer wieder neu sammeln, der Stein, der Felsen scheint mehr auf den starken Mann zuzulaufen, als dass er effektiv nach vorne bewegt würde. Der Mensch umfasst den Stein und stemmt sich ihm entgegen, wälzt ihn vor sich hin.

Der Felsen als Sinnbild, eines Problems, das sich immer stellt. Dieses mythologische Existenzzeichen bezogen auf das Problem der Deportation und der Vernichtung von Menschen symbolisiert die Botschaft, dass wir unserem Problem auch in der Zukunft nie entrinnen dürfen und werden.

Sisyphus steht für Unverdrossenheit – für die Tugend, das zu Bewältigende immer wieder von Neuem anzupacken – für Widerstand – für Neuanfang – für die Einheit von Mensch und seiner Aufgabe – für existenzielle Prüfungen. Der Stein steht auch – in die Zukunft projiziert – für die ewigen und ewig ungelösten dringenden Problemen: unserer Befreiung von Unmündigkeit, Ungerechtigkeit, Unmenschlichkeit. Der Stein kommt immer wieder auf uns zurückgerollt, - und Sisyphus ist ein mutiger und engagierter Mensch, der sich diesen Lebensproblemen stellt. Ein Anpacktyp. Er darf uns nicht leid tun, er soll uns ermutigen, solange der Stein da ist, lebt er, leben wir.

Die Foto-Projektion von Kristijan Tasevski und Alexander Pasternak ist eine Serie von 45 Fotografien. Es sind fotografische Erkundungen eines eigentlichen banalen Objektes. Unter dem Objektiv verwandelt sich der seit vielen Jahren stillgelegte Derendorfer Bahnhof in eine Kulisse des Schreckens und des Absurden. Die Fotos rekonstruieren die Katastrophe der Deportation, Vertreibung und Ausgrenzung. Es entsteht eine Bildergeschichte. Die 45 Fotografien verknüpfen die sensiblen Beobachtungen zu einem Erzählkontext.

Zahlen einer absurden wie gespenstischen Addition mit Kreide auf einen Betonpfeiler geschrieben, eine Schreibmaschine oder das auf dem einsamen Bahnsteig liegende Telefon – aus der Froschperspektive aufgenommen -, ein weggeworfenes Teil eines elektrischen Isolators – der Name dieses Gegenstandes ist schon bezeichnend, ein Lautsprecher, der in die einsame Leere des Bahnhofraumes verstummt, die beiden Sperrmüllsessel in den Gleisen, das absurde Schild „Bitte nicht rauchen" – diese Bilder werden zu expressiven, ja fast unerträglichen Metaphern des Genozids.

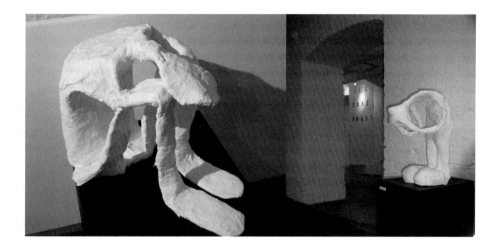

Die Monumente des Herrschers und des Eroberers zeigen den Helden in aufrechter, äußeren Raum erobernder, schreitender und reitender Pose. Die Plastik der Diktatur ist die heroische Puppe. Deren Glieder wie Waffen sind. Das Imperium duldet keinen Widerspruch. Oft sehen wir mit Genugtuung, wie die Puppen des Herrschers zerbrechen oder zerbrochen werden.

Die Skulpturen allerdings, die wir hier sehen, sind Darstellungen der Fragilität. Infolge dessen sind sie unzerstörbar, weil sie trotz ihres geschichtlichen Bezuges unhistorisch, immer gültige Repräsentationen des Humanen sind.

Die Figur von Michael Weidauer – kein Mensch könnte so stehen, eine entsprechende Anatomie hätte niemand. Denn es geht hier auch nicht um die Repräsentation einer nach außen gerichteten Geste, sondern um die Gestaltung eines inneren Geschehens. Um einen mitfühlendem Nachvollzug eines Schmerzes. Die Lösung, die der Schüler für das gestalterische Problem entdeckt hat, ist – scheinbar – einfach und sehr reduziert und gerade deswegen so beeindruckend. Der Schmerz der Figur bestimmt die Neigung ihres Kopfes. Die Arme, die nichts aufhalten konnten, sind infolgedessen ohne Kraft und Muskeln und ohne jede andere anatomische Artikulation. Sie verbergen und bergen die weinenden Augen. Es ist ein eindrucksvolles Monument der Ohnmacht entstanden.

Das Fenster wird in der Arbeit mit dem Titel „GEDANKEN" von Sabrina Aster zum Leitmotiv. Der Betrachter schaut über die Schulter der Zeit- oder Tatzeugen hinaus in Szenen der Deportation. Der Betrachter befindet sich wie die Silhouetten ebenfalls im sicheren Innenraum. Die Künstlerin wollte es so, sie lässt uns keine Freiheit einer anderen Perspektive, eines anderen Blickwinkels. Ich finde, es ist – auch wegen der viermaligen Wiederholung des Motivs – ein eindringliches Bild gelungen. Die schweigende, aber wissende Menge wird hier angeprangert. Möglicherweise sieht der Betrachter in den Umrissfiguren sich selbst: so sind in diesem Bild Wahrnehmung und die Selbsterkenntnis nicht voneinander zu trennen.

Die Plastik ist wie die Maske der Endzustand einer Verwandlung. Die Maske ist das Symbol für die Unmöglichkeit einer anderen Wendung, eines fließenden und lebendigen Überganges. Wenn sich menschliche Antlitze gleichen wie Masken – dann gibt es für mich keine ein-dringlicheren Sinnbilder von Erniedrigung und Entmenschlichung. Wessen Gesicht ist wie eine Maske, dem fehlt jede Fluidität der vitalen Bewegung. In der Maske manifestiert sich die Macht, die einer über den anderen hat.

Die Maskenskulptur – eine Gemeinschaftsproduktion mit dem Titel „Zugfenster" von Latifa Maazouz, Khaled Sufi, Kolja Szymansky und Stella Manoussaki ist ein weiterer Höhepunkt der Ausstellung. Die Idee, die Menge der Deportierten in einem Bild von zahlreichen Masken aufzulösen, ist künstlerisch ein überzeugender Ansatz. Die Masken sind bei aller individueller Unterschiedlichkeit gleich. Das ist auch das Entscheidende, sie sind neutral, einige deuten eine Mimik an. Die Psyche in den Skulpturen spielt keine, sie darf keine große Rolle spielen. Würden die Masken trauern oder weinen, hätte das Ensemble an Wirkung verloren. Trauern und Tränen besiegeln das Schicksal. Wer den Toten beweint, um ihn weint und trauert, findet sich mit dem Unakzeptablen ab. Die Maskenplastik, die wir hier sehen, bietet uns eher das Gegenteil, sie rührt uns nicht zu Tränen, eher zur Reflexion. Denn aus der Reflexion erwächst – hoffentlich – die Aktion, die in der politischen Praxis nie hintergehbare Werte einer offenen und toleranten Gesellschaft verwirklicht." (Mauritius 2004)

Durch die Kommentierung ihrer Arbeiten im Rahmen der Ausstellungseröffnung erfuhr das Engagement der Schülerinnen und Schüler eine weitere Würdigung. Außerdem war es für die Jugendlichen eine neue Erfahrung, festzustellen, dass ihre künstlerischen Arbeiten nach ihrer Veröffentlichung einerseits etwas Dauerhaftes erhalten (wenn sie z.B. als Mahnmal fest im Stadtbild verankert werden). Andererseits wurde ihnen sehr deutlich, dass jede Kunst eine Art „Eigenleben" führt. Je nach Alter des Betrachters, Einstellung und Vorbildung können die Arbeiten vom Publikum sehr unterschiedlich verstanden und interpretiert werden. So stimmten einige der Schülerinnen und Schüler der Interpretation ihrer Werke durch Norbert Mauritius zu. Andere diskutierten im Anschluss an die Rede gemeinsam mit dem Publikum weitere Interpretationsmöglichkeiten. So besaß auch der abschließende Part dieses Schulprojektes etwas Aktives, Forderndes: die Arbeiten der Jugendlichen waren ein Anstoß für die zumeist älteren Betrachter, selber Fragen an die Geschichte und die (künstlerische) Darstellung zu stellen und mit den (jungen) Akteuren in einen konstruktiven Dialog zu treten..

Literatur

Genger, Angela (1992): Wirklichkeit und Fiktion: Kunst in Gedenkstätten. In: AUGENBLICK. Berichte, Informationen und Dokumente der Mahn- und Gedenkstätte Düsseldorf. Nr. 2, S.5

Dies./Griese, Kerstin (1999): Entwicklungen und Veränderungen in der pädagogischen Arbeit der Gedenkstätten in Nordrhein-Westfalen. Gedenkstätten als Bildungsstätten. In: AUGENBLICK. Berichte, Informationen und Dokumente der Mahn- und Gedenkstätte Düsseldorf. Nr. 14/15, S. 3f

Mauritius, Norbert (200)4: Eröffnungsrede. In: ORTUNGEN – Gedenkkonzepte zu Stationen der Deportation. In: AUGENBLICK. Berichte, Informationen und Dokumente der Mahn- und Gedenkstätte Düsseldorf. Nr. 28/29, S. 48f

Pasternak, Alexander (200)4: Gedanken. In: ORTUNGEN – Gedenkkonzepte zu Stationen der Deportation. In: AUGENBLICK. Berichte, Informationen und Dokumente der Mahn- und Gedenkstätte Düsseldorf. Nr. 28/29, S. 47f

Kunstprojekt „Bahnhof Märzfeld" - Skulpturenworkshop

Susanne Bauer, Sabine Lorz und Anja Prölß-Kammerer

Rahmenbedingungen – Das Projektbüro „Pädagogik rund um das Dokumentationszentrum"

Im November 2001 wurde „Faszination und Gewalt. Dokumentationszentrum Reichsparteitagsgelände" in Nürnberg eröffnet. Seitdem bietet das Projektbüro „Pädagogik rund ums Dokumentationszentrum" als feste Einrichtung des Kreisjugendrings Nürnberg-Stadt Veranstaltungen, pädagogische Programme, Tagesseminare sowie Studien- und Projekttage an. Die Ziele unserer pädagogischen Arbeit lassen sich dabei kurz wie folgt umreißen:

- Nürnberg als ehemaliger „Ort der Täter", Stadt der „Nürnberger Gesetze", der „Reichsparteitage" und der „Nürnberger Prozesse" bedarf eines eigens entwickelten speziellen pädagogischen Konzepts für den Umgang mit der nationalsozialistischen Vergangenheit.

- Ausgangspunkt und Initialzündung für die pädagogischen Überlegungen ist das Nürnberger Dokumentationszentrums Reichsparteitagsgelände mit seiner Ausstellung „Faszination und Gewalt".

- Die pädagogische Arbeit im Kontext des Dokumentationszentrums ist eine originäre Aufgabe der Jugendbildung (§ 11 Kinder- und Jugendhilfegesetz) mit der Verpflichtung, insbesondere die Zielgruppen zu erreichen, die ein gängiges museumspädagogisches Begleitprogramm nicht nutzen würden oder könnten.

- Das pädagogische Programm ist nicht lediglich auf BesucherInnen aus dem kommunalen und regionalen Raum ausgerichtet, betreut werden Jugendliche aus dem gesamten Bundesgebiet sowie auch internationale Jugendgruppen.

- Das pädagogische Programm ist zielgruppenspezifisch ausgerichtet, die einzelnen Angebote ergänzen sich im Baukastensystem.

- Das Angebot bezieht sich nicht nur auf die Vermittlung der nationalsozialistischen Geschichte vor Ort, sondern greift auch aktuelle Themen auf wie Rechtsextremismus, Fremdenfeindlichkeit, Zivilcourage oder Gruppenzwang.

- Eine örtliche und regionale Verbundstruktur sowie Kontakte zu nationalen und internationalen Gedenkstätten, aber auch Kontakte zu Jugendverbänden, Einrichtungen der offenen Kinder- und Jugendarbeit fördert die Vernetzung der Aktivitäten.

Der pädagogische Fokus unterscheiden an einigen Stellen wesentlich von dem der Gedenkstättenpädagogik in KZ-Gedenkstätten: Nicht nur der Ausgangspunkt ist ein völlig anderer, Nürnberg präsentiert sich mit dem Dokumentationszentrum sowie dem ehemaligen Reichsparteitagsgelände als Ort der TäterInnen und MitläuferInnen, mit architektonischen Relikten nationalsozialistischer Propagandabauten, deren Inhalt und Bedeutung sich nicht per se erschließen. Die Diskussionen und Fragestellungen, die die TeilnehmerInnen in den Seminaren bewegen, sind somit andere: Der Aspekt Faszination und Gewalt steht im Vordergrund, Themen wie Propaganda, der Massenbegeisterung, des Mitläufertums werden diskutiert, daraus entwickeln sich Fragen zu Zivilcourage, Gruppendruck und Gruppenzwang heute. Im Mittelpunkt der Auseinandersetzung mit der nationalsozialistischen Vergangenheit stehen Motivationen der TäterInnen und MitläuferInnen sowie die Methoden der Nationalsozialisten, die Massen zu begeistern, und weniger die Geschichte der Opfer des nationalsozialistischen Regimes. Daraus resultieren sowohl divergierende Ansätze im methodisch-didaktischen wie inhaltlichen Bereich der pädagogischen Arbeit „rund um das Dokumentationszentrum".

Neben dem laufenden Betrieb des Projektbüros unterstützt das Projektbüro auch Projekte von Jugendgruppen, Jugendverbänden, Schulen oder StudentInnen bzw. bietet auch eigene Lehrveranstaltungen an den Nürnberger Fachhochschulen im Bereich der Jugendarbeit an. Hier werden mit StudentInnen Projekte im Bereich der Gedenkstättenpädagogik entworfen und ihre Durchführung wird vom Projektbüro begleitet. Bei den Projektbegleitungen an den Fachhochschulen geht es nicht nur darum, Projekte zu fördern und zu stützen, sondern auch um innovative, interessante Methoden im Kontext der Gedenkstättenpädagogik bzw. der Jugendarbeit zu initiieren, erproben und Ergebnisse gegebenenfalls auch in eigenen Veranstaltungen zu nutzen.

Eine dieser Projektbegleitungen war die Entwicklung des Kunstprojekts „Bahnhof Märzfeld", das unten von den durchführenden Studentinnen beschrieben wird. Nachdem die Studentinnen der Evangelischen Fachhochschule Nürnberg diese Idee aufgenommen hatten, arbeiteten sie weit gehend selbständig an der Projektumsetzung. Das Projektbüro leistete dabei lediglich inhaltliche Unterstützung bei der Recherche, gab methodisch-didaktische Hinweise, organisatorische Hilfestellung und versprach auch finanzielle Unterstützung bei der praktischen Umsetzung der zu entwickelnden Skulptur.

Die Idee am Bahnhof Märzfeld ein gedenkstättenpädagogisches Projekt zu initiieren liegt in der Geschichte des Ortes begründet. Der ehemalige Bahnhof Märzfeld bietet sich aufgrund seiner Doppelfunktion während der Zeit des Nationalsozialismus für eine eigenaktive, künstlerische Auseinandersetzung Jugendlicher an: Der Bahnhof wurde zunächst als Ankunftsbahnhof für die Besuchermassen der Reichsparteitage genutzt, später war er der Deportationsbahnhof für die Nürnberger Juden und Jüdinnen, die von hier aus in die Konzentrationslager im Osten abtransportiert wurden. An dem ehemaligen Bahnhof, der heute ein Schattendasein fristet und an dem nichts auf seine Geschichte verweist, lässt sich der Aspekt „Faszination und Gewalt", der auch der Titel der Ausstellung im Dokumentationszentrum ist, an einem bescheidenen, alltäglichen Ort deutlich machen und zum Nachdenken anregen: Über Ein- und Ausgrenzung, Begeisterung und Faszination, Manipulation und Vertreibung – das Janusgesicht des NS-Regimes manifestiert sich hier ganz konkret.

Projektbeschreibung

Die Projektidee entstand aus einer Reihe von Vorschlägen der Zusammenarbeit zwischen FH und Projektbüro. Zu Beginn des Studienschwerpunkts Jugend(sozial)arbeit[44] an der Evangelischen Fachhochschule Nürnberg wurde aus

---

[44] Im Studium der Sozialen Arbeit wird noch in den Studiensemestern 6-8 (Hauptstudium) ein Studienschwerpunkt gewählt, in dem ein Themenbereich der Sozialen Arbeit vertieft studiert wird.

der Liste dieser Anregungen das im Folgenden beschriebene Projekt ausgewählt. Zunächst sollen die räumlichen und historischen Zusammenhänge und Hintergründe erläutert werden.

Nürnberg, die „Stadt der Reichsparteitage" - übrig geblieben sind einige steinerne Zeugen, über deren Nutzung aus aktuellem Anlass immer wieder rege diskutiert wird. Das Dokumentationszentrum Reichsparteitagsgelände informiert nun über die NS-Vergangenheit Nürnbergs, ein Ideenwettbewerb zur Nutzung des ehemaligen Reichsparteitagsgeländes fand statt und derzeit arbeitet man in der Stadt Nürnberg an einem Konzept zur Entwicklung des Geländes bis zur WM 2006 – ein Austragungsort der Fußball-WM wird das Nürnberger Stadion sein, das sich inmitten des ehemaligen Reichsparteitagsgeländes befindet.

Neben den anderen Bauwerken auf dem ehemaligen Reichsparteitagsgelände wie der Zeppelintribüne, der Kongresshalle oder der Großen Straße zählt auch der Bahnhof Märzfeld zu den baulichen Resten aus der Zeit, als Nürnberg als „Stadt der Reichsparteitage" in die Geschichte einging. Doch über die Jahre geriet seine damalige Funktion weitgehend in Vergessenheit. Der extra für die „Nürnbergfahrer" - die BesucherInnen der Reichsparteitage - gebaute Bahnhof wurde 1938 eröffnet, diente dann aber nur ein einziges Mal diesem Zweck.

Ab Kriegsbeginn wurde der Bahnhof dann für die Deportation von Kriegsgefangenen und jüdischen MitbürgerInnen aus Nürnberg und Nordbayern genutzt.

Kurzer Einblick in den geschichtlichen Hintergrund des Bahnhofs Märzfeld

1937 Laut hallen die Schritte marschierender HJ-Fähnlein über das Pflaster. Man unterscheidet zwischen Führer, Volk und Volksschädlingen. Man hört Weltuntergangseuphorismus – endlich gibt es einen Mann, der das gedemütigte deutsche Volk diszipliniert zur Weltherrschaft führen wird.

Man spürt die Angst in manchen Gassen. Hier sind die Schritte leiser, wird mehr gehuscht.

Gespräche hinter vorgehaltener Hand. Kann man dem Nachbarn noch vertrauen?

Die Nürnberger Sümpfe sind trockengelegt. Gigantische Bauten erstrecken sich dort in den Himmel – es ist das Reichsparteitagsgelände. Im Süden des Geländes wird der Bau des Bahnhofs Märzfeld mit monumentalen Dimensionen begonnen. Er ist als Aufmarschbahnhof geplant und wird zwischen dem Märzfeld und dem Teilnehmerbaracken für HJ und SA errichtet (vgl. Froschauer 1988,76)

1938 Wir schreiben das Jahr 1938.

Der Bahnhof ist noch nicht fertig gestellt, wird aber trotzdem schon als Ankunftsbahnhof für die jubelnden Massen zu den 10 Tagen der Nürnberger Reichsparteitage genutzt. Es kommen 700.000 Zuschauer und über 1.300 vollbesetzte Sonderzüge in Nürnberg an (vgl. Sanden 1985, 36/37) Im Abschlussbericht der Reichsbahn heißt es:

„… dass die deutsche Reichsbahn in allen Lagen einsatzbereit ist und schier übermenschliches zu leisten vermag. Sie wird auch in Zukunft allen an sie heran getragenen Anforderungen in vollem Umfang gewachsen sein."(vgl. Geschichte für alle e.V., 117)

1939 bricht der Krieg aus.

Junge Nürnberger melden sich freiwillig an die Front. In manchen Wohnungen herrscht Schweigen. Waren es wirklich die Polen, die angegriffen haben? Muss das Volk jetzt nicht zusammenhalten? Der Bahnhof Märzfeld ist jetzt Teil des Kriegsgefangenenlagers Langwasser. Kriegsgefangene kommen an und werden auf dem ehemaligen HJ- und SA-Lager interniert (vgl. Froschauer, 76)

1941 Wir befinden uns im Jahr 1941. Schon zwei Jahre tobt nun der Krieg. Manche Mutter hat einen gefallenen Sohn zu beklagen – für Führer, Volk und Vaterland.

Die den gelben Stern tragen, haben oft müde Gesichter. Oft werden nachts noch schnell Sachen zusammengepackt, genäht, Lebensmittel besorgt.

Vom Bahnhof Märzfeld laufen nun die Deportationen Nürnberger und anderer bayrischer Juden. Sie werden zunächst ins Lager Langwasser gebracht und nach 3tägigem Aufenthalt in Konzentrations- und Vernichtungslager im Osten deportiert (vgl. ebd., 86; Sanden, 37).

1944 Wir schreiben das Jahr 1944. Die Propagandamaschine läuft weiter. Ein Camp für politische Gefangene wird am Bahnhof errichtet (vgl.

Ein Camp für politische Gefangene wird am Bahnhof errichtet (vgl. Sanden, 36).

1945 Der Krieg ist zu Ende. Durch die Straßen laufen amerikanische Soldaten, kauen Kaugummi. Das Lager Langwasser dient jetzt als Kriegsgefangenenlager für deutsche Kriegsgefangene und ehemalige Nazis (vgl. Froschauer, 74).

1949 wird das Internierungslager aufgelöst (vgl. Stadtarchiv Nürnberg, 73).

1957 wird die Station in Bahnhof Langwasser umbenannt (vgl. Zelnhefer).

Heute erinnert am ehemaligen Bahnhofsgelände selbst nichts mehr an seine „zweigleisige" Funktion.

Dies war Impuls für uns (Susanne Bauer, Angela Klotz, Katja König, Sabine Lorz, Verena Vogl) damalige Studentinnen, mittlerweile Absolventinnen der Evangelischen Fachhochschule Nürnberg, Fachbereich Sozialwesen, Studienschwerpunkt Jugend(sozial)arbeit, den Bahnhof ins öffentliche Bewusstsein zu rücken und damit die Idee des „Projektbüros Pädagogik rund ums Dokumentationszentrum" des Kreisjugendrings Nürnberg-Stadt aufzugreifen, dort ein Kunstwerk als Mahnmal mit Jugendlichen zu errichten. Als künftigen Sozialpädagoginnen gefiel uns der Gedanke, dass durch das Projekt Schule und Jugendarbeit vernetzt wurden und eine intensive Zusammenarbeit im Rahmen des Projekts stattfand.

Für das Medium Kunst entschieden wir uns, da den Jugendlichen in der künstlerischen Auseinandersetzung mit der Zeit des Nationalsozialismus ein anderer Zugang zu dieser Thematik angeboten werden kann. Durch die Gestaltung eigener Ideen und Überlegungen können die historischen Entwicklungen auf einem anderen Weg erfahren werden. Ziel war es, dass die SchülerInnen durch den individuellen Lernprozess begreifen, inwiefern geschichtliche Ereignisse in Beziehung zum persönlichen Alltag stehen können.

Bei der Auswahl der Zielgruppe war uns wichtig, dass wir kontinuierlich mit den Jugendlichen arbeiten konnten. Deshalb wollten wir das Projekt mit einer Schulklasse durchführen, mit der regelmäßige Kontakte möglich waren. Außerdem lautete unser Wunsch, dass die Klasse nicht in ihrem Abschlussjahr sein und dass die SchülerInnen bereits Kenntnisse über die Zeit des Nationalsozialismus besitzen sollte. Somit richtete sich die Ausschreibung an die 9. Klassen der Realschulen und an die 9. oder 10. Klassen der Gymnasien. Wichtig war uns auch, dass die Schule in der Nähe des Bahnhofes liegt, um bei Jugendlichen zumindest einen räumlichen Bezug zum Ausgangspunkt der Auseinandersetzung voraussetzen zu können. Durch die Tatsache, dass der Bahnhof an einem Verbindungsweg zweier Nürnberger Stadtteile liegt und somit vielen SchülerInnen als Schulweg dient, erhofften wir uns eine persönliche Beziehung der Jugendlichen zu dem historischen Ort. Wir stellten uns eine Arbeit am Projekt im Rahmen des Kunstunterrichts vor, damit uns der Kunstlehrer mit seinem fachlichen Wissen über künstlerische Techniken und Arbeitsweisen unterstützen konnte.

Unsere Ausschreibung ging mit einem unterstützenden Brief des Projektbüros „Pädagogik rund ums Dokumentationszentrum" an verschiedenen Nürnberger Schulen. Daraufhin hat sich die Klasse 10b des Neuen Gymnasiums Nürnberg mit ihrem Kunstlehrer Wolfgang Duck für die Durchführung des einmaligen Kunstprojektes entschieden. Herr Duck war bereit, seinen Unterricht für die Durchführung des Projekts umzustellen. Er konnte die Arbeit am Mahnmal gut mit dem Lehrplan für das Fach Kunst in der 10. Klasse verbinden, in dem „Denkmäler" als zu behandelndes Thema genannt werden.

Um ein beständiges Erinnerungszeichen, ein Kunstwerk, eine Skulptur etc. realisieren zu können und auch dessen Aufstellung vor Ort zu ermöglichen, nahmen wir verschiedene finanzielle Quellen in Anspruch. Einen Teil steuerte das „Projektbüro Pädagogik rund ums Dokumentationszentrum" bei, der Großteil wurde durch die Carl-Ernst-Dietrich-Stiftung des Neuen Gymnasiums Nürnberg finanziert, ein weiterer Teil der notwendigen Mittel setzte sich aus Spenden zusammen, die u. a. beim Schulfest eingesammelt wurden.

Die Arbeit in der Klasse begann Anfang Dezember 2002. Eine geschichtliche Einführung in die Thematik schuf den Einstieg ins Projekt, dann begann nach einer ersten persönlichen Auseinandersetzung der SchülerInnen mit dem Thema Nationalsozialismus und dem konkreten Ort der künstlerische Prozess. So recherchierte eine Schülerin im Internet nach Materialien für die Gestaltung ihres Modells. Viele berichteten auch von persönlichen Gesprächen mit ihren Familien über die Thematik und die Geschichte des Bahnhofs Märzfeld. Darüber hinaus wurden Themen der Auseinandersetzung sowohl vom Kunstlehrer als auch von uns immer wieder aufgegriffen, ergänzt und weiter begleitet. Dies alles löste unterschiedliche Assoziationen und Ideen in den Köpfen der Jugendlichen aus.

Wie aber kamen die SchülerInnen von den ersten Assoziationen zum endgültigen Kunstwerk?

Zunächst entstanden, unterstützt durch künstlerische und pädagogische Hilfestellungen, Skizzen und Bilder, in denen die SchülerInnen versuchten die Ereignisse von damals gestalterisch umzusetzen. Bald entwickelte sich in den Unterrichtsstunden, an denen wir teilnahmen, folgende Arbeitsweise: Jede von uns Studentinnen begleitete und beriet über das Schuljahr hinweg die gleichen SchülerInnen, um sie bei ihrer Auseinandersetzung mit dem Thema und der künstlerischen Umsetzung zu unterstützen. Im Verlauf der Projektarbeitsphase an der Schule waren wir an sieben Unterrichtsstunden und während der Projekttage vor dem Schulfest in der Klasse. Als Beispiel für unsere pädagogische Begleitung soll folgende Methode stehen: Bei der Gestaltung der Skizzen stellten wir fest, dass die Jugendlichen hauptsächlich Schienen und Waggons zeichneten, das Thema also sehr gegenständlich, am Thema fixiert und für uns einseitig umsetzten. Um

ihnen einen anderen Zugang zur Thematik anzubieten und auch abstraktere Entwürfe und Umsetzungsvorschläge zu erreichen, stellten wir der Klasse eine Bildkartei vor. In ihr befanden sich verschiedene Postkarten und Bilder, z. T. mit Motiven, die direkt mit dem Thema Nationalsozialismus zu tun hatten, z. T. aber vollkommen losgelöst davon waren. In der Klasse entstand nun eine kreative Arbeitsatmosphäre, wobei die SchülerInnen die Kartei auf sehr unterschiedliche Weise nutzten: Einige zeichneten zunächst das Motiv ab, manche entwarfen bereits abstrakte Zeichnungen, andere schrieben ihre Assoziationen auf, um daraufhin ihre Entwürfe für eine Skulptur zu gestalten. Im nächsten Arbeitsschritt galt es, die Entwürfe durch Modelle in eine räumliche Darstellung zu bringen. Bei dieser Arbeit setzten sich die SchülerInnen u. a. mit Fragen der Proportionen, Perspektiven und der Materialauswahl auseinander und es entstanden aus den groben Gedanken und Skizzen Modelle.

Unser großes Ziel und Bestreben war es, dass ein Kunstwerk am Bahnhof Märzfeld selbst aufzustellen, um Menschen zum Innehalten und Nachdenken zu bringen und gegen ein Vergessen der Geschichte zu mahnen. Deshalb wurde gemeinsam mit den SchülerInnen aus den entstandenen Modellen eines zur Umsetzung ausgewählt. Jede/r SchülerIn, der/die ihr/sein Modell zur Wahl stellen wollte, stellte der Klasse in einer kurzen Präsentation die Ideen und Gedanken zur Gestaltung, Symbolik und Umsetzung des Entwurfes vor. Die Jugendlichen sowie der Kunstlehrer und wir Studentinnen hatten im Auswahlverfahren je zwei Punkte mit denen die favorisierten Modelle bewertet werden konnten. Die Entscheidung fiel auf das Modell des unten abgebildeten fertigen Werkes. Alle Entwürfe wurden beim Schulfest des Gymnasiums ausgestellt. Das ausgewählte Modell wurde von einer Schweißerin unter Mithilfe von uns Studentinnen umgesetzt.

Beschreibung des Kunstwerks und Symbolik

Das Kunstwerk hat einen Durchmesser von ca. 1,80m und besteht aus einem aus Zinkrohren geschweißtem Davidstern, der von einem Geflecht aus verbogenen, verbeulten, verrostenden Hakenkreuzen umgeben ist. Während im Lauf der Zeit die Hakenkreuze zerfallen und vergehen sollen, soll der Stern unversehrt und in vollem Glanz erhalten bleiben. Der Davidstern soll dabei nicht allein das Schicksal und Leid der jüdischen Bürgerinnen und Bürger symbolisieren, sondern auch das der politisch Andersdenkenden und Kriegsgefangenen, die vom Bahnhof „Märzfeld" deportiert wurden. Somit wird die zweiseitige Funktion des Bahnhofs ausgedrückt – einerseits Ankunftsstation der jubelnden BesucherInnen der Nürnberger Reichsparteitage, andererseits Bahnhof für die Deportation von Verfolgten.

Da die Aufstellung des Mahnmals am Bahnhof Märzfeld einen Rahmen bekommen und nicht unter Ausschluss der Nürnberger Öffentlichkeit vonstatten gehen sollte, trug die Klasse das fertige Kunstwerk in einem Gedenkzug am 22. Oktober 2003 über das ehemalige Reichsparteitagsgelände zum Bahnhof Märzfeld. Neben den lokalen und überregionalen Medien begleiteten FreundInnen und Bekannte

den Zug. Bei der anschließenden Installierung des Kunstwerkes am Bahnhof selbst wurde zwar die erdrückende historische Situation spürbar, aber das Engagement der Jugendlichen, ihr verantwortungsvoller Umgang mit dem geschichtlichen Erbe ermöglicht dennoch eine hoffnungsvolle Sicht auf Gegenwart und Zukunft.

Text der Gedenktafel am Bahnhof Märzfeld

> In Erinnerung
> der Doppelrolle des ehemaligen
> Bahnhofs Märzfeld,
> der 1938 jubelnde Massen einer Vernichtungsdiktatur zu den
> Reichsparteitagen empfing,
> an dem ab 1941 jüdische Bürgerinnen und Bürger,
> politisch Andersdenkende,
> kriegsgefangene Männer, Frauen und Kinder
> misshandelt und gedemütigt wurden,
> unermessliches Leid erfuhren,
> in Arbeits- oder Konzentrationslager deportiert wurden.

Im Anschluss an die Mahnmalsaufstellung, stellten wir fest, dass das Kunstwerk von den PassantInnen beachtet wurde und zu Gesprächen anregte. Leider war nach etwa sechs Wochen das Kunstwerk so zerstört worden, dass es entfernt werden musste. Wer für die Zerstörung verantwortlich ist, konnte nicht herausgefunden werden.

Das teilweise wiederhergestellte Kunstwerk fand später nach einer intensiven Diskussion mit den SchülerInnen auf dem Schulgelände des Gymnasiums einen dauerhaften Platz. Den Jugendlichen war es wichtig, das Mahnmal zu erhalten und sie entschieden sich deshalb für den „geschützten" Raum der eigenen Schule.

Literatur

Bahnhof Märzfeld. In: Stadtlexikon Nürnberg

Froschauer, Hermann (1988): Quellen des Hasses. Aus dem Archiv des ‚Stürmer' 1933-45, Nürnberg

Geschichte für alle e.V.: Geländebegehung: Das Reichsparteitagsgelände in Nürnberg

Sanden, Erika (1985). In: ‚Plärrer': Die Nürnberger ‚Russenwiese' und andere vergessene Tatsachen, Nürnberg

Stadtarchiv Nürnberg: unverzeichnete Kopie, S. 73

Erinnern als Kunst
Sigrid Sigurdssons „Offene Archive"

Birgit Dorner

„Der Rücken der Erinnerung ist die Historie. Erinnerung allein ist noch keine erforschende Rekonstruktion der Vergangenheit, erst in der Gegenüberstellung beider, Erinnerung und Geschichte, entsteht ein Bild, ein Beitrag zum Ganzen." (Sigurdsson 2000, 118)

Historie gehört normalerweise in den Aufgabenkomplex der Geschichtswissenschaften, Erinnern an die Zeit des Nationalsozialismus verortet man zunächst an den international bekannten Gedenkstätten ehemaliger Konzentrations- und Vernichtungslager wie Dachau, Theresienstadt, Auschwitz. Was vermag die Bildende Kunst in Konkurrenz zu den Gedenkstätten und den umfassenden Informationsangeboten von Print- und anderen Medien im Kontext der Erinnerung an die Zeit des Nationalsozialismus überhaupt leisten? Wie kann sie sich neben den ungeheuerliche Greueltaten dokumentierenden historischen Fotografien, gegen die Aura authentischer Orte und Relikte behaupten?

Tatsächlich scheitern viele Versuche, sich dem Nationalsozialismus und vor allem dem Holocaust künstlerisch zu nähern, zu gewaltig manifestiert sich die historische Realität. Zudem wirft die Wahrnehmung von Kunstwerken Probleme auf, gerade in ihrer Existenz als Kunstwerk verweisen sie bisweilen nicht auf die Realität, die die KünstlerInnen darzustellen beabsichtigten, sondern auf ihre Zugehörigkeit zur Welt der Kunst.

„Daher lässt sich bei künstlerischen Darstellungen des Schrecklichen, des Grauens oder eines Unheils niemals ausschließen, dass sie – man denke hier nur an den Umgang mit den Darstellungen des gekreuzigten Christus – vor allem als Artefakte wahrgenommen und aufgrund ihres künstlerischen Wertes geschätzt werden, ja womöglich nur als Kunstwerke Verbindlichkeit erlangen." (Fehr 1998, 6)

Wie können nun Werke der Bildenden Kunst trotz der dargestellten Schwierigkeiten und der Herausforderungen, der sich Kunst in der Thematisierung der Geschichte des Nationalsozialismus stellen muss, neue Perspektiven der Geschichtsrezeption eröffnen?

Lebendige Prozesse des Erinnerns

Die 1943 in Oslo geborene und bei Hamburg lebende Künstlerin Sigrid Sigurdsson beschäftigt sich in ihrem Werk seit den 1960er Jahren mit dem Gedächtnis und dem Prozess der Erinnerung. Sigurdsson entwickelt künstlerische Konzepte, sie nennt sie „Offene Archive", zum Verständnis von und Umgang mit Geschichte.

„Wenn Erinnerung an vergangene Ereignisse sich materialisiert, sich in Formen des Schreibens, Zeichnens, Fotografierens und in Ergebnissen des Forschens niederschlägt, bedarf es des Schutzes eines Ortes. Zumeist geschieht dies in Form von Archiven. Unseren konventionellen Archiven haftet ein Charakter des Statischen an - persönliche Erinnerungen und historische Ereignisse bleiben dort zwar verwahrt, doch mit der Zeit verstauben und erstarren sie zu toten Ablagerungen, die für die Allgemeinheit unzugänglich sind und nur von wenigen Menschen gelesen und reflektiert werden können" (Sigurdsson 2000, 117).

Im Gegensatz zu herkömmlichen Archiven initiieren die von Sigurdsson seit dem Anfang der 1980er Jahre konzipierten und bereits an verschiedenen Orten realisierten „Offenen Archive" einen lebendigen Prozess der Erinnerung. Ein beständig sich entwickelnder Vorgang, in den sich prinzipiell jede und jeder eingliedern kann, lässt das Archiv wachsen und sich verändern. Sigurdsson richtet Schutzräume der Erinnerung ein, in denen sich Gedächtnis skulptural und bildhaft entfaltet. Räume, die weit mehr sind als umbauter Raum, Räume, die bewusst machen, wie jeder bewohnte Raum Gedächtnis ist, Gedächtnis der in ihm lebenden oder in ihm gelebt habenden Personen. In Sigurdssons Kunst-Räumen hat zwar niemand lange Zeit gelebt, dennoch sind diese Räume darauf ausgerichtet, dass in ihnen verweilt wird und dass die Verweilenden Spuren hinterlassen. Das, was für die klassischen Inszenierungen in Museen ein Alptraum ist, dass die BesucherInnen die ausgestellten Gegenstände anfassen, benutzen, verändern, Relikte hinterlassen, all das wird hier absichtlich provoziert.

Häufig nimmt sich Sigrid Sigurdsson bei ihren künstlerischen Projekten „blinder Flecken" von Städten oder Gegenden an mit dem Ziel, die Geschichte dieser Orte wahrnehmbar, erfahrbar zu machen. Sie unternimmt den Versuch, sie dem Verdrängen und Vergessen zu entreißen, aufzudecken, was bisher unter dem Mantel des Schweigens verborgen gehalten wurde.

„Um einen Prozess dieser Art anzuregen, bedarf es von meiner Seite, die ein solches Archiv in einer Stadt oder einem Land einrichtet, zunächst einer Analyse dessen, wovon das Archiv handeln soll. Zumeist geht es dabei um geschichtliche Ereignisse, die aus dem Blickfeld vieler verdrängt wurden. Meine Aufgabe besteht zunächst darin, diesen Punkt herauszufinden, ihn zu einem Konzept zu verdichten und einen Gestaltungsvorschlag zu entwickeln, um ihn sodann gemeinsam mit einem Museum, einer Universität oder einer Stadt umzusetzen." (Sigurdsson 1996, 2)

Menschen einer Stadt, Personen, Gruppen eines Ortes tragen dann ihre Erinnerungen in die „Offenen Archive", persönliche Erinnerungen, Dokumente, Relikte. Sie setzen sich dadurch in Beziehung zu den „blinden Flecken". Die von Sigurdsson geschaffenen kommunikativen Orte des kollektiven Gedächtnisses intendieren plurale, widersprüchliche Geschichtsbilder und widersetzen sich allzu geradliniger historischer Forschung (vgl. Behrens u.a., 55).

„Durch die Teilnahme vieler Autoren, die mit ihrem Wissen, ihren Erinnerungen an vergangene, geschichtliche Ereignisse zu den „Offenen Archiven" beitragen, entwickelt sich ein virulenter Prozess, der die Gegenwart des Vergangenen im Jetzt sichtbar machen und sich schließlich zu einem ‚milieu de mémoire' verdichten kann. Am Ende steht ein begehbares Bild, ein Gewebe, das ein geschichtliches Thema umkreist und dessen Fäden von den Teilnehmern selbst gesponnen werden. Die Zeit kann hier zu einem Raum werden, der nach Fertigstellung den Einwohnern einer Stadt oder eines Landes die Möglichkeit des Weiterschreibens, Fotografierens, Forschens bietet." (Sigurdsson 2000, 117)

Alltag in materieller Form, Alltagsgeschichten finden Eingang in die „Offenen Archive" genauso wie historische Dokumente. Sie werden für andere zugänglich gemacht, Geschichte wird hier anfassbar. Es gibt keine Abgrenzung von „privat" zu „öffentlich", von „bedeutend" zu „unbedeutend". Die Konjunktion gegenwärtiger Erfahrung und Vergangenheit wird hier offenbar, Geschichte präsentiert sich nicht als abgeschlossener Prozess, ihr Geschehen ist mit den GestalterInnen und BetrachterInnen der Archive direkt verwoben. Historisches Geschehen ergibt kein fertiges, statisches Bild, Geschichte konstituiert sich je nach Befragung neu. Das Zusammenspiel des Verschiedenen entwickelt die Sprengkraft, ein klares, eindeutiges, zu einfaches Bild der Zeit des Nationalsozialismus zu zerstören, um Fragen aufzuwerfen, die verunsichern; Fragen beispielsweise nach der Verantwortung jeder und jedes Einzelnen am historischen und gegenwärtigen politischen Geschehen. Das Bild, das beim Erkunden des Archivs entsteht, macht das andere Bild, das des großen Grauens, der Medienikonen des Holocaust brüchig, um den Blick freizugeben auf die kleinen Teile des großen Ganzen. Diese zeigen soviel Vertrautes, so wenig Spektakuläres, vieles was im Heute und Jetzt genauso ist bzw. sein könnte. „Das Alltägliche und Normale wird so mit dem singulären Verbrechen des Massenmordes in eine unmittelbare Verbindung gebracht." (Assmann, 365)

Sigurdssons Erinnerungsräume machen die grundsätzliche Unvollständigkeit von Erinnerung, die Erinnerungslücken, auch die Lücken historischer Forschung deutlich, indem in ihren Archiven Dinge gezeigt werden, die sonst keinen Platz haben; sie fordern das Nachdenken darüber, was bisher erinnert wurde, an welchen Orten bisher was gezeigt, welche Orte und Dinge unsichtbar gemacht wurden, und sie provozieren die Reflektion über die Konstruktionen von Erinnerungsstätten.

Neue Dimensionen der Geschichtserfahrung: „Vor der Stille"

1988 initiierte Sigurdsson im Karl Ernst Osthaus-Museums in Hagen das Projekt „Vor der Stille", an dem sie seither arbeitet. Erinnerung beginnt hier mit der persönlichen Erinnerung der Künstlerin. In das Archiv sind künstlerische Arbeiten von ihr aus den letzten 30 Jahren in Objektkästen und 100 Künstlerbüchern integriert. Sigurdssons Werke nehmen immer wieder eigene persönliche Erfahrungen auf, gehen von ihrer Familiengeschichte aus, ihr Vater war in einem deutschen Konzentrationslager inhaftiert. Aber diese ganz persönliche Erinnerung wird als eine von vielen in das Archiv integriert, sie ist ein Baustein des Ganzen.

Um diesen Artikel schreiben zu können, bin ich nach Hagen gefahren, mir war beim Schreiben zu Sigurdssons Arbeiten einmal mehr klar geworden, Bilder und Texte können die direkte Werkerfahrung nicht ersetzen. So gründen sich die folgenden Beschreibungen auf die persönliche Erfahrung vor Ort im Frühjahr 2005:

Der Raum liegt in einer Ecke, man betritt ihn durch einen länglichen achteckigen Raum, an dessen Wänden zweireihig Werke von im Nationalsozialismus verfolgten Künstlern hängen, wie die expressionistischen Bilder der Künstlergruppe „Die Brücke". Die Besucherin hat das Gefühl, in ein „verstaubtes Eck" zu gehen, ein staubiger Geruch beginnt in der Nase zu kitzeln, eine Motte fliegt umher, Geschichte tritt ihr sofort sinnlich erfahrbar entgegen, sie betritt Geschichte. Das räumliche Arrangement erinnert an eine Bibliothek oder ein Studierzimmer. Regale säumen alle Wände, in den Fächern der Regale liegt entweder ein großes Buch mit Leineneinband, ein Objektkasten, oder es liegen dort gestapelte Sammelmappen, Besucherbücher, Reisebücher.

Dem Archiv haftet etwas Unaufgeräumtes an, unterschiedliche Materialen stapeln sich in und außerhalb der Objektkästen, kunstvoll gestaltete Buchobjekte werden neben klassischen Aktenordnern aufbewahrt. Viele Assoziationen entstehen, Bilder von Museen oder besser Wohnhäusern mehr oder weniger berühmter Menschen, die zu Museen verwandelt wurden, tauchen in der Erinnerung auf. Genauso erscheint das Bild der Bibliothek des Großvaters einer Freundin, ein Bild, hervorgerufen durch die großen Schiffsmodelle in zwei Objektkästen, die Sammelmappen, die genauso gut die Briefmarken- oder Münzsammlungen oder die Bilder der EnkelInnen enthalten könnten und durch andere Objektkästen, die aufgespießte Schmetterlingen enthalten könnten. Wie Reliquien präsentieren sich die in den Objektkästen aufbewahrten Dinge und Schriftstücke. Schon beim ersten Umherschauen fällt die Unterschiedlichkeit der ausgestellten Objekte in den Blick, alte Gebrauchsgegenstände wie eine Lederschürze, vergilbte Fotos, Dokumente aus ganz unterschiedlichen Zeiten, darunter auch Stasi-Unterlagen, ein Schachspiel mit Läufern in SS-Runenform, ein Halmaspiel, dessen sternförmiges Spielfeld gelb übermalt als „Davidstern" aus dem Glaskasten leuchtet. Manches „kunstvoll" arrangiert, gruppiert, anderes schlicht präsentiert und wieder anderes übermalt, gestaltet, verändert.

In der hinteren Hälfte des Raumes stehen zwei große, hohe Holztische, überzogen mit Nessel, speckig, abgegriffen, etwas schmuddelig. Darauf befinden sich verschiedene Objektkästen und aufgeschlagene Bücher. Es gibt aber noch Platz, um darauf Bücher aus den Regalen abzulegen, aufzuklappen und zu betrachten. Auf einem der Tische liegt das Besucherbuch, das MuseumsbesucherInnen einlädt, am Werk der Erinnerung zu partizipieren, spontane Gedanken aufzuschreiben oder bei einem weiteren Besuch Mitgebrachtes einzuarbeiten. In das erste Besucherbuch „Das Buch der Geschichte und Geschichten" schrieb Sigurdsson am 30.9.1988:

„Gelebte, erlebte Menschenzeit aufgeschrieben, abgegeben, nicht verschwunden, verhüllt, versteckt, mitgenommen. Der Staffellauf, das Weitergeben von Geschichte, Nachlässen der persönlichen Strukturen, diese Begebenheiten sollen in diesem Buch dokumentiert werden mit handschriftlichen Eintragungen, Photos, Dokumenten, ganz dem Besucher, Benutzer überlassen bleiben, welche Geschichte er aus seiner Lebenszeit beitragen möchte und wie er sie dokumentieren will. ...Die alltägliche Geschichte in die große hineingepasst. ...Eine Arbeit, die in gemeinsam erlebter Zeit den Besucher mitveranlassen soll einen bewussten Teil selbsterlebter Zeit und Geschichte – wie die eigene – wahrzunehmen. Von der Gleichzeitigkeit im Ich – Gleichzeitigkeit im anderen."

Das Angebot an die BesucherInnen wird angenommen. Unterschiedliches findet sich auf den Seiten. Eigene Familiengeschichten, Dokumente, aber auch auf den ersten Blick sperrige, unpassende Kommentare pubertierender Schulklassen – auch das gelebte Menschenzeit. In regelmäßigen Besuchen „bearbeitet" Sigurdsson die Spuren der BesucherInnen, setzt Zeichnungen, Zeitungsausschnitte oder Dokumente auf manche Seiten, setzt Kontraste, Aufmerksamkeitszeichen. Zensiert wird dabei nicht. Sie hält damit einen Dialog in Gang über die Zeit des Nationalsozialismus, über Erinnerungen aus verschiedenen Zeiten, über das Erleben der Spuren von Erinnerung und Gegenwart im Moment der Bearbeitung (vgl. Grohé, 162).

Neben den Besucherbüchern, den von Sigurdsson selbst gestalteten großen Folianten in Leineneinband und Sammlungen mehrerer Jahrgänge von Zeitungen und Zeitschriften wie Spiegel, Bild am Sonntag oder Neues Deutschland als Dokumentationen scheinbar objektiven Zeitgeschehens, findet sich im Raum noch ein weiterer Typus Buch, das Reisebuch. Reisebücher sind die Antwort auf das starke Interesse der BenutzerInnen des „Offenen Archivs", durch Eigenes zur Entwicklung von „Vor der Stille" beizutragen. Seit 1993 wurden fünfhundert Bücher, die jeweils 300 oder 600 leere Seiten umfassen, mit folgendem Konzept in die Arbeit integriert: Die „Reisebücher" werden an interessierte Personen (oder Institutionen) mit der Bitte verliehen, sie im Laufe von etwa zwei Jahren nach eigenen Vorstellungen mit Materialien und Texten zu füllen und an die Künstlerin zurückzugeben, die sie ihrerseits wiederum (unkommentiert) in „Vor der Stille" aufnehmen wird. Diese Reisebücher sind Zeugen vielfältiger Erinnerung, sie enthalten Dokumente und Familiengeschichten aus der NS-Zeit, die persönliche Auseinandersetzung mit dem Judentum, dokumentieren einschneidende Lebensereignisse wie den Verlust der Tochter durch deren Selbstmord. Manche Reisebücher sind rein malerisch gestaltet, andere sind in heutigen pädagogischen Zusammenhängen als Zeitdokumente erstellt worden wie eine Mappe einer Fachschule für Sozialpädagogik in Hagen, in der angehende ErzieherInnen ihre Lebenswelt collageartig darstellen.

Keines der Bücher hat einen festen Platz im Regal, alle können, ja sollen sogar umgruppiert werden, nach dem Betrachten in andere Fächer zurückgelegt werden. Die Materialien in den Regalen wollen benutzt werden, aber an viele kommt die BesucherIn gar nicht heran, die Regale sind raumhoch, eine Leiter, ein typisches Accessoire von Bibliotheken, fehlt. Nicht alle Bücher können geöffnet werden, einige wurden in Stoff oder Folie eingenäht. Sigurdsson lässt so erfahren, dass nicht zu allen Zeiten alles gewusst werden kann und darf, noch dass alles jedem und jeder zur Erinnerung überlassen werden darf (vgl. Schellewald, 288). Das lässt Assoziationen entstehen, was bedeuten diese verschlossenen Bücher? Warum darf ich sie nicht öffnen, welche Inhalte halten sie unter Verschluss? Die Bücher entfalten ihre Wirkung nicht nur über den Inhalt, sondern genauso über die verwendeten Materialen wie vergilbte Pappe oder schlammgetränkte Nesselseiten. Das Blättern in den Büchern treibt Staub in die Nase, die Finger fühlen sich nach einer Weile schmutzig an. Geschichtlichkeit wird sinnlich, am eigenen Leib erfahren.

Verschlossenes Buchobjekt

Das Betrachten macht Mühe, wie einfach machen es den BetrachterInnen doch in dieser Hinsicht viele andere Kunstwerke. Viele Bücher sind sperrig und mehrere Kilogramm schwer, manche sind fast zu dick für ein Fach im Regal, verklemmen sich beim Herausziehen. Auch die Objektkästen sind sperrig und schwer, manches Mal wird deshalb nur ein kurzer Blick auf einen halb hervorgezogenen Kasten geworfen. So lässt das Archiv nicht nur aufgrund der Fülle des gesammelten, ausgestellten Materials ein Gefühl der Überforderung aufkommen. Der Zufall bestimmt die Nutzung des Archivs, getrieben von der Neugier des Entdeckens. Betrachtung wird zur Konstruktion von Erinnerung, Geschichte entsteht durch die zufällige Auswahl. Fragmente von Geschichte, Fotos fremder Menschen, historische Dokumente in Bücher eingeklebt, in den großen, von Sigurdsson selbst gestalteten Büchern werden sie häufig mit Malerei kombiniert. Einige Bücher enthalten ausschließlich Zeichnungen und Malereien. Der Sinn des Dargestellten lässt sich schwer in Worte fassen, erschließt sich über Atmosphären und Assoziationen zum Wahrgenommenen.

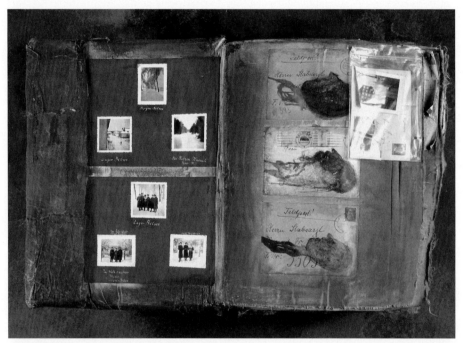

Doppelseite aus dem Buch „Liebe Thea"

„Beim Durchblättern der Bücher überlagern sich die visuellen Eindrücke. Nicht in der einzelnen Darstellung, sondern beim Umblättern blitzt zwischen den Seiten schlagartig dasjenige auf, was Walter Benjamin die aufsprengende Kraft genannt hat, die in der Lage ist, die zeitliche Distanz von Geschichte zu suspendieren. Doch auch innerhalb der Bücher und Objekte gibt es diese Überblendungen.

Besonders die NS-Spolien[45] als authentische Fundstücke besitzen eine maliziöse Ausstrahlung, die benachbarte Dinge einbezieht. So fügt sich etwa das vergilbte Formular eines NS-Frachtbriefes in Verbindung mit einem Kinderfoto auf der einen, getrockneter Pimpinelle vom September 1943 und dem Foto einer Mauer auf der anderen Seite schlagartig zum Indiz für den Menschentransport in die Lager. " (Wagner, 152)

Durch die sinnliche Wahrnehmung der Ausstellungsgesamtheit, der leiblichen Präsenz im Werk können sich verschiedene Ebenen der Reflexion über Erinnerung einstellen. Beim Betrachten und Lesen der archivierten Materialen tritt Erinnerung zusammen mit persönlicher Erfahrung in Erscheinung. In assoziativen Gedächtnisbildern entwerfen sich jeweils ganz persönliche Wege der Perzeption. Konfrontiert mit der Unmöglichkeit, die Fülle des Materials zu sichten, herausgefordert von der Pluralität der Archivgegenstände wird Geschichte als etwas letztendlich Unfassbares, Heterogenes, Persönliches und gleichzeitig Kollektives erfahren und erfahrbar.

In den Werken von Sigurdsson wird Geschichtsschreibung nicht verworfen, sondern befragt bzw. durch neue Dimensionen der Geschichtserfahrung ergänzt. Ihre „Offenen Archive" machen verschiedene Dimensionen von Geschichte sichtbar, die Arrangements führen uns die Komplexität geschichtlicher Realität vor Augen. Ästhetische Praxis wie die bildende Kunst kann Geschichte und geschichtliches Forschen im wörtlichen Sinne anschaulich machen. Bildende Kunst kann die Gleichzeitigkeit geschichtlicher Erfahrung vieler und die Verwobenheit eigener Existenz in die Erfahrung von Geschichte wahrnehmbar machen. In den „Offenen Archiven" wird Geschichte als scheinbar lineare Abfolge von Vergangenheit, Gegenwart und Zukunft außer Kraft gesetzt, da erkennbar wird, dass das Vergangene immer präsent ist im Gegenwärtigen und beides konstitutiv an der Zukunft beteiligt ist (vgl. Schellewald 1993, 294).

Themenentfaltungen

Sigrid Sigurdsson initiierte an verschiedenen Orten „Offene Archive" mit unterschiedlichen thematischen Ausrichtungen. Das Prinzip der „Offenen Archive" wiederholt sich, die einzelnen Environments dagegen haben einen jeweils eigenen Charakter. Immer steht das Erinnern vieler Einzelner im Mittelpunkt. In „Fragment to mala calosc. Das Fragment ist ein kleines Ganzes", das sich seit dem Projektabschluss 2003 in der Gedenkstätte Sztutowo/Polen befindet, stellt Si-

---

[45] Spolium: Beutestück bzw. Spolien: Teile eines Kunstwerks (vorwiegend gebraucht bei Bauwerken, die anderen Werken entnommen worden sind).

gurdsson die Erinnerungen vieler polnischer AutorInnen an die Evakuierungsmärsche aus dem KZ Stutthof Anfang des Jahres 1945 in den Mittelpunkt (vgl. Posca, 373). In Braunschweig gestaltete Sigrid Sigurdsson die Gedenkstätte am Ort eines Außenlagers des KZ-Neuengamme an der Schillstrasse, in deren Zentrum sie ab 1996 ein „Offenes Archiv" mit dem Titel „Braunschweig – eine Stadt in Deutschland erinnert sich" einrichtete (vgl. Fehr 1998, 15).

Das bisher letzte begonnene „Offene Archiv" mit 150 Fächern, ein Projekt, das von 2000 – 2105 laufen soll, befindet sich im Historischen Museum in Frankfurt a. M. , die „Bibliothek der Alten". Es wurden 65 AutorInnen im Alter von 50 bis 100 Jahren sowie 35 AutorInnen bis zu 50 Jahren gesucht, die in irgendeiner Weise mit der Geschichte der Stadt Frankfurt am Main verbunden sind. Die TeilnehmerInnen über 50 Jahre hatten drei Jahre Zeit für die Erstellung ihrer Beiträge, ihre Werke sind inzwischen ausgestellt. Die Bücher und Kassetten der jüngeren Generation können indessen bis zu 50 Jahre im Besitz der AutorInnen verbleiben, um dann in die „Bibliothek der Alten" integriert zu werden. Der Beitrag von Klaus Heuer in diesem Buch, einem Autor des „Offenen Archivs" in Frankfurt, beschreibt stellvertretend für viele AutorInnen einen der individuellen Erinnerungsprozesse, die durch Sigrid Sigurdssons Erinnerungsräume angestoßen werden (vgl. Heuer).

Sigurdsson bewegt sich mit ihren raumbezogenen Arbeiten nicht nur in zwar künstlich geschaffenen, aber dennoch realen Räumen, sondern expandierte ihr künstlerisches Konzept zur Geschichtserfahrung Mitte der 1990er Jahre auch in den virtuellen Raum Internet.

Neue Konzepte: "Deutschland - ein Denkmal – ein Forschungsauftrag 1996 bis ..."

Als Reaktion auf die in den 1990er Jahren immer stärker werdende Forderung nach einem zentralen Denkmal für die ermordeten Juden und Jüdinnen in Berlin, das sie ablehnt, entwarf Sigrid Sigurdsson 1996 als Teil des Konzepts „Deutschland - ein Denkmal – ein Forschungsauftrag 1996 bis …" einen digitalen Gedenkraum im Internet. Die Umsetzung des Projekts im Netz erfolgte in Zusammenarbeit mit dem Karl Ernst Osthaus Museum Hagen. Sigurdsson verfolgt die Idee, auf ein Denkmal in der üblichen Form ganz zu verzichten, um in einer strukturell anderen Form der Erinnerung die einzelnen Menschen und die Orte, die sich mit ihren begangenen oder erlittenen Verbrechen verbinden, in den Mittelpunkt zu stellen.

Lager und Haftstätten von 1933 bis 1945

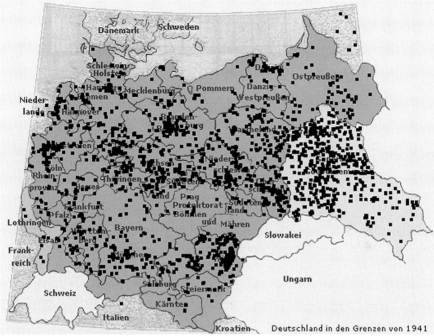

© 1999-2000 Karl Ernst Osthaus-Museum

Kartengrundlage: Deutschlandkarte 1:1 Mio in den Grenzen von 1937. Mit Genehmigung des Bundesamtes für Kartographie und Geodäsie Außenstelle Berlin Nr. 327/99 vom 8.11.99, Bearbeitung durch Cornelia Steinhauer.

„Lange schon befasst sich meine Arbeit mit der Unmöglichkeit, das Grauen des Dritten Reiches ästhetisch darstellen zu können. Bei meiner Vorarbeit für die Entwicklung alternativer Möglichkeiten des Gedenkens und Erinnerns stellte ich fest, dass es in Deutschland bislang noch keine Übersichtskarte sämtlicher nationalsozialistischer Verbrechensorte gab. Daher entschloss ich mich 1996, die erste Fassung einer solchen Karte mit Register in Auftrag zu geben. Die Hamburger Historikerin Cornelia Steinhauer übernahm diese Aufgabe. Sie markierte die Orte der nationalsozialistischen Lager und Haftstätten von 1933 bis 1945 auf einer noch heute im Handel erhältlichen Deutschlandkarte in den Grenzen vom 31.12.1937. Die Karte mit den schwarzen Markierungen vermittelt eine Übersicht der ehemaligen Orte des Schreckens und verdeutlicht die Ausmaße des nationalsozialistischen Lagersystems. Die Karte ist als Umsetzung der bestehenden Forschung zu verstehen: Auf der Grundlage der Karte könnten die Fakten nach und nach von Zeitzeugen, Historikern und interessierten Bürgern zu einem Mahnmal zusammengetragen werden. Damit würde der kollektive Gedächtnisschwund ebenso zur Diskussion gestellt wie die Wirkung der unsichtbaren Bilder auf die Gesellschaft." (Sigurdsson 2000, 118)

Deutschland – ein Denkmal – ein Forschungsauftrag ist dabei ein streng wissenschaftlich angelegtes Projekt. Die von Einzelnen zusammengetragenen Informationen werden von einer HistorikerInnenkommission auf ihre historische Tragfähigkeit hin überprüft.

Aktive Erinnerungsarbeit von Vielen

Mit ihren „Offenen Archiven" schafft Sigrid Sigurdsson einen Rahmen und einen Raum, einen Sozialraum innerhalb dessen Erinnern stattfinden kann, aktive Erinnerungsarbeit vieler. Ihre eigene Erinnerungsarbeit soll anstecken, den Erinnerungsimpuls auf die BetrachterInnen übertragen und diese zur Eigentätigkeit in Sachen Erinnerung anregen. Ein „Offenes Archiv" ohne zu archivierendes Material bliebe eine leere Hülle. Man könnte das die pädagogischen Komponenten in Sigurdssons Werk nennen. Dennoch macht sie keine Bildungsarbeit im klassischen Sinn, der Kontext schafft den Unterschied. Sigurdsson nutzt für die Entwicklung ihrer Werke wie andere zeitgenössische KünstlerInnen auch den Kontext „Kunst", mit Museum, Ausstellungsbetrieb, Finanzierung über (öffentliche) Gelder, die für Kunst zur Verfügung stehen. Ihre Kunst überschreitet dabei den Rand des traditionellen Konzepts Kunst, sie leistet einen Beitrag zum gesellschaftlich-historischen Gedächtnis. Sigrid Sigurdssons „Offene" Archive haben explizit pädagogische Anteile und sie lassen sich unter pädagogischer Perspektive nutzen, dennoch sind sie Teil des Komplexes Kunst. Die Fülle an Material, die Heterogenität, die sich in den Archiven sammelt, wird nicht pädagogisch zugänglich gemacht, die BetrachterInnen müssen sich dem Werk aussetzen. Es gibt keine didaktisch strukturierten Wege, keine zielgruppenorientierten Methoden der Betrachtung. Schon allein der Aufbewahrungsort Museum einer Reihe von „Offenen Archive" schafft Barrieren, setzt Schranken. Diese Werke sind nicht immer, jeder und jedem und überall zugänglich. Bei dem Internet- Projekt „Deutschland - ein Denkmal – ein Forschungsauftrag 1996 bis ..." bauen sich über das Medium Internet selbst Barrieren auf, gerade für ältere Menschen ist der Umgang mit diesem noch lange keine Selbstverständlichkeit.

Aufgabe von Bildungsarbeit ist es, Zugänge zu schaffen, Barrieren abzubauen, breite Teilhabe am kulturellen Gedächtnis zu ermöglichen. Sich selbst historisch und kulturell verorten zu können, ist wichtig für die eigene Identität, die einer Person und die einer Gesellschaft. In diesem Sinne hat Sigurdssons Kunst Aufforderungscharakter für die Pädagogik. Sie fordert PädagogInnen auf, hinzuschauen, welche Elemente und Kontexte Menschen bewegen mit zu gestalten, selbst aktiv zu werden.

Sigurdsson vertraut darauf, dass der Rahmen, den sie schafft, Wirkung zeigt. Sie hat Geduld, sucht nicht die schnelle Wirkung. Nicht nur ihre Werke selbst, sondern auch ihr Konzept der „Offenen Archive" hat Aufforderungscharakter, auf dieser gedanklichen Basis eigene Erinnerungsräume zu schaffen mit einem eigenen „Archiv-Konzept". So haben SchülerInnen des ehemaligen Lyzeums Viktoria-Schule, heute Bettina-Gymnasium Frankfurt, das Projekt „Gedenkstätte und Archiv für die ehemaligen jüdischen Schülerinnen der Viktoriaschule" ins Leben gerufen. SchülerInnen recherchierten die historischen Ereignisse und entwarfen in Kunstkursen Entwürfe für ein Denkmal an die 183 jüdischen Schülerinnen, die von 1933 bis 1937 gezwungen wurden, die damalige Viktoria-Schule zu verlassen. Ein solches Denkmal wurde 2002 tatsächlich realisiert und dazu eine Gedenkstätte mit „Offenem Gedenkarchiv" und Internetpräsenz eingerichtet. Damit sollen Verbindungen zwischen heutigen SchülerInnen und den ehemaligen Viktoriaschülerinnen geschaffen werden. Jugendliche der Bettinaschule erarbeiten Biographien ehemaliger Schülerinnen, treten mit diesen in Kontakt und dokumentieren deren Einzelschicksale seit der Ausgrenzung „im offenen Gedenkarchiv". Ziel der Arbeit am und im Archiv soll sein, sich zu informieren, zu lernen und miteinander zu sprechen. Künstlerische Unterstützung gab es von Sigrid Sigurdsson selbst. Gemeinsam mit der SchülerInnenvertretung und interessierten Jugendlichen der Bettina-Schule organisierte sie einen Workshop, auf dem viele Ideen zur Gestaltung eines offenen Archivs weiterentwickelt wurden. „Die Arbeit mit Sigrid Sigurdsson war eine ungeheuer wertvolle Bereicherung für uns", sagt die Verbindungslehrerin und Projektbegleiterin Hannelore Zacharias, die sich „ein kreatives, reizvolles Archiv und keine verstaubten Aktenreihen" wünscht (Frankfurter Rundschau vom 30.5.2001).

Sigurdsson wählt für ihre Kunst eine in gewisser Hinsicht radikale Form der Partizipation am entstehenden Kunstwerk. Sie schafft einen Raum, konzipiert den Ort, gibt Formen vor, in denen Partizipation geschehen kann. Der Inhalt, die Erinnerungen, die von anderen Menschen beigesteuert und damit ausgestellt werden, zensiert sie nicht. Diese Haltung drückt eine große Wertschätzung gegenüber allen Äußerungen anderer Menschen aus und ein Vertrauen, dass das Bild, das sich aus all den Äußerungen ergibt, Sinn macht. Im pädagogischen Setting bereitet die Frage, ob wirklich alle Äußerungen „so stehen gelassen" werden sollten, häufig Unbehagen – durchaus berechtigt. Sigurdsson schafft mit ihren „Offenen Archiven" einen Rahmen, in dem es keine unpassenden oder gar falschen Äußerungen gibt. Alle Teile des Archivs dokumentieren Zeitgeschichte und Zeitgeschehen, alle Äußerungen stellen sich der Betrachtung und damit auch zur Diskussion.

Literatur

Assmann, Aleida (1999): Erinnerungsräume. Formen und Wandlungen des kulturellen Gedächtnisses, München

Behrens, Heidi/Ciupke, Paul/Reichling, Norbert (2002): Neue Lernarrangements in Kultureinrichtungen, Essen

Fehr, Michael (1998): Das Antlitz der Geschichte. Zu Sigrid Sigurdssons künstlerischer Arbeit am Bewusstsein von Geschichte. In: Fehr, Michael (Hg.): Sigrid Sigurdsson. Deutschland – ein Denkmal – ein Forschungsauftrag 1996-98, Hagen

Fehr, Michael/Schellewald, Barbara (Hg.) (1995): Sigrid Sigurdsson: „Vor der Stille", Köln

Grohé, Stefan (1996): Erinnern als Handlung. Zu einigen Aspekten von Sigrid Sigurdssons „Vor der Stille" und Siah Armajanis „Sacco- und Vanzetti-Leseraum". In: Hemken, S. 156-168

Hemken, Kai-Uwe (1996): Gedächtnisbilder. Vergessen und Erinnern in der Gegenwartskunst, Leipzig

Posca, Claudia (1995): Fragment to mala calosc - Das Fragment ist ein kleines Ganzes. 24 Orte schreiben ihre Geschichte. Ein Projekt von Sigrid Sigurdsson. In: Kunstforum. Band 132, S. 372-374

Schellewald, Barbara (1993): Sigrid Sigurdsson, „Vor der Stille" – Die Kunst der Erinnerung. In: Baumgart, Silvia u.a.(Hg.): Denkräume zwischen Kunst und Wissenschaft. 5. Kunsthistorikerinnentagung in Hamburg 1991, Berlin, S. 286-303

Sigurdsson, Sigrid (1996): Deutschland – ein Denkmal – ein Forschungsauftrag 1996 bis .... Ein Raum der Architektur der Erinnerung. Ein Projekt zur Erforschung der nationalsozialistischen Lager und Haftstätten sowie der Orte der Massenmorde in den Jahren 1933 – 1945. http://www.keom.de/denkmal/sigurdsson.html

Sigurdsson, Sigrid (2000): Deutschland - ein Denkmal– ein Forschungsauftrag 1996 bis ... Ein Raum der Architektur der Erinnerung. Ein Projekt zur Erforschung der nationalsozialistischen Lager und Haftstätten sowie der Orte der Massenmorde in den Jahren 1933 – 1945. In: Ziesche, Angela/Marr, Stefanie (Hg.) (2000): Rahmen aufs Spiel setzen. FrauenKunstPädagogik, Königstein/Taunus

http://www.viktoria-schule.de

Wagner, Monika (1994): Konstruktionen des Erinnerns. Sigrid Sigurdsson und Anselm Kiefer. Das Gedächtnis des Materials. In: Kunstforum. Band 127, S. 151-153

Die „Bibliothek der Alten" von Sigrid Sigurdsson
Eine Momentaufnahme eines Beteiligten im Jahre 2005

Klaus Heuer

Wie bin ich eigentlich zum Beteiligten geworden? Was für Ideen verbinde ich mit diesem Kunstprojekt? Wie gehe ich selbst an die Aufgabe heran?

1999 lud ich die Künstlerin Sigrid Sigurdsson in mein Seminar über das kulturelle Gedächtnis an der Universität des 3. Lebensalters in Frankfurt/Main ein, damit sie ihr künstlerisches Schaffen vorstellen und auch für ihr neues Projekt, die „Bibliothek der Alten"[46], werben konnte. Gleich von Anfang an vermittelte sie mir das Gefühl: Du bist doch auch dabei. In den Begegnungen mit der Künstlerin spürte ich eine angenehme Mischung aus Vorgriff auf eine in ferner Zukunft stattfindende Mitarbeiterschaft und eine Bestätigung, dass ich doch auch etwas zur Frankfurtgeschichte beizutragen habe. Nach den Vertragsbedingungen habe ich bis zu 50 Jahre Zeit, meinen Beitrag abzuliefern.

Während der Ausstellung „Das Gedächtnis der Kunst", die vom 16.12.2000-18.03.2001 in der Kunsthalle Schirn gezeigt wurde, sah ich den großen Schrank zum ersten Mal. Feierlich wurden die Archivkartons bzw. die überdimensionalen Kladden an die damals 100 Beteiligten überreicht. Alle Fächer des Schranks waren mit Namensschildern aus Messing versehen. Auch so eine Art Initiation. Unter den Beteiligten sind viele, die ich persönlich kenne, manche FreundInnen und viele Bekannte über fachliche Zusammenhänge. Manchmal verspürte ich denn auch eine Sehnsucht, den oder die besser kennen zu lernen.

Wie dieses Spinnennetz der 100 AkteurInnen entstanden ist, wer wen vorgeschlagen hat, welche Kriterien dafür ausschlaggebend waren, dass angefragt wurde und was für Aufnahmekriterien bestanden, ist mir nicht klar und hat auch

---

[46] Die "Bibliothek der Alten" ist als offener Schrank oder Regal mit Rückenwand aufgebaut, in dessen Fächer die AkteurInnen ihre Archivkartons oder ihre Kladden hineinlegen. Die Art der Nutzung und die inhaltliche Gestaltung bleibt den AkteurInnen überlassen. Vgl. den Artikel von Birgit Dorner "Erinnern als künstlerische Strategie – Sigrid Sigurdssons 'Offene Archive'" in diesem Band, sowie mit Abbildung Wettengl, 178f.

keinen großen Stellenwert für mich. Engagement gehört dazu, eine Identifikation mit dem Vorhaben und, so würde ich heute sagen, eine Art Vision, was tradierungswürdig für die Zukunft ist. Meinem Eindruck nach hätte eine zu starke Steuerung bei der Auswahl der Beteiligten auch dem Projekt selbst geschadet. Die Verpflichtung auf den Bezug zur Stadtgeschichte und implizit auch auf eine autobiographische Dimension, sind die beiden Merkposten für mich.

Längere Zeit kokettierte ich mit der Vorstellung eines Geheimnisses, das ich in meinen Archivkarton legen wollte, so wie eine Art Grabgabe, eine Art Vermächtnis; ich stellte mir meine Tochter vor, wie sie Arbeiten von mir studieren konnte, es zu einer Art anderer Begegnung von ihr mit mir kommen würde. Ich privatisierte. Dann entstand der Gedanke, dass ich mit der „Bibliothek der Alten" ja die Möglichkeit hätte, meine selbst gelegten Spuren – Spurensuchprojekte –, meine persönlichen Gravuren in der Stadtgeschichte und Stadtgeschichtsschreibung zu dokumentieren. Wäre es nicht ein gelungener Weg, auf eigene Projekte hinzuweisen? Indem ich Ergebnisse oder auch Fundstücke dokumentiere, die selbst wieder Anlass für Recherchen sein können.

Mein Fahrplan sieht jetzt so aus, dass ich aus vier meiner Geschichtsprojekte mit Frankfurtbezug Quellen in meinen Archivkarton einlege und didaktisch so aufbereite, dass sie einen möglichst breiten Zugang eröffnen, auch neugierig machen, mehr über die ProtagonistInnen zu erfahren und vielleicht eigene Forschungen anzustellen. Weil in meinen Projekten ZeitzeugInnenschaft, Erinnerungen und Erzählungen so genannter kleiner Leute eine wichtige Rolle spielen, haben Audiokassetten einen hohen Stellenwert. Teilweise habe ich für meinen Beitrag in der „Bibliothek der Alten" neue Interviews geführt. Die Kassetten bilden das Herzstück meines Archivkartons.

Inwieweit ich diese Projekte, die dem Prinzip der „Geschichte von unten" – also der Dokumentation der Geschichten von aus der offiziellen Geschichtsschreibung ausgegrenzten Menschengruppen und Perspektiven – verpflichtet sind, selbst noch einmal in einen reflexiven Zusammenhang stelle, weiß ich noch nicht. Jedenfalls ist es schon heute notwendig, die Sicherungsarbeiten vorzunehmen. Von einem Beispiel dafür möchte ich berichten.

Nach der Verleihung der Johanna Kirchner Medaille (eine vom Magistrat der Stadt Frankfurt verliehene Auszeichnung an Menschen, die Widerstand gegen den Nationalsozialismus geleistet haben) an Walter S., der auch nach 1945 Kommunist geblieben ist, habe ich Walter im kleinen Kreis kennen gelernt. Bald darauf interviewte ich ihn für einen Beitrag zur frühen Nachkriegsgeschichte für das Mitteilungsblatt des Frankfurter Vereins für Arbeitergeschichte. Daraus ist trotz der politischen Differenzen eine Freundschaft entstanden und ich habe ihn bis zu seinem Tod ein bis zweimal monatlich besucht. Begleitet habe ich auch seine Arbeiten an seiner Autobiographie, die maschinenschriftlich im Institut für Stadtgeschichte vorliegt, und seine Sammlung von Begleitmaterialien.

Das Interview, das ich mit ihm geführt habe, und der daraus entstandene Beitrag in dem Mitteilungsblatt sollten unbedingt in den Archivkarton, das Ganze angereichert mit Fotos und anderen Primärquellen. Dazu habe ich seine Tochter besucht, die in Luxemburg lebt, und bin mit ihr den Nachlass durchgegangen. Die Geschichtsdokumentation hatte sofort wieder eine Interaktionsebene: ihre und meine Interessen galt es auszuhandeln. Ihre Sicht des Vaters – so wie sie ihn stadtgeschichtlich positioniert sehen will – traf auf meine Sicht – wie ich seine Geschichte nach außen vermitteln wollte. Erklärungszwänge entstanden und damit aber auch Klärungen. Es ist eben nicht meine Geschichte, sondern die Geschichte eines anderen, die für mich durch die Begegnung und spätere Freundschaft eine besondere Bedeutung hat. Ergebnis der Aushandlungsprozesse mit der Tochter ist eine Auswahl von Fotos und Dokumenten von Walter, die alle eingescannt wurden und jetzt als CD-ROM vorliegen.

Unbedingt beifügen will ich außerdem einen kurzen Brief mit einer kleinen aufgeklebten Flechtarbeit aus Stroh – einem geometrisch gehaltenen Bauernkorb, ungefähr 10 cm im Umfang, den Walter, knapp 18jährig, 1933 als Gefangener aus dem Konzentrationslager Emslandlager an seine Eltern geschickt hatte. Ein mich sehr beeindruckendes Überlebensdokument. Gerne hätte ich das Original – quasi als authentische Botschaft - in die Sammlung aufgenommen, ich hätte die Aura des Originals gern wirken lassen. Dass ich nach Absprache mit der Tochter nur eine Kopie aufnehmen kann, ist – wenn auch irgendwie schmerzlich für mich – ein Beispiel für die Wirksamkeit von Interaktionsprozessen, die bei der Tradierung von Geschichte meiner Auffassung nach eine wichtige Rolle spielen.

Mein Beitrag in der „Bibliothek der Alten" stellt für mich die Möglichkeit einer erneuten Begegnung mit Menschen dar, die für mein Geschichtsverständnis wichtig und für mich zu einem eigenen Lebensstück geworden sind.

Anfang 2005 wurde die „Bibliothek der Alten" offiziell eingeweiht. Mein Fach trägt meinen Namen und ist noch leer. In einem biographischen Findbuch, das alle Beteiligten aufführt, sind ein Foto von mir und andere kurze Angaben zu meiner Person zu finden. Über 60 Fächer sind schon gefüllt. Wie sich mein Beitrag in das Gesamtkunstwerk einfügen wird, das wird – und das ist ein beruhigendes Gefühl - einmal von anderen entschieden werden.

Nun ist mein Fach ein Projekt in einem institutionellen Rahmen, mit einem Ort im Historischen Museum, mit einer Infrastruktur – einer Mailingliste der Beteiligten -, Veranstaltungen mit und für die Beteiligten. Jetzt wird sogar ein umfassendes Findmittel in Form einer Datenbank entwickelt, die Dokumente werden digitalisiert. Konservatorische Fragestellungen spielen eine Rolle. Manchmal befürchte ich, dass der Kunstcharakter zu kurz kommt.

Diese Spannung zwischen Kunstwerk – einer spezifischen ästhetischen Form des kulturellen Gedächtnisses – und kultur-/geschichtswissenschaftlich bearbeitbarem Quellenfundus zur Stadtgeschichte scheint mir bemerkenswert. Diese Spannung ist es, die ich als eigenen Anspruch an die Komposition meines Archivkartons anlege, aber mir auch als Beobachtungshaltung für einen längeren in die Zukunft gedachten Zeitraum für die „Bibliothek der Alten" wünsche.

An meinem Beitrag arbeite ich in kleinen Schritten weiter. Ich weiß nicht, wann ich den ersten Gegenstand oder den ersten Text in das Fach lege. Das Fach selbst ist zu einem Begleiter geworden, einem manchmal stummen, manchmal erwartungsvollen Begleiter.

Literatur

Wettengl, Kurt (Hg.) (2000): Das Gedächtnis der Kunst. Geschichte und Erinnerung in der Kunst der Gegenwart, Frankfurt, S. 178f

Halle G – Gedenkzeichen
Fragen und Positionen zu aktuellen Erinnerungsformen

Birgit Kammerlohr

Bei HALLE G handelte es sich um ein niederländisch-deutsches Kooperationsprojekt von KünstlerInnen, Jugendlichen, ehemaligen Zwangsarbeitern und WissenschaftlerInnen. Das Projekt umfasste die Öffnung eines Ausstellungs- und Begegnungsraumes auf dem ehemaligen Borsiggelände[47] in Berlin-Tegel, ein temporäres Leitsystem, Dokumentarfilme und Videoarbeiten sowie Ergebnisse von Workshops mit Tegeler Jugendlichen und ehemaligen Zwangsarbeitern aus den Niederlanden. Darüber hinaus beinhaltete es eine als vielstimmige Lesung vorgetragene Textcollage, Fundstücke und eine Klangkomposition in Form eines Audioguides. Im Oktober 2002 fand zum Abschluss im Ausstellungsraum eine internationale Tagung mit dem Titel „Gedenkstätte im Einkaufszentrum?" statt.

---

[47] Die Borsig-Werke, benannt nach ihrem Firmengründer August Borsig, entstanden ab 1898. Produziert wurde v.a. für das Eisenbahnwesen. 1943 zählte das Werk rund 5.600 Zwangsarbeiter. Heute residiert dort die Borsig Industrieholding GmbH. Auf freigewordenen Geländeteilen entstand nach 1992 das Einkaufs- und Freizeitzentrum „Hallen am Borsigturm".

HALLE G ist keine vorhandene Werkshalle und kein geplantes Gedenkstätten-Bauwerk, sondern ist die Umschreibung eines „Erinnerungs-Raums", dessen konkrete Verortung und dessen physische Ausprägung offen sind. G assoziiert das Wort Grün, Gedenken, Gedächtnis, Gruppe, Garten ... - die Halle diente als Dachbegriff für eine Gruppe, die stationär und in situ mit Exponaten, Dokumentationen, vor allem aber mit kommunikativer Praxis arbeitete.[48]

Die Vorgeschichte

Die KünstlerInnen Sabrina Lindemann und Rene Klarenbeeck aus Den Haag fragten nach der Situation des Vaters von Klarenbeeck, der während des Zweiten Weltkriegs für ein Jahr als Zwangsarbeiter bei Rheinmetall-Borsig in Deutschland lebte. Sie führten Interviews mit ehemaligen Zwangsarbeitern in den Niederlanden und sie baten Thomas Beier und mich als in Berlin lebende KünstlerInnen, das Vorhaben mit dem Titel „Der Löffel meines Vaters" in Berlin zu begleiten. Wir starteten mit zwei Parallelprojekten, zum einen mit einer sechswöchigen Billboardaktion: Eine mobile, auf einem Lastwagen fahrbare Plakatwand wurde täglich von Rene und Thomas mit Bildmaterial und Texten über Niederländische Zwangsarbeiter bemalt und an unterschiedlichen Stellen im Bezirk geparkt. Dort führten die beiden Interviews mit PassantInnen über deren Erinnerungen. Zum

---

[48] Die Projekte HALLE G und „der Löffel meines Vaters" wurden finanziert aus Mitteln: Jugend- und Familienstiftung des Landes Berlin, Bundesministerium für Familie, Senioren, Frauen und Jugend im Rahmen des Bundesprogramms Civitas, Landesbank Berlin/Berliner Sparkasse, Fonds: "Erinnerung Und Zukunft", "Fonds Soziokultur", Gegen Vergessen für Demokratie e.V, Kunstamt Reinickendorf im Rahmen der Dezentralen Kulturarbeit, Botschaft des Königreiches der Niederlande in Berlin, Botschaft der Bundesrepublik Deutschland in Den Haag, Stroom Hcbk, Den Haag, The Netherlands Foundation for Visual Arts, Design And Architecture.

Dank an: Aktives Museum Faschismus und Widerstand In Berlin e.V., @rtplan[21] Webconcepts&Solutions Gmbh, Berliner Geschichtswerkstatt E.V, Centermanagement "Hallen Am Borsigturm", Die Königskinder - Spielend Angewandte Kommunikation, Humboldt-Gymnasium Berlin-Tegel, Julius-Leber-Oberschule Berlin-Tegel, RSE Service Gmbh, Stichting Holländerei, Universität Der Künste Berlin, Institut Für Kunst Im Kontext, Bernhard Müller, Arge.

Träger: Arbeitsgemeinschaft Bildung und Politik e.V. Schirmherr: Senator für Wissenschaft, Forschung und Kultur, Dr. Thomas Flierl.

zweiten führten wir ein Forschungsprojekt in Kooperation mit dem Mobilen Institut für Spurensuche M.I.S. durch, bei dem wir zusammen mit 12 SchülerInnen einer Hauptschule und eines Gymnasiums aus der näheren Umgebung des ehemaligen Werksgeländes das Gelände zu untersuchen begannen. Als Konsequenz aus dieser gemeinsamen Arbeit mit den Schülerinnen und Schülern entstand die Idee zu HALLE G.

Im Herbst 2000 begannen wir mit den Vorbereitungen zu „Der Löffel meines Vaters" - HALLE G war zu diesem Zeitpunkt noch nicht gedacht – und nahmen Kontakt zu Schulen in Berlin-Tegel auf. Im Sommer 2001 liefen von Juni bis Oktober die Projekte vor Ort: Interviews der SchülerInnen mit PassantInnen in den Hallen am Borsigturm, Zeitzeugenbegegnungen, Workshops zum „Gedenkzeichen", Sammlungen, Archivierungen und Videoaufzeichnungen zu Erinnerung und Ort mit den Jugendlichen. Dazwischen beschäftigten wir uns vor allem mit der Dokumentation. In Druck gingen zwei Kataloge und ein Magazin. Im Internet wurde die umfangreiche Website www.der-loeffel-meines-vaters.de aufgebaut. Die Vorbereitungen zur Ausstellung auf dem Borsiggelände für den Sommer 2002 führten dann zu HALLE G.

Halle G ist ein Nachfolgeprojekt zu „Der Löffel meines Vater", die Idee entstand allerdings parallel. Die unterschiedlichen Interessen, die bereits den „Der Löffel meines Vater" im Vorlauf in jene zwei Projekte - Sabrina und ich einerseits, M.I.S., Rene und Thomas andererseits - spaltete, führte laufend zu Diskussionen und bei uns zu dem Entschluss, ein eigenes zweites Projekt zu initiieren. Unser Wunsch war es, tatsächlich einen „Gedenkraum", ein „Entwicklungszentrum" vor allem für Jugendliche oder Schulen zur Geschichte auf dem Gelände zu etablieren. Wir suchten sozusagen nach einem Ansatz für eine tatsächliche Veränderung der Gegebenheiten, einem Angebot, das bleibt.

Die niederländischen Zwangsarbeiter

„Sijes, der erste Wissenschaftler, der sich dem Thema widmete und ein Standartwerk schrieb, schätzt, dass insgesamt sechs- bis siebenhunderttausend Niederländer, d.h. 25 bis 30 % der Berufsbevölkerung zwischen 18 und 45 Jahren, in Deutschland oder in den von Deutschen besetzten Gebieten zur Arbeit gezwungen worden sind. ... Als Folge mangelhafter Unterbringung, von Gesundheitsproblemen, Arbeitsunfällen und Bombenangriffen haben nach Schätzung des Roten Kreuzes etwa 30.0000 niederländische Zwangsarbeiter den Krieg nicht überlebt." (Pieter Bosman)[49]

Die Männer und ihre Ehefrauen, die mit uns über ihre Erlebnisse sprachen, konnten offen erzählen, gerade weil sie nicht festgeschrieben sind auf eine Opferrolle, nicht in Deutschland und nicht in den Niederlanden, ein Land, das sich nach 1945 vor allem als Widerstandsnation definierte. Die Zwangsarbeiter, die anfangs oft mit freiwillig unterzeichneten Arbeitspapieren nach Deutschland gegangen waren, galten als Kollaborateure.

„Ich möchte an dieser Stelle", so Tom de Ridder am 19.10.2002 auf dem Symposium, „auf ein typisches Ereignis unserer politischen Geschichte hinweisen, das das Thema dieses Symposions berührt. 1959 wurde Jan de Quay Ministerpräsident der Niederlande. Als Führer einer politischen Bewegung hatte er die niederländischen Arbeiter im Jahre 1941 mit Begeisterung dazu aufgerufen, sich für den Arbeitseinsatz in Deutschland zu melden. Dieser Mann konnte 1959, vierzehn Jahre nach Kriegsende, ohne nennenswerte Proteste Ministerpräsident der Niederlande werden. Zehn Jahre später wäre das bestimmt unmöglich gewesen.

Dieses Beispiel illustriert, welche großen Veränderungen sich inhaltlich wie auch in Bezug auf die Kraft der kollektiven Erinnerung an den Krieg ereignet haben." (Tom de Ridder)[50]

---

[49] Beim Symposium „Gedenkstätte im Einkaufszentrum?" in Berlin am 19. Oktober 2002.

[50] Aus dem Vortrag: Die Geschichte der kollektiven Erinnerung an den Zweiten Weltkrieg in den Niederlanden von Tom de Ridder, Symposium in Berlin, 19. Oktober 2002.

Zielstellung

Unser Zugang basierte auf dem Vorhaben, nach Möglichkeiten der Begegnung zwischen Angehörigen der beiden Staaten Niederlande und BRD und nach Möglichkeiten der Begegnung zwischen den Generationen zu fragen. Es ging darum, eine Sprache zu finden, eine komplizierte Verfeinerung, Verkomplizierung in der Sprache auch im Umgang mit Bildern, um auf diese Weise für alle Beteiligten die Möglichkeit zu schaffen, bei sich anzufangen. Es erschien uns wichtig, zu verstehen, was es heißt, nach Schicksalen zu fragen.

Außerdem wollten wir Bilder in Frage stellen, auflösen, sehen, was hinter ihnen ist, woher sie kommen, an den Fassaden kratzen. In diesem Arbeitsprozess mit HistorikerInnen, WissenschaftlerInnen, Lehrenden und SchülerInnen waren die Künstler und Künstlerinnen so etwas wie die Fachleute für Fragen der Ästhetik, vielleicht oder eben für den Einsatz und den Sinn, für das wohin und woher von Bildern – empfindsam bezüglich deren Instrumentalisierung. In der Arbeit mit den Jugendlichen, mit ihren Erzählungen, der Arbeit mit der Kamera und in intensiven Gruppengesprächen mit den Zeitzeugen thematisierten wir immer wieder grundsätzliche Wahrnehmungsformen wie: Den Blick richten, Strategien erkennen, Erinnerungen ankommen lassen, Beobachtungen von Bildern der Beobachtung und Beschreibung weitergeben, sich selbst während der Bildbetrachtung nicht aus den Augen verlieren, die Betrachtung der Betrachtung der Betrachtung... Beschreibung der Beschreibung der Beschreibung... Sich verorten zwischen Bildern, reflektieren, sehen, sich selbst als betrachtend und beschreibend erfahren.

Die Diskussionsthemen während der „Forschungsarbeit" und zwischen den Ausstellungskisten, nach Filmabenden oder am Kaffeetisch lauteten zum Beispiel: Wie gehen wir mit Erinnerungen um? Mit wessen Erinnerung? Welchen Wert kann die Erinnerung eines anderen haben? Was unterscheidet uns in der Zeit und nebeneinender? Was sagen die Bilder? Was ist spektakulär, was langweilig?

Der binationale Ansatz führte uns auch immer wieder zu Fragen nach der eigenen nationalen Identität, nach kollektiver Erinnerung, auch nach der Art der Beschädigung einer Zivilisation.

Wirkungen und Reaktionen

Die Jugendlichen haben anfangs eher gelangweilt auf das Thema „Niederländische Zwangsarbeiter in Berlin Tegel" reagiert. Als wir sie dann fragten, ob sie sich mit ihren Eltern oder Großeltern über die Borsigwerke, die Geschichte des

Lokomotivenbaus oder über die Zeit während des Krieges unterhielten, wurden sie gesprächiger. Wir luden sie ein, als Fachleute zur aktuellen Situation vor Ort teilzunehmen. Das Eis brach schließlich, als wir mit der Videokamera die Hände filmten, während jede/r erzählte, und die Bilder gleichzeitig am Monitor zu sehen waren. Die synchrone Übertragung des eigenen Bildes auf einen Monitor, dieses „jetzt bin ich im Bilde" im wörtlichen Sinne, bewirkte nach der ersten Befremdlichkeit und den Spielen mit sich, der Kamera und dem Monitor Lust aufs Festhalten von Geschichten und Bildern.

Grundsätzlich war es wohl gut, außerhalb eines schulischen Rahmens zu agieren, Spiele mit den Medien zuzulassen, Kameras zu verteilen, alle Fotos aufzuhängen, immer wieder Gespräche über ganz andere Dinge zu führen. Gewürdigt wurde, dass wir gestellte Aufgaben auch selber ausführten und uns alle mehr als Forscherteam beschrieben denn als Kurs und KursleiterIn. Auch ging es um Geheimniskrämerei, wir wollten etwas wissen, worüber keiner spricht und viele nichts wissen. Die Tatsache, dass der Projektraum mit allen Ergebnissen und Bildern, zusammen mit dem Projekttitel und Untertitel, von der Straße her einsichtig und sehr zentral war, bot die Möglichkeit für Jugendliche, zur bekannten Persönlichkeit zu avancieren. Wer hier im beleuchteten Fenster saß und schwere Bücher wälzte oder am Laptop Bilder zusammenstellte, wurde gesehen und als „aktives Mitglied" einer „Künstlergruppe" wiedererkannt. Eine Frage des Images gewissermaßen.

Die ehemaligen Zwangsarbeiter kamen mit gemischten Gefühlen nach Berlin, einige zum ersten mal seit Kriegsende. Von 15 Befragten waren vier bereit in

Begleitung ihrer Ehefrauen anzureisen. Die Partnerinnen spielten eine große Rolle während des Besuchs, sie erinnerten sich an andere Dinge, ihre Kindheit und Jugend in Holland oder im Arbeitsdienst, und waren auf eine intimere Art an den Geschichten ihrer Männer interessiert, fragten noch mal nach und beobachteten genau, z.B., wenn ihnen die psychische oder physische Belastung ihnen für ihre Partner zu anstrengend erschien. Alle vier ehemaligen Zwangsarbeiter setzten sich während der Zeit sehr intensiv und sehr offen mit ihrer Vergangenheit auseinander und gingen dabei bis an die Grenzen der Belastbarkeit. Alle hatten das Bedürfnis, etwas an eine junge Generation weiter zu geben und eine Anerkennung ihrer Leiden in Deutschland von Seiten der Deutschen Bevölkerung, aber auch von Regierungsvertretern zu bekommen. Sie waren zwischen 14 und 18 Jahre alt als sie hier arbeiteten und schilderten entsprechend aus dem Blick von Jungen, die nun im Alter ihre damalige Situation reflektieren.

Die Öffentlichkeit reagierte interessiert auf die Eröffnung der Halle, viele nutzten die Gelegenheit, um über ihre eigenen Kriegserlebnisse zu berichten. Es kamen u.a. viele BerlinerInnen Niederländischer Herkunft, die mit der Geschichte der Niederländischen Zwangsarbeiter in Berlin persönliche Erinnerungen verbanden.

Die Medien stürzten sich vor allem auf den Künstler Rene Klarenbeek und seine Billboards als Kunstevent. Die Arbeit der Schülerinnen und Schüler wurde zumeist zweitrangig erwähnt. Der Lokalteil der Berliner Morgenpost berichtete laufend über unsere Aktionen, hielt sich aber auch an den üblichen Personenkult, suchte sozusagen die Dinge auf die KünstlerInnen und ihre Biografien zu beziehen.

Politisierung und Polarisierung innerhalb des Projektes?

Viel diskutiert wurde die Trennung bzw. Vermischung von Kunst und historisch-soziologisch-pädagogischen Projekten innerhalb dieses einen Projektes. Als Problem wurde die Aneignung von (fremden?) Bildern, Geschichten und Zitaten einfach dadurch, dass einzelne Personen etwas wiedergeben oder zugänglich machten, benannt. Im Feld der Kunstvermittlung meint dies z.B. die Interpretation, die unter Umständen divergierenden Absichten des Bildproduzenten/der Produzentin und der VermittlerInnen, die Unterschiede im zeitlichen, gesellschaftlichen Kontext vermengt mit unterschiedlichen Zielen von zu vermittelnden Inhalten, die Bedeutung von AutorInnenschaft. Diese Schwierigkeit existiert auch im wissenschaftlichen Kontext, wie spätestens durch die Tagung klar wurde. Wir haben versucht für möglichst viele unterschiedliche Perspektiven ein Podium zu bilden. Es zeigte sich, dass das nur Sinn macht, wenn jedes Metier für sich erläutert wird. Wenn die Ziele der historischen Vermittlung oder des Umgangs mit historischem Material offengelegt werden. Es gibt einen Blick, der wird gebraucht, um Kunst zu sehen, und es gibt einen anderen Blick, um historische Forschungsarbeiten richtig zu verstehen, und wieder einen anderen Blick, um persönliche Leiden zu analysieren, und nochmals einen anderen Blick, um Jugendlichen Stadtteilgeschichte oder ihr eigenes Lebensumfeld zu zeigen. Es war so gut wie unmöglich, diese unterschiedlichen Blickweisen angemessen auseinander zu halten bzw. nebeneinander zu benennen.

Schwierig war zudem, dass die künstlerische Arbeit schnell zur reinen Öffentlichkeitsarbeit für ein gesellschaftspolitisches Projekt zu werden drohte, zumal unter dem Aspekt, inwiefern diese „Strategie" von allen gleichermaßen wahrgenommen bzw. getragen wurde. Ich würde bei einem nächsten Projekt eine klarere Aufgabenverteilung anstreben. Außerdem würde ich die am Ende geführte Debatte, nämlich darüber, wie und ob die Autonomie der KünstlerInnen innerhalb eines historischen Ausstellungsprojektes gewährleistet werden kann (oder muss), an den Anfang des Projektes stellen.

Die Kunst und die Bearbeitung der Geschichte des Nationalsozialismus - Perspektiven

Am Ende von HALLE G, ein Jahr nach dem Besuch der ehemaligen Zwangsarbeiter, fand am 19.10.2002 eine Tagung mit dem Titel „Gedenkstätte im Einkaufszentrum?" statt.[51] Sie diente dem Austausch unterschiedlicher Positionen zum Umgang mit der Geschichte der NS-Zwangsarbeiter in den Niederlanden

---

[51] Veranstalterinnen: Birgit Kammerlohr, Sabrina Lindemann, Karen Scheper.

und in Deutschland und stellte die Frage nach dem Beitrag der Kunst zu diesem Umgang. Eingeladen waren alle Projektbeteiligten und interessierte Öffentlichkeit. Als Referenten kamen: Drs. Tom de Ridder (NL), Drs. Pieter Bosman (NL), Dr. Sabine Offe, Katharina Jedermann (D), Cord Pagenstecher (D), Dr. Stephanie Endlich (D), Drs. Diete Oudesluijs (NL).

Die Fragen an die ExpertInnen lauteten: Wie lässt sich am Beispiel der Niederländischen Zwangsarbeiter in Berlin durch die historische Aufarbeitung das Bedürfnis nach Anerkennung eines Unrechts und die Erinnerung an dasselbe adäquat erarbeiten und darstellen? Welche aktuellen Bezüge lassen sich herstellen und wie kann das Thema in der Öffentlichkeit - speziell auf dem Gelände der ehemaligen Borsigwerke - präsentiert werden?

Vorgestellt wurde bei der Tagung die Vision eines Gedächtnis-, Arbeits- und Begegnungsraumes auf dem Gelände der Borsigwerke, u.a. folgendermaßen begründet:

„Es gibt einen Zustand des gleichzeitigen Wissens und Nichtwissens angesichts der Furchtbarkeit von Ereignissen, deren Erkenntnis und Verstehen sich uns bis heute trotz aller Anstrengungen, die historischen Spuren zu sichern, immer wieder entzieht. Die Einzelheiten der historischen Wahrheit erreichten das Wahrnehmungsvermögen auch der Nachkommen nur äußerst verlangsamt, und es scheint bis heute, das zeigt das hier diskutierte Projekt, immer neuer Erzählungen und Medien zu bedürfen, um sie für unsere Erfahrungen und Empfindungen einholbar zu machen." (Dr. Sabine Offe)

Zur Frage, was die Kunst oder Künstlerinnen und Künstler in diesem Kontext leisten können, wurde auch seitens der WissenschaftlerInnen formuliert: KünstlerInnen könnten sensibilisieren, eine Atmosphäre schaffen, beunruhigen. Ihre Aufgabe ist nicht, die historische Dokumentation zu ersetzen. Und es hieß auch: Die Kunst kann, darf und will nicht allein die Zuständigkeit für „emotionale" Auseinandersetzung übernehmen. „Wir werden nicht als Betroffenheitsventile beliebig einsetzbar sein" (Katharina Jedermann). Einigkeit bestand darüber, dass solche Projekte, die temporär aber intensiv mit unterschiedlichen Beteiligten in Vorarbeit und Nacharbeit durchgeführt werden, für eine pädagogische Arbeit und eine öffentliche Wirksamkeit wichtig sind.

Die ExpertInnen rieten uns, keine Gedenkstätte im Einkaufszentrum anzustreben, sondern mit ähnlichen temporären Projekten, mit immer neuer Energie und ohne institutionalisierten Hintergrund, unter Erhalt der künstlerischen Autonomie fortzufahren. Konzepte für eine Wiedereröffnung von HALLE G liegen vor.

Zur Zeit gibt es jedoch keine Finanzierung.

Kunst und Kultur in der Gedenkstätte KZ Osthofen

Volker Gallé und Heribert Fachinger

Wenige Wochen nach der Machtübernahme errichteten die Nationalsozialisten in einer stillgelegten Papierfabrik das erste hessische Konzentrationslager für politische Gegner, das KZ Osthofen. Geschlossen wurde das KZ Mitte 1934. Inhaftiert waren dort mehr als 1600 männliche politische Gefangene, darunter auch politische Gegner jüdischer Herkunft. Trotz der schlechten Lebensbedingungen und Schikanen hat es vermutlich keine Todesfälle gegeben.

Die im Folgenden von Volker Gallé vorgestellten Gedanken haben zur Bildung eines Kunst- und Kulturbeirats bei der Landeszentrale für politische Bildung in Rheinland-Pfalz geführt. Sie wurden im Oktober 2002 anlässlich eines Symposiums unter dem Titel „Die Verletzlichkeit des Menschen – Kunst und Kultur in Gedenkstätten" präzisiert. Eine Dokumentation des Symposiums erscheint im Herbst 2004. Auf der Grundlage der Thesen erarbeitet sich der Beirat derzeit ein Grundsatzpapier für seine Arbeit. Der Beirat bewertet sämtliche Anfragen von KünstlerInnen an die Gedenkstättenarbeit in Rheinland-Pfalz, zur Zeit mehr als 20. In Osthofen sollen pro Jahr eine künstlerisch orientierte und eine historisch orientierte Ausstellung mit Bezug zur Gedenkstättenarbeit realisiert werden. Daneben sind jederzeit kunst- und kulturpädagogische Projekte, vor allem mit Schulen, möglich. Durch das Symposium wurden bisher zwei solcher Projekte mit Schulen aus Mainz und Alzey angestoßen und umgesetzt.

Seit Ende Mai 2004 ist eine neue Dauerausstellung in anderen, jetzt renovierten Räumen der Gedenkstätte zu sehen. Dadurch wird Platz frei, so dass ab 2005 – nach dem ersten Bildhauersymposium 2000 – weitere Kunstprojekte in der Gedenkstätte realisiert werden können. In der Regel werden diese Projekte von der Landeszentrale für politische Bildung in Kooperation mit dem Förderverein Projekt Osthofen e.V. durchgeführt. Dafür stehen von Seiten der Partner allerdings nur je ein/e MitarbeiterIn zur Verfügung.

Kunst und Kultur in Gedenkstätten

Volker Gallé

Der Anlass, sich mit dem Thema „Kunst und Kultur in Gedenkstätten" zu befassen, ist ein doppelter. Einmal war es notwendig, die bereits seit 1990 beim Förderverein Projekt Osthofen und danach auch von der Landeszentrale für politische Bildung Rheinland-Pfalz geübte Praxis von Kunst und Kultur in der Gedenkstätte KZ Osthofen zu reflektieren, um Handlungsrichtlinien für weitere Projekte zu gewinnen. Zum anderen gibt es einen aktuellen Diskurs über die Neubestimmung der Ziele und Methoden sowohl in der Gedenkstättenarbeit als auch in der politischen Bildung bundesweit. In diesem Zusammenhang spielt die kulturelle Bildung eine große Rolle, weil sie es durch ihren individuellen Zugang zu komplexen Bildern ermöglicht, Erinnerungsbrücken über Generationen hinweg herzustellen und gleichzeitig persönlich gefärbte Stellungnahmen zu entwerfen.

Bildende Kunst in der Gedenkstätte KZ Osthofen

Schwerpunkt der künstlerischen Arbeit in Osthofen war und ist die Bildende Kunst, hier vor allem die Bildhauerei. Die Herstellung der Skulpturen, die auf dem Gelände zu sehen sind (1990, Sich Windender, Friedhelm Welge; 2000, Fünf Steinmale gegen Gewalt, Bernd Kleffel/Hans-Otto Lohrengel/Bernhard Matthäss/Achim Ribbeck/Peter Schilling), war jeweils ein öffentlicher Prozess, den BesucherInnen der Gedenkstätte mitverfolgen konnten und mitverfolgt haben und der am Ende mit Fotografien und einem Film bzw. einem Katalog dokumentiert wurde. Daneben gab es diverse Ausstellungs- und Installationsprojekte, Lesungen und Musikprojekte im Kultursommer. Insgesamt erreichte die Gedenkstätte durch diese Projekte jeweils eine zusätzliche Öffentlichkeit. In den fünf Wochen des „Fünf-Steinmale"-Projekts wurden ca. 1.500 BesucherInnen auf dem Gelände gezählt, darunter - und das war auch 1990 schon so - viele OsthofenerInnen, die vorher, nach eigenen Aussagen, das Gelände noch nie betreten hatten. Der Produktionsprozess machte neugierig und schuf sowohl einen offen gestaltbaren, "unverfänglichen" Kommunikationsanlass als auch eine individuell unterschiedlich ausfüllbare Projektionsfläche für Phantasien. In den letzten zehn Jahren hat zudem die Menge der Projektwünsche von hauptsächlich bildenden KünstlerInnen, die an die Gedenkstätte herantreten, stark zugenommen, so dass Kriterien und Verfahren für eine Auswahl notwendig wurden.

Kunst und Kultur und Gedenkstättenpädagogik – Die bundesweite Diskussion

Thomas Lutz von der Stiftung Topographie des Terrors hat bei einem Gedenkstättenseminar davon gesprochen, dass ein Wandel in der Gedenkstättenarbeit festgestellt und auch diskutiert wird. Dieser, so Lutz, gehe in die Richtung, dass die „Aura" des historischen Gedenkortes - ich benutze diesen Begriff, auch wenn Lutz ihn eher scheute - dass diese „Aura" nicht oder nur noch unzureichend beim jüngeren Publikum wirke. Es müsse zunehmend historische Bildung vorgeschaltet bzw. in diese umgeschaltet werden. Das hat mit der Historisierung der Gedenkgegenstände zu tun, eine Debatte, die auch den politischen Kern von Holocaust-Forschung berührt. Diese hat sich ja seit je zwischen dem Bilderverbot Adornos und dem Wunsch nach bzw. dem Widerstand gegen das Vergessen bewegt. Aber das nur am Rand. Entscheidend ist die Frage, ob in Zukunft historische Bildung auratische Betroffenheit ersetzen kann bzw. muss.

Die Antwort aus der Praxis ist: Jein! Natürlich gibt es einen Prozess der Historisierung des Holocaust und anderer NS-Verbrechen, der sowohl historische Bildung notwendig macht als auch neue Chancen eröffnet, nämlich den Blick der Enkel und Urenkel auf die kollektive Familiengeschichte. Vor allem die Psychotherapie hat mittlerweile hinreichende Beweise, dass die Toten von damals nicht tot (im Sinn von wirkungslos) sind, und dass die Verbrechen nicht vergessen, sondern nur verdrängt sind. Es ändern sich mit der Zeit die Perspektiven, aber nicht die Fragen nach den bekannten „Leichen im Keller", und das sogar bei Personen, die sich vollständig exculpiert, frei oder unbetroffen von den alten Geschichten glauben. Das gilt sowohl für die konkrete Familien- und Lokalgeschichte als auch für unsere kollektive Bildungsgeschichte überhaupt. Nehmen wir eben Fragen wie das Bilderverbot und seine jüdisch-christliche Tradition, nehmen wir die immer wieder neue Verknüpfung von Heidentum und Gewalt in der Barbarengestalt, nehmen wir die Begrifflichkeit von Blut und Boden im Recht usw.

Dass ich diese Aktualität des Subjektiven sehe, vor und auch ohne historische Bildung, hängt nicht zuletzt mit den konkreten Erfahrungen der Gedenkstättenpädagogik zusammen, und hier insbesondere des Einsatzes von Kunst und Kultur. Im Mittelpunkt der Gedenkstättenpädagogik steht nach Meinung des Fördervereins Projekt Osthofen nämlich nicht die Wissensvermittlung - sie ist eher ein Ergebnis als ein Ziel oder ein Instrument -, sondern die Selbstreflexion des Individuums anhand historisch verorteter Bildungs-Räume. Das aber ist genau die Definition kultureller Bildung überhaupt, wie sie derzeit auch als neue Perspektive für politische Bildung diskutiert wird. Holger Ehmke von der Bundeszentrale für politische Bildung (BpB) schreibt 2001: „Die BpB ist seit dem letzten Jahr in einem Umstrukturierungsprozess begriffen. Dazu gehört auch die Bündelung und Weiterentwicklung von künstlerischen und kulturellen Aktivitäten, die Menschen zu Auseinandersetzungen mit politischen Fragestellungen bewegen ... Die konzeptionelle Arbeit zum Thema politische kulturelle Bildung steht kurz vor dem Abschluss. Sie soll noch in diesem Jahr in der Gründung eines neuen Fachbereichs ‚Politische kulturelle Bildung' münden." (KuPoGe, 41) Schon länger befasst sich die in der Akademie Remscheid angesiedelte „Bundesvereinigung kulturelle Jugendbildung" mit diesen Fragen. Ihr Vorsitzender, Max Fuchs, zitiert 2000 in einer programmatischen Broschüre eine Denkschrift aus NRW: „Kulturelle Bildung, als Allgemeinbildung verstanden, hat ihre Besonderheit in den ästhetisch-gestalterischen und künstlerischen Arbeitsformen und -methoden. Sie arbeitet ‚konkret', d.h. sie stützt sich auf die Wahrnehmungen, stärkt diese und wirkt durch die Selbsttätigkeit der lernenden Subjekte. Von anderen Formen der Bildung und Selbstbildung unterscheidet sie sich dadurch, dass sie künstlerische Ausdrucksformen integriert." (Bildung, Kunst, Gesellschaft, 82) Übersetzt auf die Gedenkstättenpädagogik bedeutet das, dass nicht nur Kunst als Anlass für privaten oder pädagogisch gestalteten Dialog eine Rolle in Gedenkstätten spielen kann und soll, sondern dass zunehmend - wie in einzelnen Kunstprojekten mit SchülerInnen bereits praktiziert - auch die Kunstpädagogik Einzug in die Gedenkstättenarbeit halten sollte, und zwar sowohl als konstitutives Element der gesamten Pädagogik als auch als Sparte.

Vor diesem Hintergrund ist folgendes Papier von 2002 zu verstehen:

Präambel

Künstlerische Arbeit und kulturelle Aktivitäten in Gedenkstätten haben immer auch eine gedenkstättenpädagogische Funktion. Sie sind Teil der Gedenkstättenarbeit und bilden einen besonders betreuten Schwerpunkt.

Thesen

Gedenkstättenarbeit und Kunst fordern die Beschäftigung mit menschlicher Individualität. Dialog und Dialektik, Gespräch mit dem Gegenüber und Veränderungen bestimmen den hermeneutischen Prozess. Eindimensionale Erklärungsmuster führen an Struktur und Erfahrung von Gedenkstättenarbeit und Kunst vorbei.
Gedenkstättenarbeit beinhaltet das Korrektiv einer historischen Verortung. Kunst in Gedenkstätten muss diesen Zustand von Beobachtung und Reflexion als kreative Herausforderung annehmen.
Kunst kann von ihrer individuellen Suche her grundsätzlich keine Tabus als endgültig anerkennen. Sie muss hinterfragen und ausprobieren können. Insofern gestaltet sie offene Räume in den Gedenkstätten.
Tabuverletzungen dürfen kein Selbstzweck zur Steigerung des Selbstgefühls sein. Ihr Ziel muss die Erweiterung des Erkenntnishorizonts sein.

Anforderungen an Kunstprojekte in der Gedenkstättenarbeit

Von Kunstprojekten in der Gedenkstättenarbeit wird grundsätzlich erwartet, dass sie dialogbereit sind, und zwar in Bezug auf

- das Gremium in der Gedenkstätte, das den Schwerpunkt Kunst und Kultur plant
- den Ort der Gedenkstätte und seine Gedenkfunktion
- das Publikum.

Praktische Umsetzung vor Ort

Kunst (und Kultur) in Gedenkstätten wird sowohl von innen geplant als auch von außen herangetragen. Zur Bearbeitung der Projekte wird eine dauerhafte Arbeitsgruppe installiert, die aus Vertretern der Landeszentrale für Politische Bildung, des Fördervereins Projekt Osthofen und Fachleuten zusammengesetzt ist. Diese Arbeitsgruppe verabschiedet Grundsätze (siehe Thesen oben), die als schriftliches Dokument jedem Projektträger ausgehändigt werden. Im Übrigen werden die einzelnen Projekte im Gespräch mit den Künstlern diskutiert und bewertet. Die Projekte sind aufgefordert, den Ort in ihre Arbeit einfließen zu lassen (Geschichte, Denkmalpflege, Institutionen wie Landeszentrale, Förderverein und vor allem Lagergemeinschaft). Kunst- (und Kultur-) Projekte in der Gedenkstätte KZ Osthofen müssen immer auch offen sein für kulturpädagogische Ansätze, d.h. für den Kontakt mit der Bevölkerung und den Besuchern.

Die Gedenkstätte bildet einen Arbeitsschwerpunkt Kunst und Kultur. Veranstaltungen werden nach einem eigenen Konzept betreut (Einbeziehung von Künstlern, Kunstkreisen, Kunstlehrern, Kommunal-, Landes- und Bundeseinrichtungen mit kultureller Kompetenz etc.).
Es wird ein eigenes Netzwerk aufgebaut, ein eigener Infoverteiler.
Um die besonderen Aufgaben von „Kunst und Kultur in Gedenkstätten" herauszuarbeiten und auch nach außen populär zu machen als eine besondere Funktion mit eigenen Regeln wird ein bundesweites Symposium zum Thema veranstaltet. Die weitere Arbeit in der Gedenkstätte wird dokumentiert und ausgewertet, um die Erfahrungen zu verwerten und das Konzept zu verbessern.

Bildende Kunst

Dauerhafte Installationen müssen in die mittel- bis langfristige Planung der Gedenkstätte (Bauvorhaben/Nutzung/Ausstellung) integriert werden. Vorzuziehen sind vorübergehende Installationen. Diese sollten jeweils dokumentiert und ihre "Reste" in Zusammenarbeit mit einem Kunstmuseum archiviert werden. Für die Gedenkstätte wird ein mittel- bis langfristiges Konzept erarbeitet, das mögliche Orte fester Installationen (z.B. Skulpturengarten/Außen- und Innengestaltung) ebenso enthält wie ein Ausstellungskonzept (Räume, Dauer, Dokumentation, Häufigkeit etc.). Das dialogische Prinzip gilt auch für Ausstellungen in klassischer Form. Es kann vom Künstler bzw. vom Veranstalter auch an Kulturpädagogen delegiert werden. Für „Kunst am Bau" gelten die gleichen Anforderungen.

Musik, Literatur und Theater

Hier reichen die Anforderungen des dialogischen Prinzips aus.

Das Bildhauersymposium „Künstler gegen Gewalt"
5 Steinmale in der Gedenkstätte KZ Osthofen

Heribert Fachinger

Unter dem Titel „Künstler gegen Gewalt" arbeiteten im Jahr 2000 fünf Bildhauer in einem Symposium auf dem Gelände der Gedenkstätte KZ Osthofen. Die Idee zu diesem Symposium trug Hans-Otto Lohrengel, einer der Bildhauer, vier Jahre zuvor dem damaligen Vorstand des Fördervereins Projekt Osthofen e.V. vor: Künstler sollten zum selben Thema an gleichförmigen Steinblöcken arbeiten, und das direkt vor Ort, am zukünftigen Standort auf historischem Gelände. Dadurch sollte einerseits die Beliebigkeit, die oft Bildhauersymposien anhaftet, durchbrochen und andererseits die künstlerische Auseinandersetzung mit dem Ort positiv beeinflusst werden. Das ganze Geschehen sollte dann noch gekoppelt werden mit einer Ausstellung verschiedener früherer Arbeiten der beteiligten Künstler zum Thema Gewalt in der Halle, in der die Häftlinge während der KZ-Zeit untergebracht waren.

Ziel der gesamten Aktion war es, die Schwellenangst vieler Menschen zum Besuch der Gedenkstätte und der Beschäftigung mit der Problematik abzubauen und neben den historischen Gebäuden, den Schriftmaterialien und den Fotodokumenten über die NS-Zeit den Besuchern eine weitere Dimension an die Hand zu geben, die eine zusätzliche Möglichkeit der Auseinandersetzung mit dem Thema Gewalt bieten könnte.

Es dauerte dann noch vier Jahre, bis eine solide Finanzierung sicher gestellt war und mit dem Start des Symposiums begonnen werden konnte. Maßgeblich dazu beigetragen haben die Stiftung Kultur Rheinland-Pfalz, die Stiftung der Landesbank Rheinland-Pfalz, die Landeszentrale für politische Bildung, der Förderverein Projekt Osthofen e.V. und die Firma Hanbuch Naturstein in Neustadt.

Zu den Skulpturen

Die Arbeit von Bernd Kleffel aus Halle zeigt eine Gewaltszene und zugleich Symbole der Menschlichkeit und Hoffnung als Gegengewicht.

Achim Ribbeck aus Dorn-Dürkheim erarbeitete einen verletzten Torso, der aber auch erkennen lässt, wie ein unverletzter Körper aussehen kann.

Die Skulptur von Peter Schilling aus Köln stellt in kräftiger und prägnanter Weise einen Kopf dar, der, kopfstehend in Gitterstäbe und Steinquader gepfercht, seiner menschlichen Würde beraubt ist.

Der Stein von Bernhard Matthäss aus Neustadt (Wstr.) zeigt eindrucksvoll und schonungslos die Gewalt als Maschinerie, die den Menschen erdrückt und zerstört.

Die Arbeit von Hans-Otto Lohrengel zeigt ebenfalls einen Kopf, der, normalerweise kugelig, hier aber in einen Steinquader gepresst, zerschnitten und von Maschendraht umgeben ist.[52]

Literatur

Bildung, Kunst, Gesellschaft (2000):Beiträge zur Theorie und Geschichte der kulturellen Bildung, Remscheid

Kulturpolitische Mitteilungen (2001):Zeitschrift für Kulturpolitik der Kulturpolitischen Gesellschaft (KuPoGe), III

---

[52] Das gesamte Symposium wurde in einem Videofilm und in einer Fotodokumentation festgehalten. Beide Publikationen sind – die Videokassette nur im Verleih – beim Förderverein Projekt Osthofen e.V. zu beziehen. Bilder der Skulpturen sind auf unserer Homepage www.projektosthofen-gedenkstaette.de zu sehen.

KUNST als pädagogische Herausforderung - Die Dauerausstellung der Gedenkstätte Breitenau[53]

Gunnar Richter

Im September 1992 wurde in der Gedenkstätte Breitenau in Guxhagen bei Kassel eine Dauerausstellung eingeweiht, der eine im Vergleich zu allen anderen Gedenkstätten noch immer einzigartige Konzeption zugrunde liegt: Sie wurde von einem Künstler gestaltet und stellt eine direkte Verbindung von Kunst und historischer Information dar.

Geschichte und Anliegen der Ausstellung

Bevor der Künstler Stephan von Borstel mit der Neukonzeption dieser Ausstellung begann, existierte in Breitenau seit Ende 1982 eine dokumentarische Ausstellung, die 1982 von einer Projektgruppe an der Gesamthochschule Kassel unter der Leitung von Prof. Dr. Dietfrid Krause-Vilmar erarbeitet worden war. Die Ausstellung mit dem Titel „Erinnern an Breitenau 1933-1945" bestand aus etwa 40 Bild-Text-Tafeln, auf denen verschiedene Aspekte der Geschichte Breitenaus als frühes Konzentrationslager (1933/34) und als Arbeitserziehungslager (1940-45) sowie Fragen des Umgangs mit dem Geschehen in der Nachkriegszeit dargestellt wurden (vgl. Deuker u.a.; Krause-Vilmar 2000; Richter 1993). Ergänzt wurden die Ausstellungstafeln in den vier weiß gestrichenen Räumen durch ein Lagermodell, mehrere Vitrinen mit Originaldokumenten und verschiedene Relikte aus der NS-Zeit (vgl. Landeswohlfahrtsverband Hessen).

Das primäre Ziel dieser Ausstellung bestand darin, relativ detailliert über die Geschichte Breitenaus als Haftstätte für Tausende von Schutzhaftgefangenen der Gestapostelle Kassel zu informieren – eine Geschichte, die damals sowohl in der Öffentlichkeit als auch in der Forschung praktisch unbekannt war, weil sie, wie an vielen anderen Orten in der Bundesrepublik, jahrzehntelang verschwiegen und verdrängt worden ist. Die Ausstellung sollte die BesucherInnen über das damalige Geschehen aufklären und an die vielen Verfolgten erinnern, um sie dadurch zu würdigen. Sie sollte aber auch dazu anregen, unsere Gegenwart und unser eigenes Denken und Handeln zu hinterfragen, denn bei dem Geschehen in Breitenau während der Zeit des Nationalsozialismus ging und geht es nach unserem

---

[53] Dieser Text ist eine leichte Bearbeitung des gleichnamigen Titels, erschienen in: Studienkreis Deutscher Widerstand (Hg.): Informationen Nr. 57, Mai 2003, 28. Jg., Frankfurt/Main, S. 37-40.

Verständnis letztendlich um Fragen des Umgangs von Menschen mit Menschen, um Fragen von Gleichberechtigung, Menschenwürde und Toleranz (vgl. Dillmann u.a., 104).

Ende der 80er Jahre stellte sich zunehmend die Frage, ob die Ausstellung tatsächlich zu der gewünschten Reflexion anregt, oder ob sie nicht, insbesondere bei jüngeren BesucherInnen, den Eindruck hinterließ, dass das damalige Geschehen zwar sehr schrecklich war, aber mit unserem heutigen Leben und unseren gegenwärtigen Problemen nichts mehr zu tun hat. Schließlich lag am Ende der achtziger Jahre für viele Schülerinnen und Schüler die nationalsozialistische Diktatur so weit zurück, wie für uns in deren Alter die Kaiserzeit. Aber nicht nur in der Gedenkstätte Breitenau, auch in anderen Gedenkstätten stellte sich die Frage, ob die Jugendlichen nicht andere Zugangsformen zu dem schwierigen Thema Nationalsozialismus benötigen - und in diesem Zusammenhang wurde die KUNST als ein möglicher Zugang entdeckt, KUNST als Anregung, sich mit dem vergleichsweise weit zurückliegenden Thema Nationalsozialismus zu befassen, und als eine mögliche Vermittlungsform zwischen Vergangenheit und Gegenwart. Im Zuge dieser Hinwendung zur KUNST fand im November 1987 in Auschwitz ein erstes internationales Gedenkstättenseminar zum Thema „Kunst aus Konzentrationslagern und in Gedenkstätten für Opfer des Nationalsozialismus" statt (vgl. Brebeck u.a., 10), und in der Gedenkstätte Breitenau wurde 1990 erstmals von einer Gruppe junger Künstlerinnen und Künstler eine Sonderausstellung mit dem Titel „Breitenau – Objekte und Installationen zur Geschichte eines Ortes" gezeigt (vgl. Förderverein der Gedenkstätte Breitenau 1990).

Parallel dazu begann ein Diskussionsprozess über die Neugestaltung der Dauerausstellung in der Gedenkstätte Breitenau, der schließlich in einer Entscheidung für eine künstlerische Neukonzeption endete (vgl. Förderverein der Gedenkstätte und des Archivs Breitenau e.V.). Die Wahl fiel auf den jungen Künstler Stephan von Borstel, der an der Gesamthochschule Kassel Kunst studiert hatte. Während in anderen Gedenkstätten künstlerische Elemente inzwischen durchaus Bestandteile der Dauerausstellungen bilden, verwirklichte Stephan von Borstel 1992 in Breitenau eine Ausstellung, die in ihrer Gesamtheit eine Verbindung von historischer Information und künstlerischer Gestaltung darstellt. Es wurde eine Ausstellung, die die BesucherInnen nicht nur kognitiv (über Texte, Bilder und weitere Informationen) erreicht, sondern auch sinnlich in Form von Empfindungen, Gefühlen und Assoziationen, die durch die Gestaltung der Ausstellungsräume und die damit verbundene Atmosphäre ausgelöst werden (vgl. von Borstel, 5-11; von Borstel 1991; von Borstel 1994, 149-151; Förderverein der Gedenkstätte Breitenau 1992).

Um die neue Ausstellung nicht mit historischen Informationen „zu überfrachten" und der künstlerischen Gestaltung genügend Raum zu geben, wurde für

Detailinformationen ein Informationsbereich im Flur eingerichtet; dort befindet sich auch das Modell der Anlage. Für vertiefende Informationen stehen außerdem der Bibliotheks- und Leseraum, der Medienraum und das Archiv zur Verfügung. Zur Gestaltung der Ausstellung benutzte Stephan von Borstel verschiedenste Materialien (Blei, Eisen, Zink, Kupfer, Holz), um z.B. Isolation, Kälte oder auch Wärme auszudrücken. In den farblich gestalteten und ganz besonders ausgeleuchteten Räumen befinden sich Skulpturen und Installationen, die den BetrachterInnen zu eigenen Gedanken, Assoziationen und Fragen anregen sollen – Fragen, die auch über die Zeit des Nationalsozialismus hinausgehen und Probleme betreffen, die noch heute brennend und ungelöst sind, z.B. Fragen von Diskriminierung, Ausgrenzung, Unterdrückung und Gewalt. Aus diesem Grund wurden von dem Künstler für die vier Ausstellungsräume vier zentrale Aspekte (Strukturmerkmale) der Geschichte Breitenaus ausgewählt, die solche noch heute existierende Probleme im Umgang von Menschen mit Menschen beinhalten.

Themen und Gestaltung der vier Ausstellungsräume

Raum 1   Raum 4

In diesem Sinne thematisiert der erste Ausstellungsraum Breitenau als Ort langjähriger Ausgrenzung, denn dort wurden bereits vor der NS-Zeit und noch danach Menschen eingesperrt, die den jeweiligen gesellschaftlichen Normen nicht entsprachen. Bleiplatten an den Wänden sind ein Ausdruck für die Kälte, Düsternis und Schwere, die auf den damaligen Inhaftierten lasteten. Auf Zinkplatten befinden sich kurze Zitate von ehemaligen Gefangenen aus der NS-Zeit, in denen sie ihr damaliges Leid, ihre Isolation und Hoffnungslosigkeit ausdrücken. In dem Raum wird aber auch das damalige Nebeneinander von Ausgrenzung einerseits und Hoffen auf eine bessere Welt, Aufrechterhalten einer scheinbar „heilen Welt" oder auch Gleichgültigkeit andererseits thematisiert; gegensätzliche Pole, die sich in Breitenau geradezu aufdrängen, wo im Ostteil der ehemaligen Klosterkirche Gottesdienst für die Gemeinde abgehalten wurde, während im Mittelschiff, hinter der Orgelwand, Gefangene des frühen Konzentrationslagers, des Gestapo-Lagers und des Arbeitshauses untergebracht waren.

Raum 2

Der zweite Ausstellungsraum befasst sich mit dem bürokratischen Verfolgungsapparat während der NS-Zeit, in den nicht nur die Gestapo einbezogen war, sondern zahlreiche weitere Behörden, wie Bürgermeisterämter, Landratsämter, Arbeitsämter und Firmen. In mehreren Vitrinen sind Originalschriftstücke (Haftschreiben, Deportationsanweisungen etc.) aus den Gefangenenakten ausgelegt. Propagandabilder von BDM-Mädchen versinnbildlichen die „Normierung der Menschen" im NS-Staat, und ein Zitat von Werner Best besagt, dass die Gestapo all diejenigen „unschädlich" machen sollte, die diesen Normen nicht entsprachen. Die ausgestellten Schriftstücke, die allesamt sehr sachlich wirken, werfen u.a. die Frage auf, ob nicht Bürokratie – auch heute noch – immer die Gefahr der Entmenschlichung in sich trägt.

Raum 3

Im Dritten Ausstellungsraum wird auf das Arbeitserziehungslager Breitenau als Gestapo-Haftstätte eingegangen, aus der viele Gefangene in Konzentrationslager deportiert wurden. Es sind Relikte aus der Lagerzeit ausgestellt, und in einer Vitrine befinden sich Aufnahmebücher der Gefangenen. Gleichzeitig wird in dem Raum aber auch thematisiert, dass es sich bei diesem Geschehen um Vergangenheit handelt, die jedoch bis heute nachwirkt, z.B. bei den ehemaligen Gefangenen oder deren Familien. Auf Eisenplatten sind die Grundrisse verschiedener Konzentrationslager aufgedruckt, und obwohl die Eisenplatten angerostet sind (als Symbol des Vergangenen), sind die Grundrisse noch zu erkennen. Die Relikte des Lagers Breitenau befinden sich in einer Vertiefung, ähnlich wie archäologische Funde, die ausgegraben wurden und uns etwas über die vergangene Zeit mitteilen können.

Der letzte Ausstellungsraum ist den Verfolgten gewidmet und zeigt stellvertretend für die vielen Gefangenen des Lagers die Schicksale von Ludwig Pappenheim (vgl. Krause-Vilmar 1992, 24-29), Kurt Finkenstein (vgl. Finkenstein), der evangelischen Vikarin Katharina Staritz (vgl. Erhart u.a.; Schwöbel) und der jüdischen Ärztin Lilli Jahn (vgl. Krause-Vilmar 1998; Fischer, 714-728; Doerry). Auf Kupfertafeln sind die Namen der in Breitenau umgekommenen und ermordeten Gefangenen verzeichnet. Die innere Stärke der Gefangenen, die verfolgt wurden, weil sie für eine menschlichere Gesellschaft eintraten, sollte uns auch heute noch ein Vorbild sein, und in diesem Sinne sind sie Hoffnungsträger für eine menschlichere Zukunft. Warme Farben und das wärmeleitende Kupfer geben dem Raum eine ruhige und positive Atmosphäre (vgl. von Borstel 1994, 149-151; Richter 2002, 18-19).

Die pädagogische Arbeit

Durch die Erläuterungen des Konzeptes wird vielleicht noch einmal deutlich, dass es sich eben nicht um eine Ausstellung handelt, in der die gesamte Geschichte des ehemaligen Lagers Breitenau in der Zeit des Nationalsozialismus mit all seinen Facetten dargestellt wird, sondern viel eher um eine Ausstellung, die den Reflexionsprozess über das damalige Geschehen in Breitenau zum Gegenstand hat und gleichzeitig zu diesem Reflexionsprozess anregen möchte. Hierzu werden bestimmte Aspekte der Geschichte in der Ausstellung quasi wieder aufgegriffen oder auch vertieft. In diesem Sinne ist die Ausstellung ein einzelner Bestandteil des Gesamtkonzeptes der Gedenkstätte, in der Führungen zur Geschichte angeboten werden und viele historische Fragen mit Hilfe von Informationsmaterialien, Archivalien, Medien und den Beständen der Bibliothek vertieft und (vielleicht) beantwortet werden können. So sind die meisten BesucherInnen der Gedenkstätte Gruppenbesucher (Schulklassen, Jugendgruppen, Erwachsenengruppen), die von den pädagogischen Mitarbeiterinnen und Mitarbeitern eine ausführliche Einführung in die Geschichte Breitenaus und einen Rundgang durch das ehemalige Lagergelände mit Besichtigung von ehemaligen Crafträumen und Zellen sowie dem Teil der Kirche, in dem noch bis Mitte des Krieges Gottesdienst abgehalten wurde, angeboten bekommen. Am Ende dieses recht vielseitigen Einblickes in die Geschichte Breitenaus als frühem Konzentrationslager und Arbeitserziehungslager der Gestapo steht der Besuch der Ausstellung, in der dann verschiedene Aspekte wieder aufgegriffen und hinsichtlich der Bedeutung für uns heute hinterfragt werden (vgl. Elsas u.a.). Auch für EinzelbesucherInnen wird Sonntags regelmäßig eine kostenlose Führung angeboten, bei der die BesucherInnen diese verschiedenen Einblicke erhalten. Zur Vertiefung von historischen Fragen und zur intensiven Auseinandersetzung mit Einzelschicksalen stehen die bereits genannten Informationsmaterialien, Veröffentlichungen, Unterlagen und Medien zur Verfügung. Für EinzelbesucherInnen, die an keiner Führung teilnehmen, existiert ein Einführungsfilm, der einen Überblick über die Geschichte Breitenaus von den Anfängen bis in die Gegenwart mit dem Schwerpunkt auf der Zeit des Nationalsozialismus gibt und sieben kurze Interview-Auszüge mit zwei ehemaligen deutschen und fünf ausländischen Gefangenen enthält.[54] Auch dieser Film liefert den historischen Überblick, von dem in der

---

[54] BREITENAU. Zur Geschichte eines Konzentrations- und Arbeitserziehungslagers. Ein Dokumentarfilm von Heidi Sieker und Gunnar Richter, 27 Minuten, Kassel und Guxhagen, Gedenkstätte Breitenau, 2000.

Ausstellung verschiedene Aspekte aufgegriffen und vielfältige Fragen zu Gegenwartsbezügen aufgeworfen werden. Natürlich ist es auch möglich, zunächst die Ausstellung zu besuchen und anschließend anhand der Medien, Unterlagen und Informationsmaterialien verschiedene Fragen zu vertiefen.

Gerade darin, dass die Ausstellung in Verbindung mit historischen Bezügen einen zusätzlichen Bereich – nämlich die Frage nach besonderen Strukturen und Gegenwartsbezügen – aufgreift, liegt ihre Bedeutung und Stärke. Durch die künstlerische Gestaltung, die im Vergleich zu anderen historischen Ausstellungen vollkommen „aus dem Rahmen fällt", bietet die Ausstellung auch für die BesucherInnen, die zunächst eine Einführung und einen Rundgang mitgemacht haben, neue Anknüpfungspunkte und Anregungen. Dies auch gerade deshalb, weil sie nicht die gesamte Geschichte noch einmal in allen Einzelheiten darstellt, sondern einzelne Aspekte widerspiegelt und zu Fragen anregt.

Befragung von BesucherInnen

Seit dem Bestehen dieser neuen Dauerausstellung in der Gedenkstätte Breitenau wurden zwei Besucherbefragungen über deren Wirkung und Rezeption durchgeführt (vgl. Jordan/Pressel, 19-28; Jungbluth). Es zeigte sich dabei, dass die neue Konzeption sowohl von den jüngeren BesucherInnen als auch von den Erwachsenen überwiegend positiv aufgenommen wird. So stimmten 1997 zwei Drittel der SchülerInnen und ein noch größerer Teil an Erwachsenen der Aussage zu, dass „die Verbindung von Kunst und historischer Dokumentation eine interessante Kombination" darstelle. Gleichzeitig stellte sich aber auch heraus, dass die Ausstellung „als ‚polarisierendes' Moment innerhalb des Gedenkstättenbesuches fungiert. Je eindeutiger die Aussagen zur künstlerischen Ausstellung formuliert wurden, umso deutlicher kristallisierten sich unterschiedliche Meinungen dazu heraus." (Jordan/Pressel, 28). Diese unterschiedlichen Meinungen betrafen insbesondere die Fragen, ob eine künstlerische Darstellung ansprechender als eine Dokumentation sei, und ob die künstlerische Darstellung dem historischen Geschehen im Lager angemessen sei (vgl. Jordan/Pressel, 27). Auch bei der Schülerbefragung von Christine Jungbluth im Jahre 2002 gab es in Hinblick auf diese beiden Fragen größere Differenzen. So standen den Auffassungen, dass die Kombination von Kunst und historischen Dokumenten „zu weit weg von der Realität", „teilweise irreführend" oder auch „nicht die harten Gefühle der Gefangenen vermittelt", solche gegenüber, dass diese Präsentationsform interessanter sei, weil sie anders „als die üblichen Museen" gestaltet ist, eine „gute Mischung" (von Kunst und historischer Dokumentation) darstelle, wodurch das „Lernen Spaß macht" und Kunst etwas sei, worüber man nachdenken müsse, was „tiefere Eindrücke" hinterlasse (vgl. Jungbluth, 100f).

Auch wenn es zu der Ausstellung durchaus entgegengesetzte Einschätzungen und Auffassungen gibt, was sich mit unseren pädagogischen Erfahrungen deckt, so erreicht sie doch etwas ganz Zentrales: Sie regt zu Diskussionen, Gesprächen und Auseinandersetzungen an - und das entspricht auch ihrer eigentlichen Intention. Stellvertretend hierfür steht die Äußerung eines Studenten, der die Gedenkstätte Breitenau im Rahmen eines Seminars an der Universität Kassel besuchte: „Nach dem Besuch in Dachau und Buchenwald konnte ich gar nicht sprechen; hier kann ich es und empfinde es als gut..." (Krause-Vilmar 1994, 46) Schon bei der Erhebung von 1997 kamen Rolf Jordan und Prof. Alfred Pressel zu dem Ergebnis, dass die Ausstellung dadurch „in eigener Weise zu einer aktiven Auseinandersetzung mit der Zeit des Nationalsozialismus, aber auch mit den aktuellen Formen des Gedenkens und Erinnerns bei(trägt)." (Jordan/Pressel, 28).

Ausblick

Die Vermittlung der Geschichte des Nationalsozialismus an den Orten der Verbrechen sowie das Erinnern und Gedenken an die Verfolgten und Ermordeten ist und bleibt für die Gedenkstätten ein zentrales Anliegen. Unter Bildungsgesichtspunkten (und auch, um das Geschehen nicht zu historisieren) muss aber die Frage, welche Bedeutung das damalige Geschehen für uns heute und für die Zukunft hat, einen gleichermaßen wichtigen Stellenwert einnehmen – und diese Frage wird auch ständig wieder neu gestellt werden müssen (vgl. Krause-Vilmar/Messner, 365-398). Das Besondere der durch den Künstler Stephan von Borstel in der Gedenkstätte Breitenau geschaffenen, in dieser Form einzigartigen Dauerausstellung besteht darin, dass sie diese Frage in den Mittelpunkt rückt und dadurch, zusätzlich zur Beschäftigung mit der Geschichte, etwas ausgesprochen zukunftsweisendes hat.

Literatur

Borstel, Stephan von: Auftauchen an einem anderen Ort. In: Verein zur Förderung der Gedenkstätte und des Archivs Breitenau e.V. (Hg.): Rundbrief Nr. 9, S. 5-11

Ders. (Hg.) (1991): BREITENAU. Zur Neukonzeption der Präsenzausstellung, Guxhagen

Ders. (1994): Über die neue Ausstellung in Breitenau. In: Krause-Vilmar, Dietfrid u.a. (Red.): Schützt Erinnerung denn vor gar nichts mehr? Einblicke in die Bildungsarbeit der Gedenkstätte Breitenau, zusammengestellt anläßlich des 10jährigen Bestehens, Kassel, S. 149-151

Brebeck, Wulff W. u.a. (1992): ÜBER-LEBENS-MITTEL. Kunst aus Konzentrationslagern und in Gedenkstätten für die Opfer des Nationalsozialismus, Marburg

Deuker, Usch u.a. (Hg.) (1982): Erinnern an Breitenau 1933-1945. Eine Ausstellung historischer Dokumente, 1. Auflage, Kassel

Dillmann, Jutta/Krause-Vilmar, Dietfrid/ Richter, Gunnar (Red) (1986): Mauern des Schweigens durchbrechen. Die Gedenkstätte Breitenau, Kassel

Doerry, Martin (2002): „Mein verwundetes Herz". Das Leben der Lilli Jahn 1900-1944. 4. Auflage, Stuttgart und München

Elsas, Barbara/Naundorf, Arnd/ Richter, Gunnar (1994): Überlegungen zur pädagogischen Konzeption für die Arbeit mit Jugendlichen in der Gedenkstätte Breitenau – unter besonderer Berücksichtigung des Besuchs von Schülern und Schülerinnen, Kassel

Erhart, Hannelore u.a. (1999): Katharina Staritz 1903-1953. Dokumentation Band 1: 1903-1942. Mit einem Exkurs Elisabeth Schmitz, Neukirchen-Vluyn

Finkenstein, Kurt (2001): Briefe aus der Haft 1935-1943. Hrsgg. von Dietfrid Krause-Vilmar, Mitarbeit: Susanne Schneider, Kassel

Fischer, Karl (1994): Regionale Zeitgeschichte. Schüler auf den Spuren des „Dritten Reiches". In: ERZIEHUNGSKUNST (Organ des Bundes der Freien Waldorfschulen und pädagogische Zeitschrift seit 1926), Heft 7/8, S. 714-728

Förderverein der Gedenkstätte Breitenau (Hg.) (1990): Breitenau – Objekte und Installationen zur Geschichte eines Ortes, Kassel

Ders. (1992): Die neue Präsenzausstellung der Gedenkstätte Breitenau. Ansprachen anläßlich der Eröffnung am 16. September 1992, Kassel

Jordan, Rolf/Pressel, Alfred (1997): Breitenau – Ein Bericht zu den Eindrücken vom Besuch einer Gedenkstätte für die Verfolgten des Nationalsozialismus. In: Stiftung Topographie des Terrors (Hg.): „Gedenkstättenrundbrief Nr. 77", S. 19-28

Jungbluth, Christine (2002): Eindrücke des Besuches der Gedenkstätte Breitenau – eine Befragung von Schülerinnen und Schülern (Mai – Juni 2002). unveröffentlichte Wissenschaftliche Hausarbeit zur Ersten Staatsprüfung für das Lehramt an Hauptschulen und Realschulen an der Universität Kassel. Fachbereich 01 bei Prof. Dr. D. Krause-Vilmar, Kassel

Krause-Vilmar, Dietfrid (Red.) (1989): Lilli Jahn – Briefe aus Breitenau 1943/44. Archivexemplar der Gedenkstätte Breitenau, Universität Kassel

Ders. (1992): Über Ludwig Pappenheim. In: DIZ- (Dokumentations- und Informationszentrum Emslandlager) Nachrichten Nr. 15, Papenburg, S. 24-29

Ders. (1994): Mit Studierenden in Breitenau. In: Verein zur Förderung der Gedenkstätte und des Archivs Breitenau e.V (Hg.): Rundbrief Nr. 13, Kassel, S. 46

Ders. (2000): Das Konzentrationslager Breitenau. Ein staatliches Schutzhaftlager 193/34, 2. durchgesehene Auflage, Marburg

Krause-Vilmar, Dietfrid/Messner, Rudolf (2002): Leben zum Tode. Ein Bericht über Versuche, gemeinsam mit Studierenden den Nationalsozialismus zu verstehen. In: Jahrbuch für historische Bildungsforschung, Band 8, Bad Heilbrunn/Obb., S. 365-398

Landeswohlfahrtsverband Hessen (Hg.) (1982): Erinnern an Breitenau 1933-1945. Eine Ausstellung historischer Dokumente in der Zehntscheune des ehemaligen Klosters. Eröffnung am 7. Dezember 1982 in der Außenstelle Guxhagen des Psychiatrischen Krankenhauses Merxhausen, Kassel

Richter, Gunnar (Hg.) (1993): Breitenau – Zur Geschichte eines nationalsozialistischen Konzentrations- und Arbeitserziehungslagers, Kassel

Ders. (Red.) (2002): Die Gedenkstätte Breitenau in Guxhagen bei Kassel. Ein Leseheft, 3. überarbeitete und ergänzte Auflage, Kassel

Schwöbel, Gerlind (1990): Ich aber vertraue. Katharina Staritz, Eine Theologin im Widerstand, 2. durchgesehene und erweiterte Auflage, Frankfurt/Main

Studienkreis Deutscher Widerstand (Hg.) (2003): Informationen Nr. 57, Mai 2003, 28. Jg., Frankfurt/Main, S. 37-40

Verein zur Förderung der Gedenkstätte und des Archivs Breitenau e.V. (Hg.) (1989): Rundbrief Nr. 7, Thema: Die Konzeption der Gedenkstätte Breitenau – Ergänzen? Verändern? Neu ansetzen?, Gespräche, Briefe, Stellungnahmen zur Vorbereitung der Versammlung am 5. September 1989, Kassel

Zielgruppen im Blickwinkel

Kunst in deutsch-polnischen Workshops - Projekte für Jugendliche mit Behinderungen in der internationalen Jugendbegegnungsstätte Oswiecim/ Auschwitz, Polen

Ewa Guziak

Zur Geschichte der Internationalen Jugendbegegnungsstätte

In den 1970er Jahren initiierte der deutsche Dichter Volker von Törne das Vorhaben, in Oswiecim/Auschwitz ein Haus der Begegnung für Jugendliche aus verschiedenen Ländern zu bauen. Er wünschte sich das Haus an diesem Ort, weil es ihm angemessen schien, dort, wo sich die Völker zu verachten lernten, sie wieder zusammenzuführen. So entstand 1986 die Internationale Jugendbegegnungsstätte (IJBS) in Oswiecim/Auschwitz dank der Aktion Sühnezeichen Friedensdienste, der Stadt Oswiecim sowie der Einsatzbereitschaft vieler Menschen und Institutionen aus Deutschland und Polen, die am Prozess der deutsch-polnischen Versöhnung beteiligt waren.[55] Das Haus soll eine Brücke zwischen Vergangenheit, Gegenwart und Zukunft sein. Heute trifft sich hier die Jugend, um sich mit der Geschichte zu konfrontieren und über die Perspektiven einer gemeinsamen Zukunft zu diskutieren.

Die pädagogische Arbeit der IJBS basiert auf folgenden Grundlagen:

Es geht uns um die Vermittlung von Geschichte als Lehre für die Gestaltung unserer Zukunft.

Auschwitz war für den Menschen und für die Menschheit eine zu schmerzhafte Lektion, als dass sie vergessen werden könnte.

Jugendliche aus aller Welt erhalten die Möglichkeit, sich an diesem Ort gegenseitig kennen zu lernen, um Ängste, Vorurteile und Feindseligkeiten abzubauen.

---

[55] Seit 1995 wird die Bildungseinrichtung von der deutsch-polnischen Stiftung für die IJBS geführt.

Jährlich veranstaltet die IJBS ca. 25-30 internationale Projekte, zu denen TeilnehmerInnen aus zwei oder drei Ländern eingeladen werden. Diese Projekte sind: internationale Jugendbegegnungen; thematische Workshops für Jugendliche; thematische Seminare für StudentInnen; Veranstaltungen und Konferenzen für LehrerInnen und MultiplikatorInnen.

Präsentation der Projekte

Es gibt nur sehr wenige internationale Projekte für Jugendliche mit Behinderungen, die im Rahmen der Gedenkstättenpädagogik durchgeführt werden. Deswegen sehen wir einen großen Bedarf an dieser Arbeit. Drei zentrale Anliegen verbinden wir mit solchen Projekten: Zum einen, dass das Lernen aus der Geschichte des Vernichtungslagers Auschwitz-Birkenau ist für jeden von Bedeutung ist. Menschen mit Behinderungen sollen dieselben Möglichkeiten wie anderen Menschen offen stehen, sich in die historischen Prozesse der Gesellschaften zu integrieren. Zum zweiten ermöglichen die Projekte den Jugendlichen die Begegnung mit Gleichaltrigen anderer Länder. Zwar werden einige Studienfahrten in unser Haus für Menschen mit Behinderungen angeboten, meist aufgrund des großen Engagements von deutscher Seite. Sie sind aber an der Zahl sehr gering - eine bis zwei pro Jahr – und bieten nicht die Möglichkeit zum Austausch mit Jugendlichen verschiedener Länder. Die gemeinsamen Erlebnisse, die gemeinsamen Erfahrungen in der Konfrontation mit der Geschichte dieses Ortes sind ein wertvoller Initiator des Gedankenaustausches. Und drittens bietet die Auseinandersetzung mit der Thematik im Rahmen eines Kunstworkshops den TeilnehmerInnen die positive Erfahrung, trotz der Barrieren, die mit ihrer Behinderung verbunden sind, eine intensive Ausdrucksform ihrer Eindrücke zu finden.

Bereits fünf Projekte konnten wir in der IJBS Oswiecim/Auschwitz für Menschen mit Behinderungen realisieren:

13.11. - 21.11.1999, Deutsch-polnischer Kunstworkshop für gehörlose Jugendliche, Berufsbildungswerk (BBW) Leipzig – Krakau.

18.11. – 25.11.2000, „Kunstbegegnungen", deutsch-polnischer Workshop für gehörlose und schwerhörige Jugendliche, BBW Husum – Breslau.

11.01. – 19.01.2002, „Oswiecim auf Glas", deutsch-polnischer Kunstworkshop für gehörlose und schwerhörige Jugendliche, Rheinisch-westfälisches Berufskolleg Essen – Warschau.

30.05. – 06.06.2003, „Wenn die Steine sprechen könnten", deutsch-polnischer Kunstworkshop für blinde und sehbehinderte Jugendliche, Nikolauspflege Stuttgart – Krakau.

25.06. – 02.07.2004, „…wie ein Baum", deutsch-polnischer Kunstworkshop für gehörlose und schwerhörige Jugendliche, BBW Neuwied – Breslau.

Um die Projekte vorzustellen, möchte ich mich auf die gemeinsamen Punkte der Seminare konzentrieren. Inhalt, Organisation und Konzept aller Projekte wurden evaluiert. Die Auswertung durch die TeilnehmerInnen brachte jeweils neue Impulse für die nächsten Projekte.

Voraussetzung für die Teilnahme

Für jeden Kunstworkshop habe ich PartnerInnen aus Polen und Deutschland eingeladen, die für die Auswahl der TeilnehmerInnen zuständig waren. Die Gruppe der Teilnehmenden bestand immer aus 10 polnischen und 10 deutschen SchülerInnen oder Auszubildenden im Alter von 16 bis 24 Jahren. Voraussetzung für die Teilnahme war das Interesse der Jugendlichen, sich mit der Vergangenheit vertraut zu machen. Künstlerische Fähigkeiten waren keine Bedingung. Die Grundkonzeption lautete, für jeden/jede TeilnehmerIn den selben Anfang in der Kunst zu schaffen. Die Jugendlichen sahen sich oft zum ersten Mal mit angewandten Kunsttechniken konfrontiert. Für die KünstlerInnen oder KunsttherapeutInnen, die für die künstlerische Arbeit zuständig waren, war dieser Ansatz selbstverständlich und sie unterstützten alle Teilnehmenden entsprechend ihrer Bedürfnisse.

Die Gruppen wurden im Voraus von ihren BetreuerInnen auf ihren Aufenthalt in Oswiecim vorbereitet. Die deutschen Jugendlichen kamen /zum ersten Mal nach Oswiecim/Auschwitz. Die polnischen Jugendlichen hatten schon einmal, manche sogar zwei Mal die Gedenkstätte besucht.

Zielsetzungen der Projekte

Die Durchführung aller Projekte orientierte sich an den folgenden Zielsetzungen: Kennenlernen der Geschichte des Vernichtungslagers Auschwitz-Birkenau, Auseinandersetzung mit der Geschichte in künstlerischer Form, Begegnung der Jugendlichen aus Polen und Deutschland, Vermittlung der gewählten Kunsttechniken durch KünstlerInnen oder KunsttherapeutInnen, Darstellung der Ergebnisse in einer Ausstellung sowie Dokumentation des Projektes in Form einer Publikation. Die gewählten Kunsttechniken waren: Tonarbeit, Malen (Projekt 1), Leinwandcollage, Linoldruck, Kunstinstallationen (Projekt 2), Glasmalerei (Projekt 3), Steinskulptur (Projekt 4), Holzbearbeitung (Projekt 5).

Der wohl größte Unterschied der beiden letzten Seminare „Wenn die Steine sprechen könnten" und „…wie ein Baum" zu den vorausgegangenen lag in der thematischen Konzentration auf die Geschichte des Lagers Auschwitz-Birkenau.

In den ersten drei Projekten für Gehörlose und Schwerhörige haben wir auch Themen einfließen lassen, die nicht unmittelbar mit dem Lager in Verbindung standen.

Die Programme dauerten zwischen 7 und 9 Tagen.

Rolle der Kunst

In der künstlerischen Betätigung erfüllten sich wichtige Funktionen. Zum einen erhielten die Jugendlichen eine Hilfestellung dabei, ihre Emotionen und Gefühle nach dem Besuch der Gedenkstätte Auschwitz-Birkenau zu verarbeiten und zum Ausdruck zu bringen. Die künstlerische Aktivität unterstützte zudem den Integrationsprozess der deutschen und der polnischen Gruppe. Die Jugendlichen erlernten neue Kunsttechniken, die Möglichkeiten neuer Ausdrucksformen eröffneten. Durch die Annahme dieser Herausforderung durchlebten die Teilnehmenden auch einen neuen Prozess der Selbstwahrnehmung. Die Präsentation der Kunstwerke in Form einer Ausstellung stärkte ihr Selbstbewusstsein.

Verarbeitung der Emotionen und Eindrücke nach der Besichtigung der Gedenkstätte Auschwitz-Birkenau

Die Besichtigung des ehemaligen Lagers Auschwitz-Birkenau dauert insgesamt bis zu 8 Stunden, verteilt auf zwei Tage. Es wird darauf geachtet, dass die Jugendlichen anschließend je nach Bedarf Zeit zum Nachdenken haben. In dieser Zeit können sie sich für die gemeinsame Auswertungsrunde vorbereiten. In den Seminaren für Gehörlose und Schwerhörige standen dafür Farben, Ton, Bleistifte oder Kohlstifte zur Verfügung. Danach treffen alle zusammen und präsentieren ihre Ergebnisse. Für Jugendliche mit Hörbehinderungen ist es von großer Bedeutung, ihre Eindrücke über Bilder, Tonarbeiten, Skizzen oder Gedichte darstellen zu können. Im Seminar für Blinde und Sehbehinderte haben wir die Auswertungsrunde mündlich durchgeführt. Jede/r sprach darüber, was sie/ihn bewegte, und auch hier zeigte sich, wie wichtig das gemeinsame Erleben war.

Die Bilder, die während der Auswertungsrunde entstanden sind, lassen sich nach folgenden Kriterien gliedern:

Bilder, die mit einem Text verschriftlicht wurden. Die Bilder wurden in Worte übersetzt. Es ging dabei nicht darum, ein Kunstwerk zu schaffen, sondern zu vermitteln, was wichtig oder unerwartet schien und was die TeilnehmerInnen betroffen gemacht hat. Entstanden sind einfache, fast kindliche Bilder, oft zeigen sie Szenen aus dem Alltag des Lagerlebens, die die Vorstellungskraft der jungen Besucher übertroffen haben.

Bilder zum Gedenken. Über die Bilder wollten die Jugendlichen den Opfern näher kommen. Für sie war es von Bedeutung auszudrücken, wie wichtig es ist, den Opfern ihre Würde zurück zu geben.

Bilder, die Gefühle vermitteln. Mit einfachen Worten wie z.B. „Ich bin traurig" oder „Ich habe Angst" mit einer entsprechenden Skizze haben die Jugendlichen ihren Eindrücken und Emotionen Ausdruck verliehen.

Bilder als Ausdruck der Hoffnung. In der grausamen Geschichte fanden die Jugendlichen auch eine Lehre für die Zukunft. Durch Zeichnungen der Hoffnung wollten sie diese Einstellung vermitteln

Bilder vom Lager, mit direkten Symbolen. Die Bilder zeigen die Lagersymbole, z.B. das Tor „Arbeit macht frei", Wachtürme, Stacheldraht, als Elemente der Entwürdigung der Menschen.

Für schwerhörige Jugendliche kann die künstlerische Arbeit zum unmittelbarsten Medium werden, den Hörenden ihre Emotionen mitzuteilen. In der Begegnung von Jugendlichen mit anderer Sprache oder mit Hörbehinderung hilft sie bei der Verständigung und dabei, im Kontakt mit der Gruppe zu bleiben. Die Sprache (Gebärde) hat hier die Funktion einer Unterstützung. Die Präsentation der Werke in der Gruppe verstärkt auch das Gemeinschaftsgefühl. Die Jugendlichen sehen die Reaktionen der Anderen und erkennen, dass sie nicht allein mit ihren Gedanken sind. Das ist ein Effekt, der sich normalerweise immer einstellt, von Gehörlosen und Schwerhörigen aber viel intensiver durchlebt wird.

Kunst als Integrationsprozess

Manchmal war zu spüren, dass die TeilnehmerInnen in der Erwartungsrunde Furcht davor hatten, in ihrer Konfrontation mit der Geschichte allein gelassen zu werden und bei den anderen Teilnehmenden kein Verständnis und keine Unterstützung für ihre Emotionen und Reaktionen zu bekommen. Das hat sich nie bestätigt. Die Reflexionsrunden und die künstlerische Arbeit erwiesen sich stets als der größte Schritt im Integrationsprozess. Der gemeinsame künstlerische Schaffensprozess half bei der Überwindung psychischer Barrieren. In der Vorstellung der eigenen Arbeit wurden die Werke zu einem wirksamen Mittler der gegenseitigen Annäherung. Die Werke können aber stets nur der Initiator sein. Wie weit der Prozess des Kennenlernens dann noch geht, hängt immer auch vom Engagement der TeilnehmerInnen ab.

Kunsttechniken - Abenteuer mit dem Material

Die gemeinsam verbrachten Tage bedeuteten für viele Teilnehmende die ersten Schritte in der Kunst. In der Arbeit mit Kunstmaterial haben die Jugendlichen die

Gelegenheit bekommen, die Möglichkeiten und die Grenzen des Materials auszuloten und auch zu überschreiten. Die künstlerischen Aufgaben waren so gestellt, dass sich niemand überfordert fühlte: Zu hohe Ansprüche verhindern die Motivation. Die fertig gestellten Werke wurden von den TeilnehmerInnen und KünstlerInnen/KunsttherapeutInnen ausgewertet. Wenn bis dahin das gemeinsame Erleben und die oft geteilten Emotionen im Vordergrund standen, so zeigte sich jetzt in den Arbeiten der sehr individuelle Verarbeitungsprozess der TeilnehmerInnen. Jedes Werk trägt den eindeutigen Abdruck der Persönlichkeit seines Erschaffers/seiner Erschafferin.

Entdeckung und Entwicklung eigener Möglichkeiten: „Ein Ausflug ins Innere"

Menschen mit Behinderungen sind oft zurückhaltend, können oft nicht an ihre eigenen Kräfte und Möglichkeiten glauben, weil sie sich mit den Mitmenschen vergleichen, deren Alltagsbewältigung nicht durch eine Behinderung gehemmt wird. Während des künstlerischen Schaffensprozesses beginnt das Abenteuer einer Reise ins Innere. Das Engagement in der künstlerischen Arbeit ermöglicht es, Minderwertigkeitsgefühle zu überwinden und eigene Fähigkeiten zu entdecken. Die Überwindung der inneren Barriere: ich schaffe das nicht, ich habe nicht die Fähigkeiten dazu, bringt den Jugendlichen ein Gefühl der Zufriedenheit und Freude. Das Ausdehnen der eigenen Grenzen und Möglichkeiten verstärkt das Selbstbewusstsein und zeigt Wege, sich selber neu kennen zu lernen.

Ausstellung als Eigen- und/oder Gruppenpräsentation

Nach jedem Seminar haben die Jugendlichen ihre Werke in einer Ausstellung präsentiert. Zu Beginn des Projektes machen sich die TeilnehmerInnen meistens noch keine besondere Vorstellung darüber. Sie konzentrieren sich auf die gestellten Aufgaben. Von Seiten der LeiterInnen wird hier auch kein Druck ausgeübt, um den Schaffensprozess nicht zu beeinflussen. Erst in der Vorbereitungsphase der Ausstellung spürt man die positive Aufregung. Konzeption und Vorbereitung der Ausstellung liegen in der Hand der Jugendlichen, und wenn sie vor der fertigen Präsentation stehen, sind sie nicht selten erstaunt, wie vielfältig und facettenreich die Ergebnisse ihrer gemeinsamen Zeit und Arbeit sind. Das Erleben, dass fremde Leute zur Ausstellung kommen und sehen wollen, was sie geschaffen haben, macht sie stolz. Sie möchten zeigen, dass sie trotz einer Behinderung in der Lage sind, einige Dinge ebenso gut oder sogar noch besser machen zu können als ihre Mitmenschen ohne Behinderung. Je nach Interesse und Möglichkeit der Schulen oder des BBW organisieren wir die Ausstellung auch an diesen Orten. Das ist ein ebenso wichtiges Ereignis sowohl für die Schule als auch für die TeilnehmerInnen selbst. Die Jugendlichen haben die Möglichkeit, ihren Bekannten, FreundInnen und ihrer Familie die Ergebnisse zu zeigen und erleben ein zweites Mal die positiven Erfahrungen, die damit verbunden sind.

Dokumentation des Projektes

Nach jedem Seminar ist eine Publikation entstanden, die das Projekt dokumentierte. Die größte Bedeutung hat diese Broschüre womöglich für die TeilnehmerInnen selbst. Die Jugendlichen halten sie als Erinnerung ihrer gemeinsamen Zeit in Händen und haben die Möglichkeit, ihre Arbeiten einem weiteren Kreis zu präsentieren. Auch dank der Publikation lebt das Projekt weiter und vermag seine Botschaft zu vermitteln.

„Wenn die Steine sprechen könnten..." - Kunstworkshop für Blinde und Sehbehinderte

In der künstlerischen Arbeit des Workshops für blinde und sehbehinderte Jugendliche haben wir ausschließlich die Geschichte des Vernichtungslagers Auschwitz-Birkenau thematisiert. Weil Steine Geschichte atmen und uns als stumme Zeugen, symbolisch als Zeitzeugen begegnen, empfanden wir Steine als das beste Medium, die Thematik künstlerisch zu bearbeiten.

Vor dem Lagerbesuch wurde der erste Kontakt mit dem Material hergestellt. Die Aufgabe war einfach und bewegend: den Stein in die Hand zu nehmen und zu sagen, was der Stein einem erzählt, was er einem bedeutet. Später zeigte sich, dass es in vielen Fällen diese ersten Worte waren, die in Stein gehauen wurden. So tief war die Empathie zwischen Stein und Mensch und zwischen Mensch und Stein.

Barbara Kozlowska:

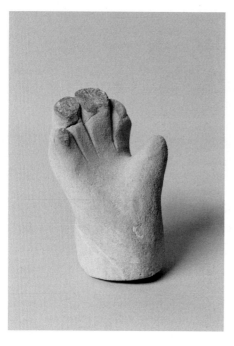

Als ich meine Arbeit gemacht habe, habe ich an eine Hand gedacht. Ich habe es geschafft aus dem Stein das zu machen, was ich vorhatte. Die Hand ist offen in einer Form der Bitte, auf den Fingerspitzen hat sie dunklere Stellen, was Erfrierung symbolisiert. Mir gefällt meine Arbeit. Ich glaube, ich habe das gemacht, um was mich der Stein gebeten hat, bevor er zu einer Hand wurde.

Aleksander Liwitz:

Mein Stein sagt: So leicht wie man mich demoliert hat, so leicht kann man auch einen Menschen demolieren.

Marta Dziedziec:

Mein Stein sagt etwas über das Leiden der Menschen. Ich habe es in der Form eines Herzens dargestellt, in dem viele Risse zu sehen sind, auf der einen Seite ist er ein wenig aufgerissen. Er sieht so aus, als ob er gebrochen worden wäre, aber niemand weiß auf welche Weise es dazu kam und wo. Deswegen bittet mich mein Stein, wenn ich im Stande bin ihn zu reparieren, dass ich es mache.

Aber ich weiß, dass es unmöglich ist, weil sein Schicksal so aussehen sollte.

Sebastian Meinert:

Mit dem Stein wollte ich die Abdrücke der Zeit und der Menschen, die im Lager gewesen sind, zeigen. Der Stein wollte aber etwas mehr zeigen – da brach er in 2 Teile und so entstand noch ein Symbol – ein Holzschuh.

Zusammenfassung

Bei der Betrachtung der Projekte bestätigt sich immer wieder, wie wertvoll die Arbeit mit Jugendlichen mit Behinderungen im Rahmen der Gedenkstättenpädagogik ist. Die Umsetzung solcher deutsch-polnischen Begegnungen in Form von Kunstworkshops hat sich als besonders geeignet erwiesen. In der künstlerischen Arbeit finden die Jugendlichen ein hervorragendes Ausdrucksmittel ihrer Gedanken und Gefühle. Es ist stets gelungen, das schwirige Thema der Geschichte des Ortes zu vermitteln, bei den Jugendlichen Interesse zu wecken und sie in den geschichtlichen Prozess zu integrieren. Die Eindrücke der Begegnung bleiben, wie wir alle hoffen, in starker Erinnerung. Der künstlerische Schaffensprozess hat den Jugendlichen geholfen, sich selbst neu zu erfahren und das Selbstbewusstsein zu stärken.

Graffiti:
Das etwas andere Medium in der Gedenkstättenarbeit

Tanja Berg und Uwe Danker

Ist Graffiti Kunst oder Schmiererei? Ist es ein Ausdruck künstlerischer Freiheit im Alltag oder eine kriminelle Handlung? Diese Fragen werden besonders seit Mitte der 90er Jahre hitzig diskutiert. Aktuell werden SprayerInnen kriminalisiert: Im Jahr 2005 hat es eine deutliche Verschärfung der Gesetze gegen Graffiti gegeben. (Jugendliche) Graffiti-AkteurInnen wurden mit viel Aufwand gesucht: Mehrere Helikopter des BGS mit Infrarot und Nachtsichtgeräten flogen über das nächtliche Berlin mit dem Ziel, SprayerInnen auf frischer „Tat" zu erwischen. Eine sehr teure symbolische Aktion, um Graffiti stärker zu kriminalisieren.

Graffiti lebt aber schon längst nicht mehr allein von illegalisierten Sprayaktionen an Fassaden, Wänden usw., es hat Eingang in den etablierten Kunstbetrieb und in die pädagogische Praxis gefunden. Die Eastside Gallery Berlin ist ein zentraler BesucherInnenmagnet der Hauptstadt, die hier zu sehende Graffiti-Kunst stammt von bekannten KünstlerInnen und solchen, die es vielleicht mal werden. Bekannte Künstler, die Graffiti einsetzten, sind z.B. Keith Haring, Blek le Rat oder Harald Naegli. Es gibt einzelne Jugendclubs, die sich auf Graffiti und HipHop-Kultur spezialisiert haben und ihr pädagogisches Konzept daran orientieren. Viele Writer/Sprayer lehnen die Identifikation mit der bildenden Kunst genauso ab, wie sie Graffiti nicht zum Bestandteil der Pädagogik zählen wollen. Es ist genau diese Vielfalt der Meinungen, die eine Auseinandersetzung mit Graffiti für die Gedenkstättenarbeit so spannend macht. Es lohnt sich, die verschiedenen Facetten der Graffiti zu unterscheiden sowie sich der Bedeutung als Kommunikationsform bewusst zu machen und sich nicht allein an der Frage der legalen oder illegalen Kunst aufzuhalten.

Ausgangspunkt für diesen Artikel sind unsere Erfahrungen in der Gedenkstättenpädagogik mit dem Medium Graffiti. Dabei verstehen wir Graffiti als ein Medium unter vielen, das zur künstlerischen und kreativen Arbeit mit Jugendlichen und Erwachsenen genutzt werden kann. Graffiti ist Teil einer Jugendkultur, hat seine eigenen künstlerischen Codes und dient sogar bereits seit vielen Jahrzehnten als politisches Ausdrucksmittel. Wir möchten unsere Erfahrungen zur Diskussion stellen und dazu ermutigen, dieses Medium für die Seminararbeit in der historischen-politischen Bildung zu nutzen.

Am Anfang dieses Artikels steht eine kurze Einführung zum Thema Graffiti allgemein. Ausgehend von den Erfahrungen mit dem Medium Graffiti im Rahmen des Projekts „Wahrnehmen Auseinandersetzen Akzeptieren" des Initiativkreises zur Errichtung einer Internationalen Jugendbegegnungsstätte in Sachsenhausen e.V. (Initiativkreis) werden wir anschließend mögliche Zielstellungen für die Arbeit in der Gedenkstättenpädagogik formulieren und Zielgruppen benennen. Am Ende folgen Tipps zum Material und zum Vorgehen sowie ein kleines Glossar.

Was ist Graffiti?

Meist finden sich Graffitis, wie sie heute verstanden werden, auf Wänden. Diese Form über Wände zu kommunizieren wird schon seit Jahrtausenden genutzt. Erste Zeichen, Inschriften und Bilder entstanden auf Höhlenwänden. Trotz technischen Fortschritts, der die Textverarbeitung und -verbreitung optimierte und kultivierte wie der Buchdruck oder das Internet, besteht das Medium Wand nach wie vor. Der Begriff Graffiti, der ursprünglich aus dem griechischen/italienischen kommt, bedeutet Kratzputztechniken bei der Gestaltung von Fassaden. Erst 1967 wurde das Wort Graffiti als subkulturelle Auf- und Inschrift definiert. Bis heute existiert keine eindeutige und klar abgegrenzte Begriffsdefinition. Der allgemeine Sprachgebrauch ist ungenau, Graffiti wird als Ausdruck für jede Art von Wandgestaltung mit Worten und Symbolen verstanden. Die einzelnen Techniken im Graffiti tragen unterschiedliche Namen, so geht es beim Writing (nur) um Buchstaben, Tags sind KünstlerInnen- oder Gruppennamen, großformatige Wandbilder mit ausgestalteten Schriftzügen heißen Pieces, diese werden manchmal mit Charakters und Bildelementen ergänzt[56].

Kunstpädagogischer Ansatz

Kunstpädagogische Ansätze eröffnen der Gedenkstättenpädagogik andere Dimensionen, solche, die über die kognitive Ebene hinaus mit dem ästhetischen und sinnlichen Wahrnehmen arbeiten. Durch kreative Methoden können die TeilnehmerInnen (individuelle) Formen der Auseinandersetzung mit den Inhalten erlernen und haben zusätzlich zur Sprache noch weitere Ausdrucksmöglichkeiten. Das bezieht sich sowohl auf die eher rezipierende Nutzung der Kunst in der Gedenkstättenpädagogik als auch auf den aktivierenden Einsatz von kreativen und künstlerischen Methoden. Der künstlerische und handwerkliche Prozess führt häufig dazu, die eigene Wahrnehmung von und das Empfinden an historischen Orten anders zu reflektieren und auch zu interpretieren. Birgit Dorner hat dies in ihrem Artikel „Bilder der Verführung …" in diesem Buch als eine Form des entdeckenden Lernens beschrieben.

Hier wird also Neues entdeckt, verarbeitet und in eine künstlerische Handlung umgesetzt. Es werden neue Bezugspunkte zur Geschichte hergestellt, in dem u.a. mit der Atmosphäre (Befindlichkeiten) und der Reflexion der eigenen Wahrnehmungen durch bildnerische Mittel gearbeitet wird. Die ästhetische Reflexion und die Umsetzung der eignen Wahrnehmungen ins Bildliche führen zu einem „selbstorganisierten Lernprozess".

Graffiti als kreative Methode

Graffiti kann eine künstlerische Form sein, um solche Prozesse anzustoßen. Sie nutzt expressive Ausdrücke durch die dynamisierende Gestaltung von Bildern und Schrift. Graffiti ist zumindest in Städten allgegenwärtig sichtbare Kunst und wird häufig anders als Skulpturen o.ä. nicht als distanziert oder museal erlebt (vgl. Van Treek, 5)[57]. Sie ist wie bereits eingangs erwähnt ein umstrittener Beitrag zur Kultur. Die Einen sehen in ihr eine Ausdrucksform, die nah am eigenen Erleben

---

[56] Am Ende des Textes findet sich ein Glossar mit einigen wichtigen Begriffen und Erklärungen aus dem Sprachgebrauch des Graffiti.

[57] „Graffitis gehören zu jeder westlichen Großstadt. In der Bevölkerung genießen die Bilder immer noch eine hohe Akzeptanz – vor allem bei jungen Leuten. Werbung und Medien bedienen sich der Typographie der Writer und zeigen Wertschätzung. Menschen unterschiedlichster Bevölkerungsschichten begegnen den Graffitis Tag für Tag. Für nicht wenige von ihnen dürfte dies die erste Auseinandersetzung mit Kunst überhaupt sein". Van Treek, 5.

ist und mit der mann/frau sich identifiziert. Die Anderen hingegen können keine Kunst entdecken, sondern sehen vor allem Vandalismus und Schmierereien. Die kritische Haltung zu Graffiti hat neben der Frage nach der Legalität von Sprayaktionen beispielsweise an Fassaden auch etwas mit der Art zu tun, wie Graffiti als Kunstform in Erscheinung tritt. Denn die Buchstaben werden mit ganz individuellen Techniken verfremdet, sie wirken verschlüsselt. Das macht es für Außenstehende, also mit der Lesart von Graffiti nicht Vertraute, häufig schwer den Inhalt zu verstehen bzw. den künstlerischen Ausdruck zu erkennen. In Formen von bildhaften Graffitis ist dies einfacher.

Was Kunst ist, ist umstritten. Jedoch kann ein Qualitätskriterium für Graffiti sein, dass in einem guten Graffiti Buchstaben/Schrift und Bild zu einer formale Einheit mit dynamischer Gesamtwirkung verbunden werden. Das heißt zwangsläufig auch, dass nicht jede Parole/ jedes Symbol an einer Fassade oder einem Denkmal Graffiti oder Kunst ist. Genauso wenig wie jedes Graffiti Kunst ist, hat jedes eine politische Aussage.

Graffiti ist eine Form des künstlerischen Ausdrucks, die gerade für viele Jugendliche und junge Erwachsene spannend ist, wegen ihrer Alltäglichkeit, ihrer Sichtbarkeit und der damit verbundenen gesellschaftlichen Diskussion. Gleichzeitig wird Graffiti in der „Bildenden Kunst" nur an den Rändern ausgestellt bzw. rezipiert. Es ist jedoch offensichtlich, dass zumindest Teile des Graffiti-Oeuvres zur bildenden Kunst gehören.[58]

Graffiti als Teil der HipHop/Rap-Jugendkultur

Das, was im gesellschaftlichen Diskurs aktuell unter Graffiti verstanden wird, gehört zu einer der vier Säulen der HipHop/Rap-Kultur. Diese Jugendkultur wird geprägt durch Rap (Sprechgesang), Graffiti, Djing[59] und Breakdance. Hinzu kommen modische Elemente wie Kleidung und Styles, die Ausdruck von Lebensvorstellungen sind. HipHop/Rap umfasst damit die gesamte Bandbreite jugendspezifischer Codes und Verhaltensmuster. Gleichzeitig ist HipHop/Rap nur ein Oberbegriff für zahlreiche unterschiedliche Ausrichtungen innerhalb der Szene (vgl. Van Treek; Verlan/Loh)[60].

---

[58] Van Treeck gibt seit 1993 in immer neuen Auflagen „Das große Graffiti-Lexikon" heraus und publiziert in diversen Fachzeitschriften der zeitgenössischen Kunst.

[59] Ein/e DJ, der/die Musik auflegt und verändert, z.B. durch Abmixen oder Scratchen.

[60] Wer Genaueres zu den unterschiedlichen Ausrichtungen wissen möchte, sei auf die Bücher von Berndhard van Treeck, Sascha Verlan/Hannes Loh und die zahlreichen Dokumentationen und Magazine verwiesen.

Geschichtlich betrachtet ist HipHop/Rap Anfang der 80er Jahre in der New Yorker Bronx entstanden. In den sogenannten „Ghettos" von New York gab es zahlreiche Gangs und brutale Kämpfe. Die Hegemonie dieser Gangs war in manchen Stadtteilen allgegenwärtig. Jugendliche, die kein Bandenmitglied sein wollten, entdeckten mittels der Spraydose einen Weg, Aufmerksamkeit zu erzeugen und Konflikte ohne Gewalt in Battles (Wettkämpfen) auszutragen. Das bedeutete beispielsweise, sich mit Tags (ihrem Namenszeichen) an allen erreichbaren Flächen zu verewigen und damit diese Räume zu „erobern". Dazu gehörten auch spektakuläre Sprayaktionen in schwindelerregender Höhe oder an gefährlichen Verkehrslinien. Bis heute zählen in der SprayerInnen-Szene solche Aktionen besonders viel für das Renommee.

HipHop/Rap eröffnete vor allem für junge Schwarze und Latinos eine Chance, sich eine Welt außerhalb der brutalen Gangstrukturen aufzubauen und ihre Kritik an den gesellschaftlichen Lebensverhältnissen zu thematisieren (vgl. Verlan/Loh, 38ff). Diese Kultur ist stark männerdominiert, aber es gibt seit den 80er Jahren immer wieder auch Mädchen und Frauen, die sich ihren Platz darin erkämpfen.

Graffiti verbreitete sich international. Auch in der alten BRD wurde diese US-amerikanische Bewegung aufgegriffen und Mitte der 80er Jahre entstanden auch hier unterschiedliche AkteurInnen, Gruppen und Szenen. Sie fühlten sich animiert durch die Kinofilme Beat-Street, Style Wars oder Will Style, die vom Leben als Raper/HipHoper in New York erzählten und zahlreiche Pieces, Styles usw. zeigten. Einige westdeutsche Großstädte wie München, Berlin und Dortmund waren Hochburgen. In der ehemaligen DDR bildeten sich nur einzelne HipHop Gruppen. Gerade die Beschaffung von Spraydosen war neben der Verbreitung von Tags etc. und der starken Kontrolle allein schon ein logistisches Problem. Trotzdem gab es in der DDR immer wieder Graffiti-Aktionen.

HipHop/Rap und mit ihm Graffiti sind bis heute auch in der BRD gerade für Jugendliche mit Migrationshintergrund eine wichtige Ausdrucksform, da sie innerhalb der Szene als Gleiche Anerkennung finden, die ihnen in anderen Lebensbereichen häufig verweigert wird (vgl. Verlan/Loh, 132ff).

Der Ausbreitung und Popularität der Graffitiaktionen folgten Repressionen. Die Illegalisierung führte zu einem neuen Selbstverständnis und zu einer Betonung der Unabhängigkeit der Szene. Die „schnellen" Techniken des Bombens, des Tagens, die Silberbilder und die Throw up's erlangten eine besondere Bedeutung und verstanden sich als eine Gegenreaktion. Darunter litten anspruchsvollere „Bilder/ Buchstaben", denn diese brauchen deutlich mehr Zeit und Ruhe bei der Gestaltung.

Graffiti ist nicht per se als politisch rebellischer Ausdruck zu verstehen. Aber politische Graffitis haben in der Geschichte eine lange Tradition. Sowohl Herrschende als auch Opposition nutzten (und nutzen) sie. Im Nationalsozialismus wurden z.B. Durchhalteparolen wie „Jedes Opfer für den Sieg" mit Schablonen auf die Wände geschrieben. Auch der Widerstand benutzte Pinsel und Farbe, um, wie die Weiße Rose, Freiheitsbotschaften publik zu machen.

Auch heute gibt es Strömungen innerhalb der Szene, deren Pieces politische Ideen bzw. Aussagen beinhalten. Hier geht es nicht nur um Anerkennung innerhalb der Szene, sondern ebenso um die Fähigkeit, Inhalte zu transportieren. In den Städten sichtbar sind hingegen vor allem Tags. Ziel dieser Tags ist es primär, den eigenen Namen möglichst oft und gut sichtbar zu hinterlassen. Diese Form des Graffiti ist für die Szene wichtig, doch für den Einsatz von Graffiti in der Pädagogik nicht entscheidend.

Für den Gebrauch in der pädagogischen Praxis sind es vor allem die diversen Techniken des Graffitis, also die Fähigkeit Flächen mit dynamischen Buchstaben oder Bildern zu gestalten, von Bedeutung. Neben der Form des Sprayens sollte auch die herrschaftskritische oder politische Bedeutung der HipHop-Kultur thematisiert werden. Obwohl HipHop-Musik Style bzw. Mode geworden ist, kennen viele Personen weder die Geschichte der Bewegung, noch haben sie sich mit ihren herrschaftskritischen Gründungsmotiven befasst. Die (historisch-)politische Bildung kann jedoch genau diese Zusammenhänge aufzeigen, für Zielgruppen adäquate und künstlerisch anspruchsvolle Methoden wählen und sich damit die Begeisterung der TeilnehmerInnen für HipHop zu nutze machen. Dies gilt gerade mit Blick auf die Veränderungen im Umgang mit Erinnerungskulturen in der BRD. HipHop und damit auch Graffiti ist ein Medium, um v.a. mit Jugendlichen und jungen Erwachsenen mit und ohne Migrantionshintergrund zu arbeiten und ihr Interesse an Geschichte zu wecken.

„Wahrnehmen- Auseinandersetzen - Akzeptieren"

Um Abwehrreflexen wie „Nicht schon wieder.." oder „Es muss auch mal Schluss sein..." zu begegnen, hat der Initiativkreis zur Errichtung einer Internationalen Jugendbegegnungsstätte Sachsenhausen e.V.[61] spezielle Bildungsangebote für Jugendliche konzipiert, z.B. das Projekt „Wahrnehmen Auseinandersetzen Akzeptieren. Regionales Projekt gegen Fremdenfeindlichkeit". Dabei wird versucht, über die gedenkstättenpädagogische Arbeit und die (historisch-)politische Bildung hinaus Ansätze ins Konzept zu integrieren, die Jugendlichen einen „ande-

---

[61] Weitere Informationen zur IJBS Sachsenhausen und zum Projekt, dass über das Xenos-Programm und durch das Land Brandenburg finanziert wurde, finden sie unter: www.ijbs-sachsenhausen.de.

ren", breiteren Zugang zum Thema Nationalsozialismus und zur Auseinandersetzung mit der Gegenwart eröffnen. Mittels aktivierender Ansätze werden die Lebenswelten, Interessen, Probleme und Erfahrungen der TeilnehmerInnen zum Bestandteil des Seminars. Sie dienen als Folie, um eine Auseinandersetzung mit der Geschichte und dem Ort Gedenkstätte anzuregen. Im Zentrum des Lernprozesses steht vor allem das Verständnis für historische Zusammenhänge und zeitbezogene Kontexte. Die Bedeutung von detailliertem Faktenwissen wird soweit wie möglich reduziert.

Die als „aktivierend" bezeichneten Ansätze entspringen Konzepten der ganzheitlichen Pädagogik und orientieren sich an Folgendem:

- TeilnehmerInnen zentriertes Lernen
- TeilnehmerInnen-Orientierung
- Stärkung der TeilnehmerInnen
- Reflexion gruppendynamischer Prozesse
- Partizipationsförderung
- produktorientierter Lernprozess.

Zielgruppe des Projekts des Initiativkreises sind Jugendliche und junge Erwachsene in der beruflichen Ausbildung (i.d.R. vollzeitschulische Ausbildung) und aus berufsvorbereitenden Maßnahmen.[62] Die Jugendlichen nehmen gemeinsam mit AusbilderInnen, SozialarbeiterInnen und StützlehrerInnen für einen Zeitraum zwischen einer und vier Wochen an dem Projekt teil. In dieser Zeit verbringen sie an fünf Tagen je acht Stunden auf dem Gelände der Begegnungsstätte, bevor sie dann nach Feierabend in ihre gewohnte Umgebung zurückkehren. Eine Übernachtung war nur in Ausnahmefällen möglich, da sich die Begegnungsstätte noch im Aufbau befindet.

Die Lernsituation ist stark durch den Ort, an dem das Seminar stattfindet, geprägt. Bei der im Aufbau befindlichen Internationalen Jugendbegegnungsstätte (IJBS) handelt es sich um das ehemalige Wohnhaus von Theodor Eicke (1892-1943), dem Inspekteur aller Konzentrationslager bis 1939.[63] Eicke hat maßgeblich die KZ-Bedingungen systematisiert und bestimmt. Daher nimmt Sachsen-

---

[62] In Brandenburg umfassen solche Maßnahmen Jugendliche, die über keinen Schulabschluss verfügen, sowie Jugendliche, die unter 18 Jahre alt sind und zwar einen Schulabschluss haben, aber noch keine Lehrstelle.

[63] Die Villa liegt auf dem Gelände der Gedenkstätte Sachsenhausen. Im September 2005 erfolgt der erste Spatenstich für den Ausbau zur Internationalen Jugendbegegnungsstätte.

hausen für den Nationalsozialismus eine zentrale Funktion ein. In der Villa, die KZ-Häftlinge errichteten und die zum KZ-Komplex Sachsenhausen gehörte, lebte der SS-Mann mit seiner Familie bis zu seiner Einberufung bei Kriegsbeginn 1939 als Kommandeur der SS-Totenkopfdivision. Häftlinge mussten als Dienstboten und Gärtner für die Familie arbeiten. Die Familie verblieb dort bis Kriegsende. Die Villa ist kein Ort, an dem Menschen massenweise getötet wurden, dennoch ist es ein durch die Präsenz der Täter geprägter Ort. Hier saßen führende SS-Männer zusammen und planten und optimierten Ausbeutung und Vernichtung im Rahmen des KZ-Systems.

Die Geschichte des Hauses und des dazugehörigen Gartens spielen in den Seminaren auf unterschiedlichen Ebenen eine wichtige Rolle. Sie ist Anknüpfungspunkt für die historische Arbeit, da die Geschichte des Ortes im Seminaralltag immer gegenwärtig ist. Der regelmäßige und über einen längeren Zeitraum dauernden Aufenthalt im Projekt mit der Kombination aus Gedenkstättenbesuch, ZeitzeugInnengesprächen, Lerneinheiten der (historisch-) politischen Bildung und berufspraktischer (Aus-)Bildung fördert es, Meinungen und Fragen zur Geschichte, aber auch zur Erinnerungskultur zu äußern. Für viele TeilnehmerInnen ist dies eine der ersten bewusst erlebten Konfrontationen mit einem historisch so belasteten Ort und dessen Gestaltung in der Gegenwart.

Im Projekt sind die berufspraktische Arbeit vor Ort und die historisch-politische Bildung etwa gleichgewichtig. Die berufspraktische Arbeit in der Villa wird primär von den AusbilderInnen betreut. Sie umfasst je nach (Ausbildungs-)Gruppe z.B. das Verlegen von Elektrik oder das Einsetzen von Fenstern und Türen bis hin zur Gestaltung von Garten und Freizeitbereich.

Angestrebt ist eine inhaltliche Verbindung von Seminarinhalten mit der praktischen Arbeit. Wo diese Verbindung nicht möglich ist, wird auf andere produktorientierte Arbeitsformen, ergänzend zur Berufspraxis, zurückgegriffen.

Der berufspraktische Bereich schafft Zugänge zum historischen Ort, die durch andere pädagogischen Methoden verschlossen blieben. Hier werden die Jugendlichen in ihren praktischen Fähigkeiten gefordert und gefördert. Sie treten heraus aus der klassischen Rolle des Lernenden als „SchülerInnen" und können mit ihrer Arbeit einen wichtigen Beitrag zur Gestaltung und Nutzung des Lernorts leisten. Damit werden Rollen aufgebrochen, die gerade mit Blick auf das verbreitete Desinteresse an historischen Themen neue Anknüpfungspunkte liefern.

Die Villa ist nicht nur ein historisch gestalteter, sondern auch ein „distanzverschaffender Ort" (Wittmeier, 325) innerhalb der Gedenkstätte Sachsenhausen. Während ein Besuch des als Gedenkstätte ausgewiesenen Geländes mit Ausstellungen und Museen zentral auf die Verarbeitung von und den Umgang mit Trauer, Leid und Grausamkeit assoziiert wird, bietet die Villa außerdem Raum für Freizeit, Sport und Freude.

Das heißt, der historische Lernort ist auch durch seine aktuelle Umgestaltung erfahrbar und erlebbar. Viele TeilnehmerInnen kommen mit einer ablehnenden Haltung zum Seminar. Für sie ist die Beschäftigung gerade mit dem Nationalsozialismus negativ aufgeladen. Im Laufe des Seminars eignen sie sich diesen Ort auf unterschiedliche Arten an. Das passiert im Freizeitbereich genauso wie durch die praktische Arbeit am historischen Ort und durch die Einheiten der (historisch-)politischen Bildung. Es entsteht ein Geflecht und der historische Ort wird zu einem komplexen Lernort.

Das Graffitiprojekt 2002-2004

Die Zielstellung des Projekts lautete:

- Kreativität fördern
- Symbolsprache/Bildersprache als Ausdruck für Inhalte, Stimmungen, Gefühle entwickeln
- Ästhetische Gestaltung der „Villa"
- Beitrag zur beruflichen Praxis
- Erhöhung der Akzeptanz des Ortes
- Auseinandersetzung mit dem eigenen Verhalten und Positionierung zum Ort „Villa"
- Diskriminierungen und Ausgrenzungsmechanismen erkennen lernen
- Umsetzung der selbstgewählten thematischen Schwerpunkte in ein bildnerisches Produkt.

Die Arbeit mit dem Medium Graffiti ist eingebunden in ein thematisches Seminar. Dafür stehen unterschiedliche Inhalte zur Verfügung. Im Folgenden wird auf ein Seminar zum Titel „Jugendkulturen in Gegenwart und Nationalsozialismus" eingegangen. Das Seminarthema Jugendkulturen wurde ausgewählt, weil es exemplarisch die Darstellung des Zusammenhangs der inhaltlichen Seminargestaltung und der Umsetzung mit dem Medium Graffiti ermöglicht.

Nach dem Kennen lernen folgt der Einstieg in das Thema Jugendkulturen. Zunächst wird in der Gruppe erarbeitet, was unter Jugend und Kultur zu verstehen ist, um dann anschließend die Bedeutungsebenen von Jugendkulturen zu erschließen. Diese Auseinandersetzung wird ebenso wie die anderen inhaltlichen Punkte durch die Verwendung verschiedener Methoden der politischen Bildung angeleitet. Ziel ist es, die Vielfältigkeit jugendkultureller Lebensformen sichtbar zu machen und die einzelnen Facetten und Attribute von Jugendkulturen herauszufiltern. Die Jugendlichen verfügen über klare Vorstellungen über Gruppen, Meinungen und Richtungen innerhalb des jugendlichen Milieus. Ihre Erfahrungen mit Jugendkulturen und auch ihre Kritik daran macht sie zu ExpertInnen für jugendkulturelle Fragen. Häufig brauchen sie aber Hilfestellungen, um ihr Wissen auch abrufen zu können, da nicht alle mit dem Begriff Jugendkultur zurechtkommen. In diesem Seminarteil wird immer HipHop als eine Jugendkultur benannt. Die TeilnehmerInnen können sowohl bestimmte Musikgruppen, Kleidungsstil, Graffiti, als auch Djing damit in Verbindung bringen. Diese Popularität wird genutzt, um die Entstehungsgeschichte und deren gesellschaftskritischen Impetus zu erarbeiten. HipHop ist hierbei jedoch nur eine Jugendkultur unter mehreren, die Bestandteil der Auseinandersetzung sind.

In der nächsten Phase geht es um Jugend und Jugendkulturen im NS. Auch hier steht die Beschäftigung mit Attributen jugendlichen Lebens wie Musik, Mode, Lebensstile und Ausdrucksformen im Focus. Diese Form der Beschäftigung ist vielen TeilnehmerInnen neu und unbekannt, da sie mit dem Nationalsozialismus in der Regel vor allem den Krieg, den Holocaust und Adolf Hitler assoziieren. Dass es auch damals unterschiedliche Lebensrealitäten für Jugendliche gab, die sich auch auf deren Aussehen, Lebensgefühl und politische Haltung auswirkten, ist vielen neu. Am Beispiel der „SwingKids" lässt sich dabei exemplarisch die Entwicklung vom scheinbar vollkommen unpolitischen Interesse an Musik, Kleidung und Tanz hin zu einer individuellen Auseinandersetzung mit Fragen von Anpassung und Widerstand im nationalsozialistischen Regime zeigen.

Im Rahmen dieser Auseinandersetzung über die Merkmale jugendkultureller Ausdrucksformen und Lebensstile wird Geschichte für die TeilnehmerInnen verständlicher: „Ach echt, die haben damals schon getanzt!" Oder „ Echt uncool die Klamotten, aber die HJ-Uniformen sehen ja echt Scheiße aus. Mutig, dass die Swinger ihren Stil hatten...". Natürlich geht es dabei auch um die Unterschiede im Leben der Jugendlichen heute und damals. Die Beschäftigung mit Jugendkulturen dienen nicht der Gleichsetzung, sondern quasi als Brücke, sich mit zwei unterschiedlichen Epochen zu befassen. Eine, die sie gut kennen und eine andere, über die sie kaum etwas wissen.

Praxis mit Graffiti

Die zusammengetragenen Ergebnisse und Unterschiede, aber auch Fragen und Meinungen werden im letzten Seminarteil behandelt. Ziel ist es, danach in kleinen Gruppen Entwürfe/Skizzen zu entwickeln, die Inhalte des Seminars aufgreifen. Ein wichtiges Thema ist dabei erfahrungsgemäß immer eine erneute Reflexion des Gedenkstättenbesuchs und der „Aura" des authentischen Ortes. Die Kleingruppen resümieren ihre Eindrücke aus dem Seminar und entwickeln daraus Aussagen oder Bilder, die sie mit Graffiti gestalten wollen. Die Einzelentwürfe werden gemeinsam mit dem Team besprochen und zu Gruppenprodukten zusammengesetzt. Spätestens an dieser Stelle melden sich häufig Jugendliche, die bereits Erfahrung mit der Erstellung von Graffiti haben, und übernehmen einen Teil der Verantwortung für den Prozess von der Idee zum fertigen Bild. Eine andere Möglichkeit ist es, sich ExpertInnen von außen für die künstlerische Gestaltung zu holen.

Wichtig ist hierbei die klare Reduzierung der Ideen und Aussagen in den Skizzen auf einzelne Wörter bzw. Bilder, die dann gestaltet werden können. Für viele TeilnehmerInnen ist dies die erste Gelegenheit, mit einer Sprühdose zu experimentieren. Die unterschiedlichen Cups, die Aufsätze für die Sprühdosen, müssen erprobt und verschiedene Arten zu sprayen erlernt werden. Dieser Prozess dauert etwas 2 bis 3 Stunden. Danach müssen die Fassadenstücke oder Holztafeln, die besprüht werden sollen, vorbehandelt bzw. grundiert werden.[64] Das gehört ebenso zum Seminar wie die künstlerische Arbeit. Nach den ersten Versuchen wird in der Gruppe ein vorläufiger Entwurf des angestrebten Bildes zumeist auf Pappe gesprayt. Nach der erneuten Auswertung beginnt dann die Realisierung des eigentlichen Produkts.

---

[64] Die Grundierung dient der Haltbarkeit des Graffitis, natürlich wird beim illegalen Sprayen ohne Grundierung gearbeitet.

Die Dauer und Intensität der Vorbereitung hängt mit den Erfahrungen der Gruppe und mit deren Motivation zusammen. Auch weniger künstlerisch versierte Gruppen können innerhalb von ein oder zwei Tagen ein vorzeigbares Produkt erstellen. Überraschend für uns war, dass in allen Gruppen, mit denen wir mit diesem Medium gearbeitet haben, deutlich politische Bilder entstanden. Die künstlerische Qualität variiert stark, doch gemeinsam ist allen entstandenen Graffitis eine klare politische Positionierung. Darüber hinaus zeigen sie, inwieweit sich die Jugendlichen bereits mit dem Ort beschäftigt haben. Hatten die meisten am Anfang eine negative Grundhaltung, findet sich bei den Graffitis eine sichtbare Akzeptanz des Ortes. Dies ist umso erstaunlicher, da Graffitis anders als andere Produkte am Ort verbleiben und dort auch sichtbar sind. Sie sind wiedererkennbar. In manchen Fällen bringen die TeilnehmerInnen am Ende gar FreundInnen mit, um ihnen ihr „Kunstwerk" zu zeigen. Das kann sicher nicht so weit gedeutet werden, dass sich hierbei eine nachhaltige Veränderung in der politischen Haltung oder ein längerfristiges Interesse an Geschichte ausdrücken würde. Vielmehr ist dies situativ und auf die Gestaltung des Ortes bezogen. Aber ein Denkprozess hat begonnen, bisherige Haltungen sind mindestens irritiert worden.

In den Seminarauswertungen hat die Arbeit mit dem Medium Graffiti sehr deutlich positiv abgeschnitten. Viele Jugendliche geben an, es spannend gefunden zu haben, selber mal zu sprayen. Positiv wurde auch bewertet, dass sie die Techniken und Inhalte selbstständig bestimmen konnten. Letztlich lobten alle Gruppen auch ihre eigenen Produkte, selbst wenn sie sahen, dass sie weit entfernt sind von den ästhetischen Ansprüchen, die gemeinhin an Graffitis gestellt werden bzw. Realität sind. Die Möglichkeit, ein sichtbares Produkt in der „Villa" zurück lassen zu können, fanden viele toll.

Einzelne betonten, dass es spannend, zugleich aber auch schwierig war, ihre konkreten Erfahrungen und Gedanken relativ unzensiert bündeln zu müssen, um sie dann darstellen zu können. Fast alle haben ein anderes Verhältnis zu „Schmierereien" entwickelt. D.h. gerade im Rahmen der Gedenkstätte wurde gesagt, dass mann/frau zukünftig Kumpels dazu anhalten wolle, keine Nazisymbole o.ä. mehr zu schmieren. Nach den Motiven gefragt, antwortete eine junge Frau: „ Dat sieht meistens Scheiße aus. Jetzt weiß ich die richtigen Graffitis mehr zu schätzen. Jetzt find ich's auch Scheiße was damals passiert ist. Das sollte man irgendwie anderen vermitteln." Was die junge Frau hier ausspricht, ist die Verknüpfung von Form und Inhalt. Für das Team war dies besonders erstaunlich, da gerade diese junge Frau sich als Rechte zu erkennen gegeben hatte und trotzdem ein sehr klar politisches Graffiti für Menschenrechte fertigte. Natürlich stellt sich auch hier die Frage, wie weit über das Seminarende hinaus solche Äußerungen Bestand haben werden, aber erstaunlich bleibt, dass sie überhaupt getätigt wurden.

Die Jugendlichen haben in den Graffitis versucht auszudrücken, was sie erfahren und gelernt haben, einige außerdem, den historischen Tatsachen positive Anregungen für Gegenwart und Zukunft gegenüber zu stellen. So gab es Botschaften, die Konzentrationslager als verbrecherisch bezeichneten und dass sie zerstört gehörten, sowie auf die Gegenwart bezogene Formulierungen wie „Fuck Nazis". Außerdem entstanden Bilder, die den Wunsch nach Völkerverständigung zum Ausdruck brachten: „Wir sind alle Menschen auf einer Welt".

Allerdings ist anzumerken, dass manche Teilnehmende ohne Vorerfahrung mit Graffiti Schwierigkeiten bei der adäquaten gestalterischen Umsetzung ihrer Ideen, z.B. ihrer Empathie mit den Opfern, hatten.

Wichtig für ein Graffiti-Projekt ist unseres Erachtens, dass die jeweiligen TeamerInnen eine Offenheit für das Medium und das Interesse mitbringen, sich selbst zu beteiligen, und auch nicht davor zurück schrecken, die Anleitung und Gestaltung gegebenenfalls versierteren TeilnehmerInnen zu überlassen. Als Alternative bietet sich auch die Arbeit mit semiprofessionellen SprayerInnen an.

Graffiti mit MultiplikatorInnen

Im Rahmen der Fachtagung in Dachau im Januar 2004 fand ein Graffiti-Workshop für MultiplikatorInnen statt. Hier hatten wir die Möglichkeit, das Medium mit Erwachsenen zu testen. Die Begeisterung für das Sprayen und für die Beschäftigung mit Techniken und Inhalten erscheint dabei vergleichbar mit der der Jugendlichen zu sein. Wenn auch auf deutlich höherem Niveau und mit vollkommen anderen Motivationen und Vorwissen.

Die Workshop-TeilnehmerInnen setzten sich drei Schwerpunkte für die Gestaltung der Wand, die dann in Skizzen festgehalten wurden. Anschließend begann die Umsetzung mit den Sprühdosen. Auch hier zeigte sich, wie unterschiedlich schnell sich einzelne Personen das Medium und seine Techniken aneignen. Entstanden ist eine Wandgestaltung, auf der die unterschiedlichen Entwicklungen deutlich wahrnehmbar sind. Im Mittelpunkt der Darstellung steht eine inhaltliche Aussage: RESPECT. Allen Beteiligten war klar, dass es nicht möglich ist, ohne Vorerfahrungen an einem Nachmittag ein Kunstwerk zu schaffen. Das reduzierte jedoch nicht die Freude und das Engagement der TeilnehmerInnen. In der Aus-

wertung wurde der Workshop sehr positiv bewertet. Einzelne konnten sich vorstellen, Graffiti auch in ihren Arbeitskontexten zu erproben.

Resümee und Perspektiven des Ansatzes für Gedenkstättenpädagogik

Für die kunstpädagogische Arbeit ist Graffiti ein gewinnbringendes, ergänzendes Medium historisch-politischer Bildungsarbeit im Rahmen politischer Jugendbildung. Gerade in der Gedenkstättenpädagogik wird es zunehmend darum gehen, neue Wege zu erschließen, um (junge) BesucherInnen und SeminarteilnehmerInnen zu erreichen. Erinnerungskulturen entwickeln und verändern sich, es erscheint uns deshalb sinnvoll, jugendkulturelle Ausdrucksformen wie HipHop und Graffiti und ihren politischen Hintergrund in die Debatten einzubeziehen. Graffiti als Teil jugendlicher Alltagswelt kann helfen, Brücken zur Geschichte zu schaffen und ihre Verbindungen zur Gegenwart erkennbar zu machen.

Graffiti kann inhaltlich und methodisch Bestandteil einer breiten Palette von Themen sein: Jugendkulturen, Musik, Kunst, Propaganda, Verbreitung/ Sichtbarkeit von Botschaften im öffentlichen Raum in Vergangenheit und Gegenwart, Besetzung des öffentlichen Raums bis hin zur Auseinandersetzung mit verschiedenen Berufsgruppen. Je nach Zielgruppe und Seminarzielen ist es ist denkbar, Graffiti entweder inhaltlich und gestalterisch oder aber ausschließlich als gestalterische Methode in ein Seminarkonzept einzubauen.

Die Umsetzung der Seminarerfahrungen und die Visualisierung eigener Lernprozesse in Bildern (Schriftzüge, Gegenständliches) fördern und intensivieren nicht nur die inhaltliche Reflexion sondern zudem den Dialog in der Gruppe und mit Außenstehenden.

Es ist unserer Erfahrung nach darauf zu achten, dass die Zielgruppen einen Bezug zur HipHop-Kultur haben oder herstellen wollen. Vordergründig wird daher oft angenommen, dass Graffitis nur Jugendliche ansprechen. Nicht nur bei dem Workshop dieser Fachtagung wurde jedoch deutlich, dass die Zielgruppe sich nicht auf Jugendliche beschränkt. Die positiven Erfahrungen gerade mit Erwachsenen aus unterschiedlichen Lebens- und Arbeitsbereichen hat uns darin bestärkt, insbesondere MultiplikatorInnen aus der Sozial- und Bildungsarbeit Graffiti als Medium anzubieten. Gerade, weil Graffiti häufig (vor allem von Älteren) als Problem und nicht als kreatives Mittel wahrgenommen wird, besteht eine Chance für intergeneratives Lernen. Gemeinsam können hier andere Erfahrungen gemacht und Dialoge über Altersgrenzen hinweg befördert werden.

Letztlich ist die Arbeit mit jeder Gruppe möglich, die ein Interesse an Kunst, Musik, Kreativität oder Subkulturen hat und die neugierig bzw. bereit ist, etwas Neues zu erproben. Dabei ist jedoch immer zu beachten, dass Graffiti in der gesellschaftlichen Wahrnehmung sehr umstritten ist. Dies macht das Medium für einige besonders attraktiv, kann aber auch zu großer Ablehnung führen.

Es lassen sich je nach Thema und Ort viele unterschiedliche Zielstellungen beim Einsatz von Graffiti finden. Hier eine Auswahl:

- Die Reflexion des inhaltlich Erlernten bzw. der eigenen Wahrnehmungen unterstützen,
- die Verarbeitung von Eindrücken und Wahrnehmungen mit kreativen Methoden befördern,
- die TeilnehmerInnen zu einer pointierten Positionierung zur Geschichte bzw. Gegenwart oder Zukunft anregen,
- eine Reduzierung der jeweiligen Eindrücke und Ideen auf symbolische Kernaussagen fördern (durch die Verwendung von Worten, Symbolen und Bildern),
- ein Medium aus dem Alltag wählen und in den Gedenkstättenkontext setzen, um Neugierde zu wecken und gerade junge Menschen anzusprechen,
- die Intergenerative Diskussionen fördern.

Anregungen für die Praxis

Das Material ist entscheidend bei einem Graffiti-Projekt. Wenn nicht genügend unterschiedliche Farben oder Cups vorhanden sind, gelingt kein aussagekräftiges Piece und die Gestaltung macht keinen Spaß.

Ca. 30 Spraydosen mit unterschiedlichen Farbtönen und eine größere Auswahl an Cups – skinny (fein) bis fat (breit) – ist zwingend. Die Spraydosen und diese Cups sind im Fachhandel oder im Internet zu finden. Bei der Auswahl der Cups ist darauf zu achten, dass sich manche Cups nur für halbvolle Dosen eigenen. (Erfragen oder ausprobieren!) Vor dem Gebrauch sind die Spraydosen gründlich zu schütteln. Dies ist auch zwischendurch ratsam. Wichtig ist es, sich gut belüftete Räume zu suchen oder gleich ins Freie auszuweichen. Das Sprayen erzeugt einen ziemlichen Gestank und ist nicht ganz ungiftig. Auf alle Fälle gilt es Lunge, Augen und Hände, ggf. Kleidung zu schützen. Sinnvoll sind alte Kleidung oder MalerInnenanzüge, Einweganzüge und Augenschutz. Es empfiehlt sich, auf Atemschutzmasken zu bestehen, auch wenn viele SprayerInnen darauf verzichten (wollen).

Alle Teilnehmenden sollten Gelegenheit bekommen auf Pappe etc. Probe zu sprayen. Dabei wird der Umgang mit der Spraydose erlernt. Die Stärke des Sprühens wird über den Zeigefinger reguliert. Gleichzeitig entscheiden der Abstand zur Wand und die Art der Bewegungen der Hand/des Arms über das Ergebnis. Es empfiehlt sich, zuerst zur Orientierung eine First Line (Umrisslinie) zu sprayen, anschließend kommt das Fill In (Aussprühen der Flächen). Zum Hervorheben, bzw. zur größeren räumlichen Wirkung der Gestaltung kann eine Second Line (zweite Umrisslinie) gezogen werden, später folgen Verzierungen. Generell ist mit hellen Farben zu beginnen, dann können in Abstufungen dunklere benutzt werden.

Kleines Glossar

Begriffe	Bedeutung/ Erklärung
Aura	Mantelumrahmung, unscharf begrenzter Hintergrund
Bomben/Bombing	Das Malen/ Sprayen von Tags, Silberbildern oder Throw ups (puristische Schriftzüge). Wandflächen werden i.d.R. illegal gebombt. Das Bomben wird aggressiv und expansiv eingesetzt. Die Öffentlichkeit nimmt an dieser Form am meisten Anstoß.
Bubbles/Louds	Wolken
Buchstaben	Buchstaben sind zentral beim Graffiti und die Basis der Bildgestaltung beim Writing sowie beim Piece. Die Bedeutung der Gestaltung der Buchstaben als Kunstform wird in der Öffentlichkeit oft übersehen. Die Buchstabenkombinationen haben in der Regel keinen tieferen Sinn, sondern sie passen zum Styling. Die einzelnen Buchstaben stehen im Dialog zueinander und bringen eine dynamische Wirkung hervor. Sie sind übereinander gelegt, überlappt, durchscheinend, verschmolzen (ohne trennende outline), durchbohren sich, werfen Schatten, haben Tiefe (3D) etc. Trotz der für Außenstehende scheinbaren Unlesbarkeit sollten sie erkennbar sein.

Buchstaben können in ihrer bildnerischen Wirkung eingeteilt werden in stabil (wie die zweibeinigen A, H, K...) oder dynamisch (wie die runden B, C...). An der Gestaltung der Buchstaben lässt sich erkennen, ob ein Writer „dreckig, sauber, cool, crazy, zärtlich..." ist. |
| Charakters | Figurative Elemente (Comicfiguren). Sie sind im Gegensatz zur Schrift international leichter verständlich und prägen sich leichter ein. Charakters sind selten, da sie kompliziert zu sprayen sind und mehr Können verlangen. Oft repräsentieren |

	sie einen Buchstaben.
Cup	Aufsätze für die Sprühdosen
Declicationes	Widmung
Djing	Ein/e DJ, der/die Musik auflegt und verändert, z.B. durch Abmixen oder Scratchen.
Highlights	Reflexe zur Verzierung
Piece	Großformatige Wandbilder mit ausgestaltetem Schriftzug, evtl. mit Charakters und anderen Bildelementen wie Bubbles/Louds.
Silberbild	Einfaches Piece, das aus einem einfarbigen Outline (meist rot oder schwarz) und einem silbernen Fill In besteht. Ohne differenzierterer Ausgestaltung, ähnlich wie Tags und Bomben.
Splashes	Kleckse als unregelmäßiger Hintergrund oder Schmuck.
Style	Ein Graffiti hat Style, d.h. ist eine gelungene Gestaltung, wenn es in seiner Wirkung stabil, harmonisch und gleichzeitig dynamisch ist, eine Verbindung zwischen den Buchstaben besteht, z.B. über Schwünge oder Schattierungen, und ein eigenständiger Ausdruck des/der SprayerIn gelingt. In der Beurteilung gibt es hier viel Interpretationsspielraum!
Tags	Signaturgraffiti: Name des/der SprayerIn oder der Gruppe bzw. das Pseudonym. Einfarbig gestalteter Schriftzug.
Throw up	Mit einfachen Mitteln und Techniken „hingeworfenes" puristisches Sprühbild. Meist ein- oder zweifarbig, Outline und Fill in (grob, hell schraffiert), klare Typographie.
Writing	Sprayen nur von Buchstaben, oft mit hoher Qualität umgesetzt.

Literatur

Van Treeck (2001): Das große Graffiti-Lexikon

Verlan, Sascha / Loh, Hannes (2000): 20 Jahre HipHop in Deutschland

Wittmeier, Manfred (1997): Politische Bildung und deutsche Geschichte – „Nach Auschwitz". In: Hafeneger, Benno (Hg.): Handbuch politische Jugendbildung, Schwalbach/Ts., S. 303-325

www.ijbs-sachsenhausen.de

Kunstpädaogisches Arbeiten im Herinneringscentrum Kamp Westerbork, Niederlande

Anne Bitterberg

Der Begriff der Kunstpädagogik ist in der museumspädagogischen Arbeit des Herinneringscentrums Kamp Westerbork nie gefallen; vertieft man sich allerdings in die pädagogischen Ansätze der Gedenkstätte, so ist festzustellen, dass pädagogische Programme und künstlerische Ausdrucksformen miteinander verknüpft sind, ja, dass sogar die Kunst am Anfang jeglicher Arbeit im Herinneringcentrum Kamp Westerbork stand und steht. Während kunstpädagogisches Arbeiten in anderen Institutionen oft als Zusatzprogramm angeboten wird - und sich oftmals auf einen zeitlichen Rahmen beschränkt -, ist es in der museumspädagogischen Arbeit des Herinneringscentrums Kamp Westerbork tief verwurzelt und wird als so selbstverständlich erfahren, dass es nicht spezifisch als solches benannt wird. Dies liegt in der Tatsache begründet, dass es das Lager Westerbork, an dessen Geschichte das Herinneringscentrum erinnert, in seiner alten Form nicht mehr gibt.

Das Nationale Mahnmal Westerbork

1971 wurden die letzten Baracken auf dem ehemaligen Lagergelände abgerissen, nachdem sie ein Vierteljahrhundert nach Kriegsende anderen BewohnerInnen als Behausung gedient hatten. Anschließend erinnerte ein Jahrzehnt lang nur eine leere Fläche innerhalb eines angepflanzten Waldgebietes an die Schrecken, die sich hier von 1942-1945 abgespielt hatten: die Deportation von mehr als Hunderttausend niederländischen Juden und Jüdinnen und einigen Hundert Sinti und Roma in die Vernichtungslager.

Das Nationale Mahnmal Westerbork wurde 1970 von dem niederländischen Künstler und ehemaligen Lagerinsassen Ralph Prins entworfen und von Königin Juliana enthüllt. Es erinnerte an die 97 Deportationszüge, die aus den Niederlanden abgefahren waren. Das Mahnmal besteht aus Eisenbahnschienen, die genau dort liegen, wo sich 1942-1945 die Trasse des Lagers Westerbork befand und auf der die Deportationszüge das Durchgangslager verließen. Sie sind an den Enden nach oben gebogen und symbolisieren die Vernichtung der Menschen, die der niederländischen Gesellschaft entrissen wurden. Dieses Entreißen wird durch Steine symbolisiert: Innerhalb der Holzbohlen liegen dunkle Steine, die sinnbildlich für die Deportierten stehen. Außerhalb der Schienen liegen helle Steine. Sie sollen die niederländische Gesellschaft darstellen, aus deren Mitte die Deportationszüge abfuhren.

Informationen über das Durchgangslager Westerbork waren nicht auf Schautafeln oder Informationsschilder zu finden. Das Nationale Mahnmal Westerbork erinnert/e als eine künstlerische Arbeit an die Lagergeschichte. Sowohl der Ausdruck des leeren Ortes prägte einen Besuch des ehemaligen Lagergeländes, als auch die Botschaft des Mahnmals.

Das Herinneringscentrum Kamp Westerbork

1983 wurde das Herinneringscentrum Kamp Westerbork eröffnet. Nun teilten zwar Fotos, Dokumente und Texttafeln die Geschehnisse des Lagers Westerbork mit, doch künstlerische Ausdrucksformen erhielten auch in diesem Gebäude eine zentrale Bedeutung. Dominiert wurde die gesamte Ausstellung von der sogenannten „schwarzen Sonne", einem großen, von Dick Elffers entworfenen Wandteppich. Der Wandteppich sollte zum Ausdruck bringen, dass die Sonne seit dieser schrecklichen Periode in der Geschichte der Niederlande nicht mehr scheinen könne. Ebenso formulierte die Architektur eine spezifische künstlerische Aussage: Die Gedenkstätte hatte die Form einer Baracke, die Ausstellungsräume waren bewusst dunkel und beengend gestaltet worden. Das gesamte Museum sollte eine bedrückende Atmosphäre vermitteln, insbesondere Schülern und Schülerinnen, der größten Zielgruppe des Herinneringscentrum Kamp Westerbork. Die Schreckensbilder der Verfolgung und der Vernichtungslager trugen ihren Anteil dazu bei. Es handelte sich sozusagen um das erste pädagogische Konzept der Gedenkstätte. Bereits nach einigen Jahren änderte sich dieses Denken. Den Hintergrund bildet eine Analyse, dass mit den Bildern des Schreckens und einer Art „erhobener Zeigefinger-Atmosphäre" und damit künstlich erzeugter Betroffenheit bei Schülergruppen nicht viel erreicht werden konnte. Im Gegenteil: Der künstlich erzeugte Schockeffekt blockierte bei vielen Jugendlichen ebenso wie auch bei Erwachsenen die Chance des Sicheinfühlens in die individuellen Schicksale einzelner Personen, die nach Westerbork deportiert worden waren. Außerdem verstärkte der Schockeffekt die Empfindung, Westerbork habe sich vor langer Zeit, weit weg von der niederländischen Gesellschaft, auf einem entfernten Planeten abgespielt, und gehöre nicht zu dieser Welt.

Die neue Ausstellung

In neuen Überarbeitungen der Ausstellung wurde auf die Vermeidung dieses Schockeffekts besonderen Wert gelegt. Die Ausstellung konzentriert sich nun vor allem auf die Schicksale der einzelnen Lagerinsassen und -insassinnen. Die Geschichte der Schrecken des Nationalsozialismus und der Vernichtungslager stand nicht mehr im Vordergrund, sondern bot den nötigen Kontext für die Geschichte des Durchganglagers. Die Aussage der Ausstellung lautete jetzt, dass sich das Lager Westerbork inmitten der niederländischen Gesellschaft befunden hatte. Die Insassen und Insassinnen des Lagers, die später größtenteils ermordet wurden, kamen aus den niederländischen Dörfern und Städten, in denen auch die BesucherInnen des Herinneringscentrums Kamp Westerbork zu Hause sind.

Das Lagergelände

1992 wurde das ehemalige Lagergelände symbolisch „wiederhergestellt". An Orten wichtiger Teilbereiche des Lagers wurden Grashügel aufgeschüttet oder andere Symbole errichtet. Sie sollten den Charakter des Lagers Westerbork widerspiegeln: die fehlende Privatsphäre, die Bewachung, Registrierung, die Arbeit in der Industrie und schließlich die Transporte. Auf dem ehemaligen Appellplatz wurden auf Initiative ehemaliger Lagerinsassen und –insassinnen 102.000 Steine errichtet. Die Steine sollen die Menschen versinnbildlichen, die vom Lager Westerbork aus deportiert und in den Vernichtungslagern ermordet wurden. Für die jüdischen Opfer wurde je ein Davidstern auf den Steinen befestigt, für die 215 aus Westerbork deportierten und ermordeten Sinti und Roma eine kleine Flamme. Einige Dutzend WiderstandskämpferInnen werden durch den bloßen Stein symbolisiert. Alle 102.000 Steine stehen innerhalb einer Karte der Niederlande.

Zusammen mit dem Nationalen Mahnmal Lager Westerbork weisen diese Symbole auf den Charakter des Durchgangslagers hin.

Kunstpädagogisches Arbeiten in der Gedenkstätte

Lagergelände und –gestaltung vermitteln in ihren künstlerischen Formen die Lernziele, die sich das Herinneringscentrum Kamp Westerbork in der pädagogischen Arbeit gesetzt hat. Die 102.000 Steine stehen für die Geschichte der 102.000 Ermordeten, die im Museum und in den Programmen weiter vermittelt wird. Die Schwerpunkte liegen dabei neben Einzelschicksalen auf der alltäglichen Verfolgungsgeschichte und den ersten Schritten des Leidensweges der in den Niederlanden lebenden Juden und Jüdinnen. Diese Geschichte beginnt bereits an den Wohnorten der Verfolgten: denselben Städten, Dörfern und Regionen, aus denen auch die heutigen BesucherInnen stammen. Hier nimmt das Herinneringscentrum Kamp Westerbork die Aussage des Nationalen Mahnmales Westerbork auf, bei welchem die dunklen Steine das Herausreißen der Deportierten aus der niederländischen Gesellschaft symbolisieren.

BesucherInnen können ihre „Erinnerung" an die 102.000 Menschen künstlerisch gestalten. So haben Jugendliche die Möglichkeit, den 102.00 Steinen ein virtuelles Gesicht zu verleihen. Sie können ein so genanntes Westerbork-Porträt schreiben, indem sie die Geschichte eines Insassen/einer Insassin des Lagers erforschen und auf der Internetseite des Herinneringscentrums Kamp Westerbork publizieren. Eine Anleitung zu dem Schreiben eines solchen Porträts findet sich ebenfalls auf dieser Website. In einem Gespräch mit unserem Pädagogen werden Hilfestellungen geboten. Hier wird aber vor allem auf Eigeninitiative gesetzt. So wird zwar natürlich auch Hilfe beim Suchen von Informationen und Fotos durch das Herinneringscentrum angeboten, die Kinder sollen aber auch in ihrer eigenen Umgebung, der eigen Stadt oder dem eigenen Dorf, nach Spuren der Person suchen. Das kann durch Kontakt mit einem Überlebenden oder aber auch durch den Kontakt mit Angehörigen eines ehemaligen Insassens/einer ehemaligen

Insassin geschehen. Der Besuch an die verschiedenen Stadtarchive in den Niederlanden ist fester Bestandteil der Spurensuche. Das Herinneringscentrum pflegt zu allen beteiligten Institutionen und Personen einen engen Kontakt, sodass die Porträtautoren einen einfachen Zugang finden und auch an den anderen Orten Hilfestellungen erwarten können.

Die Autoren bauen in einer digitalen Form an den 102.000 Steinen auf dem Lagergelände weiter. Die Porträts formen gemeinsam mit dem Lagergelände ein großes, stets wachsendes Gesamtkunstwerk. Das Schreiben eines Porträts wird vor allem auch als Unterrichtsmethode verwendet, so beschäftigen sich bspw. Schulgruppen während Projekttagen mit dem Schreiben eines solchen Porträts. Auf der Homepage des Museums sind die Porträts einzusehen.

Der Kontakt mit einem Augenzeugen bietet den Kindern eine ganz besondere Erfahrung. Diese Erfahrung kann in einer selbst erarbeiteten Ausstellung Form annehmen. Kinder interviewen dabei selbst die Augenzeugen. Das Interview bildet anschließend die Grundlage eines Porträts eines Überlebenden, das in einer durch die Kinder selbst gestalteten Ausstellung im Herinneringscentrum schließlich allen MuseumsbesucherInnen gezeigt wird. Während der Sommermonate, in denen viele individuelle Besucher auch ihre Kinder mitbringen, gehört die Gestaltung einer solchen Ausstellung zu den täglichen Kinder-Aktivitäten des Herinneringscentrums.

Während der Herbstferien finden im Herinneringscentrum spezielle Workshops statt. Diese Aktivitäten werden im Rahmen eines nationalen Kinderfestivals veranstaltet, sodass Kinder speziell hierfür das Museum besuchen. Neben dem Gestalten von Mahnmalen, den Entwürfen für neue Kinderausstellungen und Postergestaltungen, bekommen sie auch den Auftrag, die Ausstrahlung des ehemaligen Lagergeländes mit einem Fotoapparat festzuhalten. Ziel ist es dabei vor allem, dass das Kind hinter der Kamera - die Linse zwingt hierbei zum näheren Hinschauen - den Ort mit seiner Aura als Gesamtes erfährt. Unter Anleitung eines Fotografen besuchen die Teilnehmer das ehemalige Lagergelände. Hierbei geht es weniger um das fotografieren von Monumenten o.ä., sondern vielmehr um das Verbildlichen der persönlichen Erfahrung des historischen Orts selbst. Die Kinder fotografieren oft kleinste Details wie Grashalme, Regentropfen, Laub oder Steinchen. Auffallend ist, dass die Mahnmale nur sehr selten zum Objekt gewählt werden. Dagegen inspirieren die Geschichten von Kindern aus Westerbork, die sie zuvor im Museum gehört haben, die jungen Fotografen Spuren zu suchen. Die Kinder geben ihre Erfahrungen anschließend an die GedenkstättenbesucherInnen weiter. Dabei werden in einer Ausstellung nicht nur die Fotos der Kinder gezeigt, sondern auch der Prozess während des Workshops auf dem Lagergelände wird dokumentiert und die Aufgabenstellung, die die Kinder bekamen, beschrieben.

Die Gedenkstätte publiziert ferner Gedichte und Kurzgeschichten von Kindern für junge und alte LeserInnen, in denen einzelne Schicksale im Mittelpunkt stehen. Hierbei gibt es entweder landesweite Aufrufe zu Gedicht-/ Kurzgeschichtenwettbewerben zum Thema oder aber es findet ein Workshop im Museum selbst statt. Die Kinder werden nicht nur mit der Geschichte Westerborks und den Geschichten von InsassInnen vertraut gemacht, sondern auch in die Technik des Schreibens. Bei einem solchen Workshop, der einer genauen Aufgabenstellung folgt, ist ein Kinderbuchautor anwesend, der den Kindern eine Einleitung in das Schreiben selbst gibt und ihnen anschließend während des individuellen künstlerischen Prozesses zur Seite steht. Bei jeder Gedenkveranstaltung der Gedenkstätte tragen Kinder selbst ihre eigenen Werke vor.

In weiteren Workshopangeboten illustrieren Kinder Gedichte oder Kurzgeschichten. Diese Illustrationen werden in einem Sammelband ebenfalls publiziert.

Bei der kunstpädagogischen Arbeit handelt es sich nicht so sehr um das klassische Hantieren mit Pinsel und Farbe – was hin und wieder auch geschieht -, sondern um ein pädagogisches Grundprinzip, das in allen Facetten der Gedenkstätte erkennbar ist und das auf der künstlerischen Gestaltung des ehemaligen Lagergeländes aufbaut. Die künstlerische Gestaltung des Lagergeländes durch Symbole und Mahnmale wird in ihren Aussagen in den pädagogischen Programmen aufgegriffen, gerade durch die Erfahrung des gestalteten, historischen Ortes. Alle Programme stehen in engem Zusammenhang mit der Aussage des Nationalen Mahnmals, jeder/jedem Einzelnen der 102.000 Ermordeten zu gedenken und ihr/ihm damit eine Individualität zurückzugeben.

Obwohl es vielleicht auf den ersten Blick nicht sichtbar ist und auch nicht so benannt wird, spielt durch künstlerische Gestaltung Kunstpädagogik doch eine zentrale Rolle in der heutigen pädagogischen Arbeit des Herinneringscentrums Kamp Westerbork.

TatOrt Gedenkstätte
Kunstpädagogisches Arbeiten mit Kindern und Erwachsenen in der Euthanasie-Gedenkstätte Hadamar

Regine Gabriel

Ausgangspunkt der folgenden Überlegungen ist die Erfahrung mit künstlerischem Gestalten von TeilnehmerInnen allen Alters in der Gedenkstätte Hadamar.

Die Gedenkstätte Hadamar, die sich auf dem Gelände des Zentrums für soziale Psychiatrie befindet, ist ein Ort der Erinnerung an ca. 15000 Menschen, die im Rahmen der NS-„Euthanasie"-Verbrechen ermordet wurden. Zwischen 1941 und 1942 wurden geistig behinderte und psychisch kranke Menschen Opfer der NS- Rassenideologie, die Menschen zu „lebensunwerten Leben" degradierten, und ihnen somit ihr Mensch - sein nahmen. In einer als Duschraum getarnten Gaskammer wurden von Januar bis August 1941 über 10000 Menschen vergast und anschließend verbrannt. Ab Frühsommer 1942 ermordeten die Nationalsozialisten nochmals fast 4000 Menschen, durch überdosierte Beruhigungsmedikamente und durch systematische Mangelernährung. Unter die Hadamarer Opfer fielen in der 2. Phase auch sogenannte „halbjüdische" Fürsorgezöglinge, tuberkulosekranke Zwangsarbeitskräfte und deren Kinder sowie psychisch kranke SS-Angehörige und Soldaten. Diese Menschen fanden ihre letzte Ruhestätte in Massengräbern auf dem Anstaltsfriedhof.

Seit 1983 sind die authentischen Kellerräume mit den Überresten der Gaskammer, dem Sezierraum mit originalem Seziertisch und dem Standort der Krematorien als Gedenkstätte für BesucherInnen zugänglich. Der Friedhof wurde bereits 1963 in eine Gedenklandschaft umgewandelt.

Heute können BesucherInnen sich zudem durch die Dauerausstellung ausführlich über die Ereignisse der „Euthanasie" im Nationalsozialismus informieren.

Kunstpädagogisches Arbeiten in der Gedenkstätte Hadamar

Ich werde zum einen exemplarisch über ein Seminar mit Erwachsenen berichten, die sich dem Thema Nationalsozialismus im künstlerischen Ausdruck genähert haben. Zum zweiten stelle ich einige Beispiele aus der Arbeit mit Kindern in der Gedenkstätte Hadamar vor, die ebenfalls stark durch einen künstlerischen Zugang geprägt sind. Zum dritten beschreibe ich den an der Tagung: „Arbeit mit

Bildern der Erinnerung. Kunst- und Kreativpädagogik in der Gedenkstättenarbeit" durchgeführten Workshop in Dachau, die Arbeit mit Ytong-Steinen.

„Kunst (ist) die gestaltende Tätigkeit des schöpferischen Menschen in Architektur, Plastik, Malerei, Graphik, Kunsthandwerk, in Musik, Dichtung, Theater, Tanz. (...) Das Kunstschaffen entspringt einem Urtrieb (Gestaltungs-, Spiel-, Nachahmungstrieb)." (dtv-Lexikon)

Die hier genannten schöpferischen Ausdrucksmöglichkeiten sind für Erwachsene oftmals schwieriger auszuführen als für Kinder. Oft haben Erwachsene im Verlauf ihres Lebens viel an Spontaneität und an der Neugier, Neues zu erproben, verlernt. Sie trauen ihren schöpferischen Kräften häufig nicht mehr. Gerade ein emotional schwieriges Thema wie die Zeit des Nationalsozialismus kann aber m.E. nicht nur mit dem Intellekt bearbeitet werden.

Um eine ganzheitliche Herangehensweise zu erproben, können folgende Fragen helfen: Was bedeutet die Auseinandersetzung mit den Verbrechen der NS-Zeit für mich? Welche Erfahrungen im Umgang mit meiner Familie, meinen FreundInnen und deren Familien prägen mich in Bezug auf die NS-Zeit? Wie reagiere ich darauf? Wie gehe ich mit emotionaler Betroffenheit und intellektuellem Abwägen um? Gebe ich meiner Wut, meiner Fassungslosigkeit, meiner Trauer Ausdruck?

Das folgende Beispiel eines Seminartages in der Gedenkstätte Hadamar veranschaulicht diesen Zugang.

Kunstpädagogisches Arbeiten mit Erwachsenen

15 Erwachsene kommen für einen Seminartag zusammen, um sich mit Bildern (nicht mit Texten), die von Überlebenden geschaffen wurden, auseinander zu setzen. Das besondere daran ist: Es sind Bilder, die die Überlebenden als Jugendliche direkt nach der Befreiung gemalt/gezeichnet hatten.

Um sich später für die Bildbetrachtung öffnen zu können, werden die TeilnehmerInnen eingeladen, einem Text von Überlebenden zuzuhören. Sie werden gebeten, dabei die Augen zu schließen. Sie halten in beiden Händen je einen Bleistift und zeichnen mit geschlossenen Augen eine Ausdrucksspur. Die inneren Bilder, die während des Lesens aufsteigen, bestimmen den Lauf der Hände.

Im Anschluss an die Lesung des Textes hören die TeilnehmerInnen eine ruhige, meditative Musik und malen dazu ein zweites Bild ausgehend von den bis hierhin gesammelten sinnlichen Erfahrungen und Eindrücken aus dem Text – diesmal mit geöffneten Augen. Beide Bilder werden zunächst unkommentiert zur Seite gelegt.

Dann beginnt die Phase der Bildbetrachtungen. Zu jedem von Überlebenden gemalten Bilderzyklus gibt es biografische Informationen über die jeweiligen KünstlerInnen. In der Gruppe werden die Bilder betrachtet, gedeutet, die Wirkung von Farbe, Form und Inhalt auf die einzelnen reflektiert.

Am Ende des Tages werden die eigenen Bilder vom Vormittag angeschaut und besprochen. Abschließend können die TeilnehmerInnen durch eine gelenkte Phantasiereise ihre Gefühle mit Wasserfarben nochmals zu Papier bringen.

Es ging in diesem Seminar um zwei unterschiedliche Formen des künstlerischen Zugangs: Einmal wurden Bilder von Überlebenden betrachtet und interpretiert. Hierbei werden andere Fähigkeiten angesprochen als bei einer Textanalyse. Farben und Formen, abstrakte oder konkrete Geschichten, die gesehen werden, werden beschrieben und gedeutet. Dabei fließen die Erfahrungen der BetrachterInnen in die Interpretation mit ein. Zum zweiten hatte das eigene gestalterische Tun in der Auseinandersetzung mit dem Nationalsozialismus eine wichtige Funktion. Schöpferisches Tun begegnet schöpferischem Tun.

„Kunst kommt von Können. Können kommt durch zulassen, sich einlassen, sehen lernen, gestalten lernen. Innere Befindlichkeit kann so zum Ausdruck kommen.

Es wird Raum gegeben für Nichtsprachliches, auch Unaussprechliches, für spielerisches Gestalten, Ausprobieren mit den Medien Zeichnen, Malen, Plastisieren." (Schröder)

An dieser Stelle sollen nun zwei Reaktionen von Teilnehmenden vorgestellt werden. Zwei Frauen, die morgens in den Seminarraum kamen, blieben wie angewurzelt in der Tür stehen. Im Raum waren Tische aufgestellt, die mit Malutensilien bestückt waren. Eine der Frauen sagte: „Entschuldigung, hier bin ich verkehrt!" und wollte sofort wieder gehen. Die andere äußerte, sie könne ja gar nicht malen und sei gekommen, um über Bilder zu sprechen. Die beiden Frauen konnten überredet werden zu bleiben, nahmen am Seminar teil und – malten!

Wie kam es dazu? TeilnehmerInnen empfinden es häufig als Zumutung in dieser Weise zu arbeiten, da es häufig ungewohnt und daher mit Ängsten besetzt ist. Diese Zumutung korrespondiert mit der Zumutung, die das Thema „Hadamar und Euthanasie" an sich beinhaltet. Da jedoch das künstlerische Ergebnis des eigenen Schaffens am Ende der Beschäftigung und Auseinandersetzung vor einem liegt und oft positive Gefühle wachruft wie Entspannung, Erleichterung oder die Befriedigung etwas geschaffen zu haben, tritt eine Veränderung in der eigenen Wahrnehmung ein. Das Unzumutbare wird zumutbar. Es spielt keine Rolle, ob die kreative Erfahrung durch Malen, Tanzen, Musizieren oder Spielen geschieht. In jedem Fall werden dadurch neue Erlebens- und Verstehensmöglichkeiten geschaffen.

Reformpädagogik und die Arbeit von Friedl Dicker-Brandeis im Ghetto Theresienstadt

Lehren aus der Reformpädagogik geben dem hier Beschriebenen einen Rahmen, vor allem die zentrale Aussage der Reformpädagogik, die die ganzheitliche Erziehung des Menschen in den Mittelpunk stellt, leitet die Auswahl der Methoden. Gerade bei der Arbeit mit Kindern sollten die Erkenntnisse der Reformpädagogik in besonderer Weise berücksichtigt werden.

Für die pädagogische Arbeit in Hadamar stellt die Reformpädagogik darüber hinaus einen wichtigen historischen Bezugspunkt dar, denn auch im Ghetto Theresienstadt wurden Kinder nach diesen Prinzipien unterrichtet. Das Lehren und Lernen wie es in Theresienstadt stattfand, ist m. E. ein überzeugendes Beispiel dafür, dass dieser ganzheitliche Erziehungsansatz sogar unter extremsten Lebensbedingungen Kindern Unterstützung geben kann. Dokumentiert ist dies in hervorragender Weise in den fast 4000 Kinderzeichnungen aus Theresienstadt, ein Verdienst auch von Friedl Dicker-Brandeis, die im Ghetto Kindern Zeichenunterricht gab (vgl. Ausstellungskatalog).

Friedl Dicker-Brandeis, geboren 1898 in Wien, wurde im Dezember 1942 nach Theresienstadt deportiert. Dicker-Brandeis studierte ab dem Wintersemester 1919/20 am Bauhaus in Weimar. Sie war Schülerin von Johannes Itten, der sie nicht nur in ihrer eigenen künstlerischen Entwicklung stark beeinflusste. Von ihm übernahm sie auch viele pädagogische Methoden für ihre späteren Zeichenkurse. Das dort Gelernte setzte sie in Theresienstadt ein. Eines ihrer wichtigsten Ziele war, die Aufmerksamkeit der Kinder zu fesseln, ihre Vorstellungskraft und Fähigkeit zum authentischen Ausdruck sowie die Anwendung verschiedener Ausdrucksmittel zu entwickeln. Dicker-Brandeis kannte die therapeutische Bedeutung, die das Malen für Kinder in extremen Lebenssituationen hat. Sie setzte Malen als Mittel zur psychischen Entspannung und Objektivierung der Konflikterlebnisse ein.

Als Vorübungen zum Zeichnen regte Dicker-Brandeis die Kinder in aller Regel zu rhythmischen Übungen an. Was die Kinder durch die Rhythmik empfanden und wie sie sich dazu bewegten, wurde zu Papier gebracht. Es entstanden somit Aufzeichnungen von Gehörwahrnehmungen. Auch Imaginationsübungen dienten der zeichnerischen Vorbereitung. Gerade in Theresienstadt war es von großer Bedeutung für die Kinder, Themen genannt zu bekommen, die die Erinnerung an das Leben vor der Deportation freisetzten und festigten (vgl. Berufsverband Bildender Künstler).

Dicker-Brandeis Arbeitsweise, ihre Methoden, helfen mir bei der Arbeit mit Kindern in der Gedenkstätte Hadamar, wenn künstlerische Zugangswege beschritten werden.

Kunstpädagogisches Arbeiten mit Kindern

Besuche von 9 –13 jährigen Kindern in deutschen Gedenkstätten gehören noch zu den Ausnahmen, auch wenn die Anfragen von jüngeren Schulklassen an die Gedenkstätten steigen. Soweit ich das sehe, sind die Gedenkstätten Hadamar (vgl. Gabriel) und Düsseldorf hierin wegweisend. In anderen Ländern wie Israel oder die USA wird NS-Geschichte selbstverständlich an jüngere Kinder vermittelt, das Kindermuseums Yad Layeled im israelischen Ghetto Fighters Museum, das mit künstlerischen Zugängen zur Geschichte arbeitet, sei hier als Beispiel genannt.

Kinder können durchaus mit dem Thema Nationalsozialismus konfrontiert werden, schon bei Neun- oder Zehnjährigen gibt es ein großes Interesse und ein breites Wissen über die NS-Zeit aus Erzählungen, Büchern und Fernsehsendungen. In dieser Altersgruppe entwickeln Kinder die Basis ihres moralischen Denkens, Empfindens und Handelns, Gedenkstätte „kindgemäß" aufbereitet, kann dazu einen wesentlichen Beitrag leisten. Wir in Hadamar haben inzwischen neben ein- und zweitägigen Projekttagen bereits das vierte viertägige Angebot für Kinder im Jahr 2005 zu Pfingsten durchgeführt.

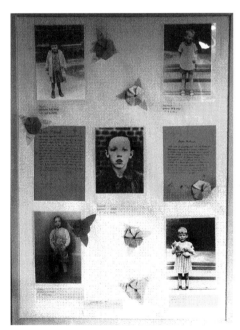 

Von Kindern gestaltete Ausstellungstafeln

Die Kinder befassen sich zunächst mit den Ereignissen, die dem Ort seine traurige Berühmtheit gaben. Sie lernen zum einen an Hand von Biografien der Kinder, die in Hadamar ermordet wurden. Zum anderen lernen sie den Ort als Ort kennen: Wir gehen gemeinsam durch die historische Ausstellung und zum Friedhof. Erst am Ende der Projekttage und auf ausdrücklichen Wunsch der Kinder wird der Keller mit der ehemaligen Gaskammer, dem Seziraum mit originalem Seziertisch und dem Standort der Krematorien besucht.

Um sich aktiv und konstruktiv dem Schicksal der ermordeten Kinder und Erwachsenen annähern zu können, stellen die TeilnehmerInnen etwas her, das wichtig sein wird für die Arbeit in der Gedenkstätte und das es bisher nicht gab.

Jedes unserer Projekte hat einen dramaturgischen Schwerpunkt.

Beim ersten Projekt dieser Art erstellten die Kinder eine CD, auf der sie von fast 30 ermordeten Kindern die Lebensgeschichten zusammenfassten. Diese Texte nahm ein Tontechniker auf Band auf und bearbeitete sie für die CD. Die CD ist Teil unserer Dauerausstellung geworden. Darüber hinaus gestalteten die Kinder zwei der Ausstellungstafeln in der Dauerausstellung neu. Auch hier standen die ermordeten Kinder im Mittelpunkt der Darstellung.

2003 erarbeiteten Kinder Gedenksteine aus Ytong. Diese Gedenksteine wurden im Friedhofsbereich aufgestellt. Hier befinden sich Kindergräber aus der zweiten „Euthanasie"-Phase. Bisher war dieser Teil des Friedhofs nicht gestaltet. Die Motive dieser Gedenksteine sind sehr unterschiedlich. Es entstanden herkömmliche Grabsteinmotive wie Kreuze sowie Blumen, Wiesen, Herzen, Teddybären, Wasserspiele. Auf einem Gedenkstein ist der Satz aus Janusz Korczaks Kinderrechten zu lesen: „Das Kind hat das Recht so zu sein wie es ist. Sich selbst zu sein".

Mit der Geschichte und dem Alltag in der NS-Zeit hatten sich die Kinder vorher unter anderem mit Zeitzeugenberichten, einem Theaterprojekt und mit Hilfe von

Rollenspielen auseinandergesetzt, die Themen aufgriffen wie: „Was passiert zum Beispiel, wenn eine Mutter mit ihrem behinderten Kind 1943 in ein öffentliches Verkehrsmittel gestiegen ist? Und wie würde heute die Reaktion der Umwelt ausfallen?"

Die Reaktion der Kinder sei mit einem Ausschnitt aus einem Zeitungsbericht kurz dargestellt:

„Sicher, der (freiwillige) Gang durch den Keller mit der Gaskammer sei „gruselig" gewesen, sagt die zwölfjährige Simone aus der Limburger Marienschule. „Aber ich weiß nicht viel über die Zeit und will mich schlau machen, was früher hier passiert ist." Am meisten Spaß habe ihr das Theaterstück über den blinden Berliner Bürstenmacher Otto Weidt gemacht, der etliche Menschen gerettet habe. Am wichtigsten sei aber der Bau von Gedenksteinen für die ermordeten Kinder gewesen. Das sieht auch der Viertklässler Maximilian so. „ Da ist großes Unrecht geschehen", erzählte er. Ein zehnjähriger aus Frankfurt würde beim nächsten Camp gerne wieder mitmachen, so interessant sei die Beschäftigung mit der Geschichte gewesen." (Kronenberg)

Im Jahr 2004 führten die Kinder ZeitzeugInneninterviews durch, die die Entwicklungsgeschichte der Gedenkstätte in den Blick nahmen: *Vom Tatort zur Gedenkstätte – eine Entwicklungsgeschichte*, lautete das Motto. Als GesprächspartnerInnen wurden Menschen eingeladen, die die NS-Zeit in Hadamar erlebten hatten, ferner Menschen, die als Krankenschwestern, ÄrztInnen, PsychologInnen u.a. des Zentrums für soziale Psychiatrie die Aufbauphase der Gedenkstätte[65] beobachten konnten, des weiteren Menschen die schon frühzeitig, jedoch ohne Erfolg, über die Ereignisse der „Euthanasie"-Verbrechen forschen wollten und MitarbeiterInnen der Gedenkstätte heute. Diese Interviews wurden ebenfalls in die Ausstellung integriert. Zwei Ordner mit den transkribierten und gestalteten Texten stehen den BesucherInnen zum Blättern zu Verfügung.

Das Leitthema für das Pfingstprojekt 2005 war: Kinder spielen Theater in der Gedenkstätte Hadamar. 12 Kinder, von denen neun bereits an unseren Angeboten teilgenommen hatten, beschäftigten sich mit dem Leben und Wirken Janusz Korczaks.[66] Der Arbeitsauftrag lautete Szenen zum Thema: „Janusz Korczak in Hadamar" zu entwickeln und zu spielen. Die Kinder fanden sich in zwei Gruppen zusammen, die sehr Unterschiedliches entwickelten. Auch in diesem Jahr stellten die Kinder das Ergebnis den Eltern vor. Die Spielszenen wurden mit einer Kamera aufgenommen und werden nach einer professionellen Bearbeitung in der Ausstellung zu sehen sein.

In den hier vorgestellten Projekten arbeitete meistens eine ExpertIn von außen als MitteamerIn mit. Für das CD-Projekt war ein ausgebildeter Tontechniker von unschätzbarer Hilfe. Ohne ihn wäre es gar nicht möglich gewesen, eine fast professionelle CD zu erstellen. In dem Projekt mit den Erwachsenen und bei der Arbeit am Ytong-Stein mit Kindern war die Kunsttherapeutin des Zentrums für soziale Psychiatrie die Fachfrau. Ohne ihre Erfahrung und ihr einfühlsames Agieren hätte ich nicht, wie hier beschrieben, arbeiten können. Ich halte es für wichtig beim Einsatz von künstlerische Methoden in der pädagogischen Arbeit, nach Fachleuten zu suchen, die sich auf den geplanten Bildungsprozess einlassen können und ihre fachlichen Fähigkeiten einbringen. [67]

---

[65] Die Gedenkstätte Hadamar befindet sich auf dem Gelände des Zentrums für soziale Psychiatrie in Hadamar.

[66] Die Gedenkstätte Hadamar zeigte in dieser Zeit eine Sonderausstellung mit

Bildern von Lukas Rueggenberg, die in einem Kinderbuch zu entdecken sind, vgl. Rueggenberg/Neudeck.

[67] Für das Pfingstprojekt 2005 verzichtete ich auf eine Außenexpertin, da ich selber eine theaterpädagogische Ausbildung habe.

Workshop mit MultiplikatorInnen

Die hier beschriebenen Erfahrungen aus der Arbeit mit den Kindern bildeten den Anlass für den Workshop „*Hand – greiflich - werden: Gedenksteine – plastisches Arbeiten mit Kindern*", der bei der Tagung „Arbeit an Bildern der Erinnerung" im Januar 2004 im Jugendgästehaus Dachau durchgeführt wurde.

Zunächst haben die TeilnehmerInnen ihren Ort der Betätigung kurz vorgestellt. Dabei sollte jede/r versuchen, diesen Ort als Bild zu beschreiben. In einem zweiten Schritt konnten sich alle einstimmen, in dem sie, durch Musik begleitet, Skizzen für die Arbeit am Ytong-Stein erstellten. Die vorherige Bildbeschreibung des eigenen Arbeitsortes diente als Orientierungshilfe für die kommende Arbeit am Stein. Nachdem die Teilnehmenden noch einige Informationen erhalten hatten, wie sie den Ytong-Stein bearbeiten konnten, gingen sie voller Elan ans Werk.

Schnell stellte sich eine sehr intensive Phase des Arbeitens ein. Die Skizzen wurden umgesetzt. Ein Teilnehmer übernahm für die Skizze das zuvor beschriebene Bild seines Betätigungsfeldes auf dem Gelände der „Bayerischen Bereitschaftspolizei", das unmittelbar an die KZ-Gedenkstätte grenzt. Zwei andere Teilnehmerinnen gingen bei ihrer Gestaltung nicht vom Ort sondern von den Menschen aus, die sie mit dem Ort ihrer Betätigung verbanden. Sie begannen ihren Steinen Köpfe zu entlocken. Es war eine konzentrierte und körperlich anstrengende Arbeit bis der Stein die gewollte Form annahm. Eine Teilnehmerin kommentierte Auseinandersetzung mit dem Material so: „Der Kopf wollte nicht Kopf werden".

Das Endprodukt des Teilnehmers hatte geometrische Formen. Hier konnte präzise abgesägt und gehobelt werden. Die klaren geometrischen Linien beschrieben einen Abgrenzungszaun, der für den Teilnehmer die Dachauer Situation zwischen Gedenkstättengelände und Polizeigelände symbolisierte.

Die beiden Frauen, die mit dem Erstellen der Köpfe eher runde, weiche Formen gestalteten, klagten darüber, dass es ihnen nicht gelungen sei, die feinen Konturen ihrem Wunsch und ihrer Vorstellung gemäß herauszuarbeiten. Letzteres liegt jedoch am Material, Ytong eignet sich eher für gröbere Darstellungen. Die Grenzen und Möglichkeiten eines Materials können trotz einführender Hinweise letztendlich immer nur in der praktischen Tätigkeit ausgelotet werden.

Einer der Köpfe hatte ein positives und ein negatives Gesicht. Motivation hierfür waren die Überlebensgeschichten aus Ravensbrück und der Gedanke, dass nur diejenigen überleben konnten, die in der Lage waren, das Gesicht wechseln zu können, sich anzupassen.

Der dritte Stein stellte einen Kinderkopf dar. Der Kinderkopf symbolisiert ein blindes Kind, der Kopf hat keine Augen. Den Erfahrungshintergrund zu dieser Skulptur bildete zum einen die Arbeit mit behinderten Kindern und zum zweiten eine beobachtete Begebenheit: Ein Vater und sein blinder Sohn fuhren Roller. Der Sohn bewerkstelligte dies überwiegend allein.

Die Ergebnisse des Workshops, nach nur drei Stunden, waren hervorragend. Obwohl die Teilnehmenden das erste Mal mit Ytong arbeiteten, gelangen ihnen außergewöhnlich ausdrucksstarke Darstellungen.

In der Abschlussrunde wurde deutlich, dass für alle die Arbeit körperlich schwerer war als erwartet. Dennoch war es ein gutes Gefühl, mit der Hand und kraftvoll zu arbeiten. Auch die Erfahrung, an die eigenen Grenzen zu stoßen und sich mit dem zufrieden geben müssen, was die vorgegebene Zeit anbot, war ein wichtiges Element in diesem Workshop. Trotz der relativ langen Arbeitszeit wären längere Nachdenkenspausen im Entstehungsprozess der Skulpturen sinnvoll gewesen. Die Erwartung an diesen Workshop wurde dennoch erfüllt: Mann/Frau konnte *Hand-greiflich-werden*. Und das wollten die Teilnehmenden. Der Muskelkater den alle am nächsten Morgen hatten, sprach für sich.

Diese künstlerischen Formen der Annährung an das Thema Nationalsozialismus zeigen, dass der Einsatz des ganzen Körpers hilft, den eigenen Kopf zu entlasten, den Bildern und Denkstrukturen neue Räume zu eröffnen.

Literatur

Ausstellungskatalog (1991): Vom Bauhaus nach Terezin. Friedl Dicker-Brandeis und die Kinderzeichnungen aus dem Ghettolager Theresienstadt, Frankfurt/Main

Berufsverband Bildender Künstler Schwaben-Nord und Augsburg e. V. (Hg.) (1990): Kinderzeichnungen aus dem Konzentrationslager Theresienstadt, Ausstellungskatalog, Augsburg

dtv-Lexikon (1980): Bd. 11, München

Gabriel, Regine (2002): Kinder als Besucherinnen und Besucher in der Gedenkstätte Hadamar, Ein Informations- und Materialheft, Hadamar

Kronenberg, Georg (2003). In: Frankfurter Rundschau vom 10. Juni

Rueggenberg, Lukas/ Neudeck, Rupert (2000): Janusz Korczak- Der König der Kinder, Kevelar

Schröder, Hildegard (2000): Anmerkungen zum Thema: Kunsttherapie, Unveröffentlichtes Manuskript

Annäherungen an die Geschichte des Ghettos Theresienstadt – Probleme und Erfolge eines CD-Rom-Projekts mit IT-Systemkaufleuten in der Ausbildung

Kerstin Engelhardt und Dieter Starke

Historisch-politische Bildung und Gedenkstättenarbeit in der Berufsschule

Gedenkstättenprojekte mit Auszubildenden finden in der Regel nur selten statt. Bildungsurlaub, obwohl in Brandenburg gesetzlich verankert, wird kaum in Anspruch genommen bzw. ist für Auszubildende gegenüber den Arbeitgebern nur schwer durchzusetzen, selbst bei überbetrieblicher Ausbildung gibt es Probleme. Auch die Gedenkstätten selber weisen eindeutige Defizite in der Angebotsstruktur für Berufsschulen auf. Eine Erhebung zu Tagesveranstaltungen in der Gedenkstätte Buchenwald ergab, dass Berufsschulen gerade 5 Prozent der Schulklassen stellen (vgl. Zumpe, 63 und 73f). Letztlich hängt es von engagierten BerufsschullehrerInnen ab, ob Gedenkstättenfahrten realisiert werden.
Dass aus der Beschäftigung mit der Geschichte etwas gelernt werden kann, ist unter PädagogInnen und HistorikerInnen nicht umstritten; umstritten ist allerdings, was gelernt werden kann und welche Rahmenbedingungen gegeben

sein müssen, damit ein Lernerfolg überhaupt möglich ist (vgl. Borries, Frevert, Kleßmann).[68] Im Unterricht der Berufsschule in Brandenburg findet nur in Ausnahmefällen eine Auseinandersetzung mit historisch-politischen Inhalten statt. Prüfungsrelevante sozial- und wirtschaftspolitische Aufgabenstellungen dominieren den Unterricht im Fach Wirtschafts- und Sozialkunde. Zunehmend stellen BerufsschullehrerInnen jedoch die Vermittlung von Schlüsselqualifikationen und die Entwicklung von Handlungskompetenz in den Mittelpunkt ihres Unterrichts. Im Rahmen solcher Überlegungen werden auch Gedenkstättenbesuche durchgeführt. Die Auszubildenden selber, so das Ergebnis einer kleinen Recherche zum Geschichtsbewusstsein von Auszubildenden in Brandenburg, zeigen oftmals Widerstände gegen das Ansinnen, sich mit historischen Themen und zumal dem Nationalsozialismus zu beschäftigen (vgl. Steil/Panke 2001, 19-22).

Die Lernerwartungen gegenüber Gedenkstättenbesuchen sind hoch. Der großen Erwartungshaltung stehen allerdings erstaunlich wenige Studien zur kognitiven und moralischen Lernleistung von BesucherInnen gegenüber. Die Ergebnisse dieser vereinzelten Untersuchungen zeigen auf, dass eine Diskrepanz zwischen Erwartung und Realität besteht (vgl. Barlog-Scholz, bes. 153ff; Fischer/Anton; Leo/Reif-Spirek; Zumpe). Noch schwieriger wird es, wenn historisch-politisches Lernen und Gedenkstättenbesuche als präventive Erziehungs-maßnahme gegen Rechtsextremismus dienen sollen; eine problematische Zielsetzung, die auch auf Abwehr innerhalb der Geschichtswissenschaft stößt (vgl. Brinkmann u.a. 57f; Ehmann 2000, 183; Engelhardt, 40).[69] Äußerst kontrovers diskutiert sind deshalb unter ExpertInnen Gedenkstättenprojekte mit rechtsextrem orientierten Jugendlichen/jungen Männern, bei denen die Gefahr eines Scheiterns in besonderem Maße besteht (vgl. Nickolai/Lehmann; Märkische Allgemeine Zeitung).

Kaum in gedenkstättenpädagogische Überlegungen einbezogen wird bisher die Bedeutung der unterschiedlichen Erinnerungskulturen von Ost- und Westdeutschland. Jüngere Studien belegen, dass es hier zu differierenden Entwicklungen kommt, die es für die Gedenkstättenarbeit dringend zu reflektieren gilt (vgl. Faulenbach/Leo/Weberskirch; Leo 2003; dies. 2004; Moller,

---

[68] Das Bildungsministerium in Brandenburg ist so vom Erfolg eines gegenwartsrelevanten historischen Lernens überzeugt, dass es die Stellung des Fachs Geschichte in der gymnasialen Oberstufe zuungunsten des Fachs Politische Bildung gestärkt hat.

[69] So erklärte der Historiker Ulrich Herbert auf dem Historikertag 2000 dazu kurz und knapp: „Man muss überhaupt nichts vom Holocaust wissen, um zu wissen, dass man die Wohnungen von Ausländern nicht anzündet". Süddeutsche Zeitung 29.09.2000.

[70]). Auch dass es sich v.a. bei westdeutschen und (groß)städtischen Gruppen von Jugendlichen oft um Gruppen handelt, in denen ausländische Jugendliche und/oder Jugendliche mit Migrationshintergrund vertreten sind, die andere Perspektiven auf die NS-Geschichte mitbringen bzw. anders auf diese Geschichte reagieren, findet kaum Eingang in gedenkstättenpädagogische Praxis (Georgi). Dieser Mangel betrifft gerade auch Berufsschulgruppen (vgl. Kiegelmann). Zudem fehlen häufig geschlechtsdifferenzierte Konzepte (vgl. Frohwein/Wagner). Gerade bei Berufsschulgruppen, die oft aufgrund geschlechtspezifischer Berufswahl eine hohe Geschlechtshomogenität aufweisen, könnten geschlechtsdifferenzierte Ansätze viele konstruktive Impulse setzen.

Allgemein überwiegen in den zahlreichen Erfahrungsberichten die positiven Einschätzungen über den Wert von Gedenkstättenbesuchen. Wir teilen diese Einschätzung - wenn die Rahmenbedingungen stimmen. Aufgrund guter Erfahrungen mit Theresienstadt-Projekten beschlossen wir, einer Klasse von IT-Systemkaufleuten im ersten Ausbildungsjahr einen mehrtägigen Besuch der Gedenkstätte Theresienstadt anzubieten. Da wir schon seit vielen Jahren gemeinsam Projekte durchführen, konzipierten wir auch diese Fahrt als Kooperationsveranstaltung von DGB-Jugendbildungsstätte Flecken Zechlin und Oberstufenzentrum Oberhavel I – Wirtschaft[71]. Unterstützt wurde das Vorhaben durch die Teilnahme der angehenden IT-Systemkaufleute an dem Projekt „Heimat", ein Bildungsprojekt, das wichtige Impulse für den Theresienstadtbesuch lieferte.

„Heimat – Ein pädagogisches Langzeitprojekt zur Bearbeitung von Rechtsextremismus, Rassismus und Fremdenfeindlichkeit bei Auszubildenden"

Eine Welle fremdenfeindlich und rechtsextremistisch motivierter Gewalttaten mit Toten und Verletzten erfasste zu Beginn der 1990er Jahre die Bundesrepublik, insbesondere Ostdeutschland. Als Reaktion darauf wurden zahlreiche Forschungen initiiert, die sich mit dem Phänomen Rechtsextremismus befassten (vgl. Kleinert/Rijke; Koopmans). Die alarmierenden Ergebnisse zeigten auf, dass die Neigung zu rechtsextremistisch und ausländerfeindlich orientiertem Denken in Ostdeutschland stärker als in Westdeutschland ist und

---

[70] Vgl. auch Robert-Bosch-Stiftung/Stiftung Haus der Geschichte der Bundesrepublik; Welzer/Moller/Tschuggnall.

[71] Das Oberstufenzentrum Oberhavel I deckt die Standorte Oranienburg und Zehdenick in Brandenburg ab, die DGB-Jugendbildungsstätte in Flecken Zechlin ist die Bildungsstätte des DGB-Bezirks Berlin-Brandenburg.

dass männliche Auszubildende und Arbeitnehmer mit niedrigem Bildungsniveau einen hohen Anteil an rechtsextremen Gewalttätern stellen (vgl. Oesterreich).[72]
Auszubildende waren bis dahin selten AdressatInnen politischer Bildung oder pädagogischer Maßnahmen über den Standardunterricht in der Berufsschule hinaus. Der Mangel an Bildungskonzepten spiegelte sich in der geringen Beachtung, die die Ausbildungssituation als Feld politischen und sozialen Lernens in der Forschung erfuhr (vgl. Hafeneger, 6). Auch in der Diskussion um Rechtsextremismus spielten bis weit in die 1990er Jahre Ausbildungs- und Arbeitserfahrungen keine Rolle. Hier setzt das ursprünglich für den Westberliner Lehrlingsgruppen entwickelte „Heimat"-Konzept an.[73]

In Brandenburg besteht insofern eine andere Situation als in Westberlin, als wesentlich mehr Jugendliche nach der Schule eine Ausbildung im Dualen System anstreben, während zugleich, anders als noch in Berlin, das Duale System in Brandenburg de facto kaum mehr existiert: Rund 70 Prozent aller Ausbildungsplätze werden nicht innerhalb des Dualen Systems zur Verfügung gestellt (vgl. von Below/Goedicke).[74] Außerdem treffen die Jugendlichen in Brandenburg in den Ausbildungsgruppen nur selten auf ausländische Jugendliche oder Jugendliche mit Migrationshintergrund: Gerade mal 2,7 Prozent AusländerInnen zählt die offizielle Statistik für das Jahr 2003 in Brandenburg (vgl. www.lds-bb.de).

Ende der 1990er Jahre legte die rot-grüne Bundesregierung angesichts solcher Forschungsergebnisse Sonderprogramme zur Bekämpfung des Rechtsextremis-

---

[72] Die Studie kommt zu dem Ergebnis, dass deutsche Jugendliche im internationalen Vergleich ausländerfeindlicher als andere sind, insbesondere Jugendliche aus bildungsfernen Schichten, und hier ostdeutsche ausländerfeindlicher sind als westdeutsche und ostdeutsche männliche Jugendliche ausländerfeindlicher als ostdeutsche Mädchen. Weitere Studien wiesen außerdem bei männlichen Auszubildenden in Brandenburg eine starke Ausprägung antisemitischer Einstellungen nach (Freytag/Sturzbecher).

[73] Erarbeitet wurde das Konzept ursprünglich von BildungsarbeiterInnen aus dem Umfeld des „Kirchlichen Dienstes in der Arbeitswelt Berlin-Brandenburg" für die Arbeit mit Westberliner Lehrlingsgruppen. Es entstand als Reaktion auf sich verschärfende Konflikte zwischen deutschen Lehrlingen und Lehrlingen mit Migrationshintergrund: In Berufsschule und Betrieb kommt es zur Begegnung der Jugendlichen, hier müssen sie ihr Auskommen miteinander regeln, hier findet ein wesentlicher Entwicklungsschritt statt: die berufliche Sozialisation (Czock/Panke/Steil, 203). Die guten Erfahrungen mit dem Konzept bewogen ehemalige Mitarbeiter/innen des Kirchlichen Dienstes, nun im Verein „Forum Arbeit e.V." organisiert - der Kirchliche Dienst in der Arbeitswelt war mittlerweile abgewickelt -, das Konzept in den folgenden Jahren für den brandenburgischen Kontext weiter zu entwickeln.

[74] Die Situation in Brandenburg ähnelt der aller ostdeutschen Länder.

mus auf und erfasste dabei als Zielgruppe auch Auszubildende. In diesem Rahmen erhielt das Heimatprojekt in Brandenburg eine Finanzierung für den Zeitraum 2000 – 2004[75]. Zielgruppe waren in erster Linie männliche Auszubildende aus handwerklichen und technischen Berufszweigen. Am Programm beteiligten sich 26 Berufsschulklassen aus vier Oberstufenzentren und eine Ausbildungsgruppe eines außerbetrieblichen Ausbildungsträgers. Das Projekt bot den Auszubildenden einen Ort für die Reflexion von Schlüsselproblemen der beruflichen und politischen Sozialisation. Die Jugendlichen nahmen über den Zeitraum der Ausbildung hinweg an einem Seminarprogramm zu den Themenbereichen Arbeitserfahrungen, (politische) Identität, Lebensperspektiven, Recht und Gerechtigkeit teil. Ziele des Projekts waren die Förderung sozialer Kompetenzen und (gewaltfreier) Handlungsfähigkeit in Konflikten, die Entwicklung von Berufsstolz und die Stärkung der Berufsethik. Über eine besondere methodische Arbeitsweise wurden verständigungsorientierte Kommunikationsformen erprobt und pluralistische Gruppenstrukturen befördert. Die hierdurch initiierten Lernprozesse sollten die Auszubildenden dazu befähigen, Verschiedenheit anzuerkennen und Fremdheit auszuhalten. In Einzelfällen wurden für die teilnehmenden Gruppen auf eigenen Wunsch Gedenkstättenprojekte angeboten, so zum Thema „Todesmarsch". Eine erste Auswertung des Projekts kommt zu dem Ergebnis, dass die angestrebten Zielsetzungen auch erreicht wurden (vgl. Steil 2003).

Das CD-Rom-Projekt „Annäherungen an die Geschichte des Ghettos Theresienstadt": individuelle Bezüge, Abwehr, berufsspezifische Zugänge

Für die weitgehend männlichen SchülerInnen der IT-Klasse – in der Klasse befanden sich nur drei Mädchen - bildeten die positiven Erfahrungen aus dem „Heimat"-Projekt eine Motivation für die Teilnahme an der Fahrt nach Terezin/Theresienstadt. Außerdem erleichterte es ihnen das besondere Vertrauen zu ihrem Klassenlehrer, der das Fach Wirtschafts- und Sozialkunde unterrichtete und den Vorschlag eines Besuchs der Gedenkstätte Theresienstadt formuliert hatte, sich auf das Projekt einzulassen.

Der Fahrt ging ein dreitägiges Vorbereitungstreffen in der DGB-Jugendbildungsstätte in Flecken Zechlin voraus. In Aufnahme der methodischen Arbeitsweise des „Heimat"-Projekts wurden die Jugendlichen zunächst nach ihren Ausbildungserfahrungen befragt. Es folgten Themeneinheiten, die die

---

75 Bundessonderprogramm XENOS – Leben und Arbeiten in Vielfalt. An der Finanzierung war ferner das Ministerium für Bildung, Jugend und Sport des Landes Brandenburg beteiligt. Träger des Projekts war die RAA Brandenburg in Kooperation mit der DGB-Jugendbildungsstätte und Forum Arbeit e.V.

individuellen Bezüge und Haltungen der Teilnehmenden zur Geschichte des Nationalsozialismus reflektierten. An dieser Stelle konnten die Jugendlichen, von denen einige zumindest eine Nähe zu rechtsextrem orientierten Denken aufwiesen, ihre Widerstände artikulieren – was sie auch taten, z.T. mit großer Vehemenz. Es fielen Aussagen wie „Die Rechten gibt es nur, weil ständig auf dem Nationalsozialismus herumgeritten wird". Die Widerstände konnten konstruktiv bearbeitet werden, u.a. deswegen, weil innerhalb der Gruppe Gegenpositionen vorhanden waren und die Jugendlichen miteinander ins Gespräch kamen. Damit waren zwar nicht alle Widerstände überwunden, aber am Ende der drei Tage immerhin soviel Neugierde geweckt, dass die gesamte Gruppe an der Fahrt teilnahm. Nun schlossen sich eine Einführung in die Geschichte des Ghettos Theresienstadt sowie ein Workshop zum Thema „Datenerhebung und Erfassung der Bevölkerung im Nationalsozialismus" an. Wir wählten hier den berufsspezifischen Zugang, um es den Jugendlichen zu erleichtern, einen persönlichen Bezug zum Thema herzustellen (vgl. Kleiber). In diesem Kontext entstand auch die Idee, den Gedenkstättenbesuch in Form einer CD-Rom zu ver- und bearbeiten. Eine CD-Produktion stellte zudem eine sinnvolle Vorbereitung auf die Projektarbeit im Rahmen der IHK-Abschlussprüfung dar und vermittelte Fertigkeiten, die die Auszubildenden später im Beruf gut anwenden können.[76]

Es zeigte sich, dass die meisten Jugendlichen ein wenig stolz waren, als erste BerufsschülerInnen des Oberstufenzentrums nach Theresienstadt zu fahren – bisher wurden Gedenkstättenfahrten ausschließlich mit SchülerInnen der Gymnasialen Oberstufe durchgeführt.

Die Gedenkstättenfahrt nach Theresienstadt: Geplantes und ungeplantes Programm

Die Fahrt fand vom 10. bis 14. September 2001 statt. Vor Ort betreute uns eine junge, kompetente Mitarbeiterin der Aktion Sühnezeichen/Friedensdienste. Zum abwechslungsreichen, aber auch anstrengenden Programm zählten ein Rundgang durch das ehemalige jüdische Ghetto Theresienstadt, eine Besichtigung des Gestapo-Gefängnisses in der „Kleinen Festung", mehr oder weniger gelungene the-

---

[76] Die Schüler/innen verfügten mehrheitlich über den Abschluss der Fachoberschulreife und wurden aufgrund des Lehrstellenmangels in Brandenburg bis auf wenige Ausnahmen überbetrieblich bei einem Ausbildungsträger ausgebildet. Bei Abfassung dieses Artikels haben die Jugendlichen ihre Ausbildung beendet, alle haben einen Arbeitsplatz gefunden, fast alle in West- und Süddeutschland. Da die meisten Jugendlichen mit dieser Ausbildung aus Brandenburg aufgrund der desolaten Arbeitsplatzsituation abwandern, hat das Land Brandenburg diesen geförderten Ausbildungszweig abgeschafft. Wir enthalten uns dazu eines Kommentars.

matische Selbstführungen seitens der Auszubildenden zu ausgewählten Bereichen des Ghettolebens sowie Besuche des Ghettomuseums, der Ausstellungen in der Magdeburger Kaserne, des Krematoriums und der Friedhöfe. Die Arbeitsergebnisse wurden jeweils in der Begegnungsstätte in der Magdeburger Kaserne präsentiert und von der Gruppe dokumentiert. Während des Gedenkstättenbesuchs erreichte uns am 11. September die Nachricht vom Anschlag auf das World Trade Center. Der dadurch ausgelöste Schock mündete in Überlegungen, die Fahrt abzubrechen. Nach kontrovers geführten Diskussionen entschied sich die Gruppe jedoch für die Fortsetzung des Besuchs. Am letzten Tag fuhren wir nach Prag. Dort wartete Dr. Michaela Vidlakowa, die als Kind mehrere Jahre mit ihren Eltern in Theresienstadt leben musste. Sie führte uns mit viel Wissen durch das Jüdische Viertel. Anschließend fand in den Räumlichkeiten der Jüdischen Gemeinde ein Zeitzeugingespräch statt. Für viele Jugendliche bildete der Tag in Prag einen weiteren Höhepunkt der Gedenkstättenfahrt.

Ausgestattet mit umfangreichen Materialien, Arbeitsergebnissen und Eindrücken für die Produktion der CD-Rom fuhren wir am nächsten Morgen zurück nach Brandenburg.

Die Erarbeitung der CD-Rom: Ablauf, Probleme und Erfolge

Im Anschluss an die - erfolgreichen - Zwischenprüfungen der Auszubildenden fand in der DGB-Jugendbildungsstätte das fünftägige Nachbereitungstreffen statt, um die CD-Rom zu erarbeiten. Es bestand Konsens darüber, dass die Jugendlichen die CD nach ihren Vorstellungen gestalten können, die MitarbeiterInnen der Bildungsstätte und auch der Klassenlehrer standen als inhaltliche BeraterInnen zur Verfügung. Zuvor war schon während des Unterrichts im Fach Wirtschafts- und Sozialkunde die Inhaltsstruktur der CD einvernehmlich festgelegt worden.

Die Klasse wurde entsprechend verschiedener inhaltlicher Schwerpunkte in sechs Arbeitsgruppen eingeteilt. Darüber hinaus entwickelte der Auszubildende Kai Standfuß[77] die Idee, eine fiktive Geschichte mit dem Titel „Was wäre wenn!?" zu schreiben. Ausgelöst durch die Erfahrung des 11. September 2001 beschäftigte sich des weiteren eine kleine Gruppe mit der Frage von Terrorismus nach 1945.

Die Theresienstadt-Arbeitsgruppen erstellten entsprechend des jeweiligen thematischen Schwerpunkts ihren Teil der Powerpoint-Präsentation. Es galt die Fotos aus Theresienstadt und Prag einzulesen, mit entsprechenden Überschriften zu versehen und teilweise mit Musik zu unterlegen. Die Texte wurden mit Hilfe

---

[77] Kai Standfuß kam am 5. März 2004 bei einem Autounfall ums Leben.

der Dokumente, der Materialien und der Arbeitsergebnisse aus Theresienstadt formuliert. Da bereits die TeilnehmerInnen der anderen Seminare, die zeitgleich in der DGB-Bildungsstätte stattfanden, zur Präsentation der CD am Freitag eingeladen waren, mussten die Jugendlichen schwer arbeiten und einen erheblichen Teil ihrer Freizeit opfern, um bis dahin wenigstens eine erste Fassung vorstellen zu können. Mit großer Anspannung präsentierten sie ihr Werk dann vor ca. 80 Gästen der Bildungsstätte und Pressevertretern. - die Auszubildenden waren sichtlich stolz auf ihr Produkt. In den folgenden Wochen arbeiteten sie im Anschluss an den Unterricht weiter an der CD. Als im August 2002 die Stadt Terezin und Teile der Gedenkstätte vom Hochwasser überflutet wurden, riefen sie außerdem spontan eine Spendenaktion ins Leben und sammelten in ihrem Oberstufenzentrum mehr als 1300 Euro, die sie der Theresienstädter Gedenkstätte zur

Verfügung stellten. Zudem erweiterten sie die CD um das Kapitel „Die Jahrhundertflut" und präsentierten in der Zwischenzeit mit großem Erfolg die zweite Fassung im Rahmen einer Tagung der Gedenkstätte Ravensbrück. Die dann endgültig fertig gestellte Fassung beinhaltet nun folgende Themenbereiche:

- Bau der Festung
- Die „preußische Ausbreitung"
- Die Jahre ab 1940
- Das Leben im Ghetto
- Theresienstadt nach 1945

- Unsere Reise nach Theresienstadt
- Die Jahrhundertflut.

Wie sich im Verlauf des Projekts herausstellte war die Idee, eine CD-Rom zu erarbeiten, wesentlich einfacher formuliert als in der Praxis umgesetzt. Wir, die wir das Projekt inhaltlich und pädagogisch verantwortlich betreuten, verfügten bis dahin kaum über Erfahrungen mit der Erstellung einer CD-Rom – und hatten die technische Dimension, den damit verbundenen Arbeits- und Zeitaufwand, völlig unterschätzt. Es zeigte sich schnell, dass es innerhalb von fünf Tagen schlicht nicht möglich war, sowohl eine inhaltlich anspruchsvolle Materialerarbeitung als auch die technische Produktion zu leisten. Eine Diskussion zu ästhetischen Gesichtspunkten der Gestaltung fand schon gar nicht statt. Der durch die Produktwahl ausgelöste Zeitdruck verstärkte sogar innerhalb der Gruppe Tendenzen, die wir eigentlich in Frage stellen wollten: Aufgrund der sehr unterschiedlichen Qualität der Ausbildung hatten sich einige Auszubildende zu erstklassigen technischen Profis entwickelt, mit denen andere nicht mithalten konnten. Im Projekt verfestigte sich diese Arbeitsteilung. Als ein weiteres Problem tauchte die technische Ausstattung auf: Den Profis unter den IT-Systemkaufleuten genügte die Ausstattung der Bildungsstätte nicht, weshalb sie zum Teil die eigenen Rechner in den Arbeitsprozess einbezogen, was wiederum zu Kompatibilitätsschwierigkeiten mit den Rechnern der Bildungsstätte führte. Die über viele Monate andauernde weitere Bearbeitung der CD-Rom brachte es darüber hinaus mit sich, dass auch Inhalte verändert wurden. So entschlossen sich die Auszubildenden am Ende, die fiktive Geschichte von Kai Standfuß wieder von der CD zu entfernen - obwohl aus unserer Sicht gerade diese Geschichte eine sehr durchdachte, kreative Bearbeitung des Theresienstadt-Besuchs (sowie weiteren Wissens und weiterer Vorstellungen) darstellt. Doch sämtliche Einwände von uns konnten die Auszubildenden, die die Geschichte gerade aufgrund ihres fiktiven Charakters als nicht mehr passend für ihre CD empfanden, nicht umstimmen.

Bei allen Problemen war das Projekt doch auf der entscheidenden Ebene ein Erfolg: Die TeilnehmerInnen wiesen am Ende eine hohe Identifikation mit ihrem Produkt, der CD-Rom, aber auch mit der Geschichte und dem Ort Theresienstadt auf. Selbst diejenigen, die sich zu Beginn so skeptisch und/oder abwehrend verhielten. Deutlichster Ausdruck hierfür war die mit großer Motivation ins Leben gerufene Spendenaktion für die vom Hochwasser geschädigte Gedenkstätte – unserer Meinung nach das schönste Ergebnis des Projekts.

Perspektiven

Auszubildende verdienen es, dass historische Projekte wie der Besuch der Gedenkstätte Theresienstadt mit ihnen durchgeführt werden – das Bildungspotenzial, das solchen Maßnahmen inne liegt, ist groß. Auch der berufsspezifische und produktorientierte Ansatz hat sich als richtig erwiesen, nicht dagegen das ausgewählte Medium CD-Rom. Die Möglichkeiten des kreativen Umsetzens von Gelerntem im Rahmen der CD-Gestaltung nutzten zwar einige Teilnehmende gern, die fiktive Geschichte von Kai Standfuß bildet hier den Höhepunkt. Doch konnten aufgrund des Zeitdrucks längst nicht alle Möglichkeiten kreativer Gestaltung ausgeschöpft werden. Bei weiteren Projekten gilt es deshalb das Verhältnis von Themenstellung, Produkt, Zeit und Arbeitsaufwand besser aufeinander abzustimmen. So war dieses Projekt für alle Beteiligten, gerade auch für uns, mit viel Lernerfahrungen verbunden.

Was wäre wenn!? Eine Geschichte von Kai Standfuß†

Es ist das Jahr 2002 im September. So wie in jedem Jahr werden die Tage kürzer und die Blätter der Bäume gelb. Für uns angehende IT-Sytemkaufleute bricht ein neues Lehrjahr an, das Dritte an der Zahl. Wie immer finden wir uns in Zehdenick im Oberstufenzentrum zum Unterricht ein. Zehdenick ist ein verschlafenes kleines Städtchen im Havelgau in der Region Brandenburg in Großgermanien. Es ist das erste Mal wieder Berufsschulunterricht nach den Neuwahlen. Wir alle waren sehr traurig als unser geliebter Großkanzler Adolf Hitler letzten Sommer verstarb. Er hatte viel Gutes für unser Land getan. Nun ist ein neuer junger Kanzler an der Macht. Er sprüht vor Ideen und will nahtlos an den großen Taten des Führers anknüpfen. Sein größtes Anliegen ist es, alles „Nicht-Deutsche" auszumerzen, um Schaden vom deutschen Volk abzuwenden - so wie es der große Führer tat. Doch der neue Kanzler will noch gründlicher vorgehen, um uns ein sicheres Leben zu garantieren. Jeder deutsche Staatsbürger soll sich einer DNA-Analyse unterziehen, um seine arische Herkunft zweifelsfrei zu untermauern. Anschließend wird allen Ariern ein neuer digitalisierter Personalausweis mit seinem genetischen Fingerabdruck ausgehändigt.

Alle Klassenkameraden treffen sich nach den großen Ferien in der Schule. Drei Mitschüler fehlen. Da Großgermanien kein kleines Land ist, kommt es manchmal vor, dass nicht alle pünktlich sind. Doch dieses Mal vergeht der ganze Tag, ohne dass die Drei zum Unterricht erscheinen. Langsam machen wir uns wirklich Sorgen. Ob sie vielleicht den DNA-Test nicht bestanden haben? Aber nein – wir sind doch alle arisch! Trotzdem haben wir ein komisches Gefühl. Es wird schon nichts passiert sein! Mit dieser Meinung gehen wir alle zu Bett.

Als die Drei auch am nächsten Tag nicht in der Schule auftauchen, werden unsere Zweifel größer. Wir beschließen unsere Lehrer zu fragen. Aber keiner kann oder will uns eine zufrieden stellende Antwort geben. Auch unser Klassenlehrer ist der Meinung, dass wir uns keine Sorgen machen sollen und dass schon alles seine Richtigkeit habe. Da wir uns mit diesen Antworten nicht zufrieden geben können, beschließen wir die alte Frau von nebenan um Rat zu fragen. Die gebürtige Zehdenickerin ist schon sehr alt und weise. Wie immer sitzt sie vor ihrem Haus im Vorgarten auf der Holzbank mit ihrer Katze Minka auf dem Schoß. Wir gehen auf sie zu, sie begrüßt uns freundlich und bietet uns Kekse und Kakao an. Wir erzählen ihr von den DNA-Tests und dass wir seitdem unsere drei Freunde vermissen. Die alte Frau blickt erschrocken auf. Sie weiß sofort, was passiert sein könnte. Sie erzählt uns mit zitternder Stimme von Lagern, in die nicht arische Menschen zu Adolfs Zeiten abgeschoben wurden. Man munkelt aber, dass diese Konzentrationslager noch immer in Betrieb sind. Plötzlich läuft uns ein kalter Schauer über den Rücken. Die alte Frau berichtet uns von einem Ghetto in Theresienstadt – einer Stadt nicht nur für Juden. Dort gibt es eine Festung, die als Gefängnis für Kriegsverbrecher dient. Jedoch werden dort auch Systemgegner festgehalten, die wie Vieh behandelt werden. Die Gefangenen müssen sich z.B. eine 5 qm-Zelle mit 60 Personen teilen und im Stehen schlafen. Schockiert von den Schilderungen der alten Frau beschließen wir der Sache auf den Grund zu gehen und weitere Nachforschungen anzustellen.

Am nächsten Tag treffen wir uns alle wieder. Ein Mitschüler hat von seinen Eltern erfahren, dass die Regierung spezielle Lager gebaut habe, um Minderheiten auszusondern. Er musste seinen Eltern versprechen nicht darüber zu reden, um seine kleinen Geschwister nicht zu gefährden. Wir müssen also sehr vorsichtig vorgehen, um Einzelheiten zu erfahren. Wir beschließen auf irgendeine Weise nach Theresienstadt zu gelangen und verabreden uns wenig später am Zehdenicker Bahnhof, der von der SS und vom Militär abgeriegelt wird. Dort entdecken wir in einem der vielen Züge unsere drei Freunde, die mit vielen anderen Frauen und Männern in einem der großen Waggons eingepfercht sind. Sie sehen verängstigt aus, da sie nicht genau wissen wie es weitergeht. Plötzlich entdeckt einer unserer Freunde uns und versucht zu uns zu gelangen. Es springt aus dem Zug und rennt um sein Leben. Die Soldaten lösen Alarm aus und eröffnen das Feuer. Sie erschießen ihn vor unseren Augen. Einer der SS-Offiziere ergreift ein Megaphon und verkündet: „So ihr Judenschweine! Jeder, der einen Fluchtversuch startet, wird auf der Stelle erschossen! Ihr könnt gerne fliehen, dann haben wir weniger Arbeit mit euch!" Als dieser Ausruf durch die Menge geht, verstummt jedes Geräusch. Nur die Wachmänner lachen. Es dauert nicht lange und die ersten Gefangenen springen aus dem Zug. Der Klang der Gewehre will einfach nicht verstummen und wir zucken immer wieder zusammen. Uns wird klar, dass die Gefangenen lieber sterben wollen als in den Lagern ihrer Menschenwürde beraubt zu werden. Wir können uns dieses Leid nicht mehr mit ansehen und laufen weg. Als wir in sicherer Entfernung waren, hören wir immer wieder den Namen „Theresienstadt". Uns wird klar: auch unsere Freunde werden in dieses Ghetto gebracht.

Noch in der Nacht besorgen wir uns einen fahrbaren Untersatz und die Fahrt nach Theresienstadt nimmt ihren Lauf. Nach einiger Zeit erreichen wir eine Geisterstadt in den Ostgebieten. Es ist keine Menschenseele zu sehen. Wir steigen aus und entdecken eine Grube voll mit nackten Menschen. Die Harre sind kurz geschoren. Unter dem Berg von Leichen bewegt sich etwas. Wir nehmen unseren Mut zusammen und gehen in die Grube. Wir finden ein kleines Mädchen. Es muss dort schon mehrere Tage gelegen haben. Als wir ihm helfen wollen, fängt es an zu schreien und zu weinen. Es klammert sich an eine leblose Hand im Berg von Leichen – die Hand seiner Mutter. Wir konnten das Mädchen nicht davon überzeugen mit uns zu kommen. Aber es erzählt uns von einem Zug der hier ankam, voll mit verängstigten Menschen. Hunderte von Soldaten durchsuchten die Häuser und holten viele Menschen auf die Straßen. Die Männer des Ortes mussten eine Grube ausheben und wurden anschließend mit ihren Ehefrauen und Kindern erschossen. Das Mädchen berichtet uns, dass es sich mit ihrer Familie auch vor dieses Loch stellen musste. Ihre Mutter sagte, dass es die Augen zu machen sollte. Das Mädchen hörte nur noch Schüsse und fiel mit den Anderen in das Loch. Keine der Soldaten bemerkte, dass das kleine Mädchen noch am Leben war. Wir begraben die ermordeten Menschen. Das Mädchen, das inzwischen Vertrauen zu uns gefunden hat, kommt nun mit uns mit. Im nächsten Dorf treffen wir auf Bekannte der Kleinen, die das Waisenkind aufnehmen. Am nächsten Morgen erreichen wir das Ghetto Theresienstadt. Der Zug, in dem unsere Freunde festgehalten werden, steht auf den Gleisen und wir hoffen sie befreien zu können. Doch unsere Hoffnungen sollten nicht erfüllt werden. Bereits nach wenigen Stunden fährt der Transport weiter nach Osten. Ziel ist das KZ Auschwitz, von dem uns die greise Zehdenickerin erzählt hat, dass dieser Ort von ehemaligen Häftlingen als die Hölle beschrieben wird. Die Luft ist mit Asche übersät, mit Asche von unzähligen verbrannten Menschen. Gibt es noch Hoffnung für unsere Freunde? Wir fahren zurück nach Zehdenick, um gemeinsam nach Strategien zu suchen, wie wir unsere Mitschüler doch noch retten können.

Literaturverzeichnis

Barlog-Scholz, Renata (1994): Historisches Wissen über die nationalsozialistischen Konzentrationslager bei deutschen Jugendlichen, Frankfurt Main

Below, Susanne von/Goedicke, Anne(2001): Schule und Berufsbildung im Wandel. Konsequenzen für ostdeutsche Jugendliche. In: Schluchter, Wolfgang/Quint, Peter. E (Hg.): Der Vereinigungsschock. Vergleichende Betrachtungen zehn Jahre danach, Weilerswist, S. 366-391

Borries, Bodo von (2004): Warum ist Geschichtslernen so schwierig? Neue Problemfelder in der Geschichtsdidaktik. In: Behrens, Heidi/Wagner, Andreas (Hg.): Deutsche Teilung. Repression und Alltagsleben. Erinnerungsorte der DDR-Geschichte, Leipzig, S. 69-96

Brinkmann, Annette u.a. (Hg.) (200)0: Lernen aus der Geschichte. Projekte zu Nationalsozialismus und Holocaust in Schule und Jugendarbeit, Bonn, S. 57f

Czock, Horst/Panke, Martina/Steil, Armin (1999): Arbeitswelt und Migrationskonflikte. In: Widmann, Peter/Erb, Rainer/Benz, Wolfgang (Hg.): Gewalt ohne Ausweg? Strategien gegen Rechtsextremismus und Jugendgewalt in Berlin und Brandenburg, Berlin, S. 201-222

Deckert-Peaceman, Heike/Kößler, Gottfried (2002): Konfrontationen. Impulse für die Auseinandersetzung mit Geschichte und Wirkung des Holocaust im Kontext von Menschenrechtserziehung. Der konzeptionelle Ansatz der Pädagogischen Abteilung des Fritz Bauer Instituts. In: Lenz, Claudia/Schmidt, Jens/von Wrochem, Oliver (Hg.): Erinnerungskulturen im Dialog. Europäische Perspektiven auf die NS-Vergangenheit, Hamburg/Münster, S. 243-248

Ehmann, Annegret (2000): Auseinandersetzung mit Nationalsozialismus und Holocaust in der historisch-politischen Bildung. In: Fechler, Bernd/Kößler, Gottfried/Liebertz-Groß, Till (Hg.): „Erziehung nach Auschwitz" in der multikulturellen Gesellschaft, Weinheim und München, S. 175-192

Dies. (2002): Aktuelle Fragestellungen in der historisch-politischen Bildung. In: Lenz, Claudia/Schmidt, Jens/von Wrochem, Oliver (Hg.): Erinnerungskulturen im Dialog. Europäische Perspektiven auf die NS-Vergangenheit, Hamburg/Münster, S. 91-102

Engelhardt, Kerstin (2000): Gedenkstättenbesuche als politische Erziehungsmaßnahme: Chancen und Grenzen der Gedenkstättenpädagogik an Orten der NS-Verfolgung. In: Klameth, Wolfgang/Wagner, Andreas (Hg.): Gedenkstättenpädagogik in der Jugendarbeit, Rostock, S. 29-41

Faulenbach, Bernd/Leo, Annette/Weberskirch, Klaus (2000): Zweierlei Geschichte. Lebensgeschichte und Geschichtsbewusstsein von Arbeitnehmern in West- und Ostdeutschland, Essen

Fischer, Cornelia/Anton, Hubert (1992): Auswirkungen der Besuche von Gedenkstätten auf Schülerinnen und Schüler. Breitenau-Hadamar-Buchenwald, Frankfurt Main

Frevert, Ute (2003): Geschichtsvergessenheit und Geschichtsversessenheit revisited. Der jüngste Erinnnerungsboom in der Kritik. In: Aus Politik und Zeitgeschichte, B 40-41, S. 6-13

Freytag, Ronald/Sturzbecher, Dietmar (1996): Antisemitismus in Brandenburg und Nordrhein-Westfalen. Tabellarischer Ergebnisbericht, hrsgg. vom Institut für angewandte Familien-, Kindheits- und Jugendforschung Potsdam

Frohwein, Pia/Wagner, Leonie (2004): Geschlechterspezifische Aspekte in der Gedenkstättenpädagogik. In: Gedenkstättenrundbrief Nr. 120, 8, S. 14-21

Georgi, Viola (2000): Wem gehört deutsche Geschichte? Bikulturelle Jugendliche und die Geschichte des Nationalsozialismus. In: Fechler, Bernd/Kößler, Gottfried/Liebertz-Groß, Till (Hg.): „Erziehung nach Auschwitz" in der multikulturellen Gesellschaft. Pädagogische und soziologische Annäherungen, S. 141-162

Hafeneger, Benno (1995): Pädagogik gegen rechts. Eine kritische Bestandsaufnahme. In: Schacht, Konrad/ Leif, Thomas/Janssen, Hannelore (Hg.): Hilflos gegen Rechtsextremismus? Ursachen - Handlungsfelder - Projekterfahrungen, Köln, S. 206 bis 229

Herbert, Ulrich (2000). In: Süddeutsche Zeitung 29.09.

Kaschuba, Gerrit (2002): Kollektives Erinnern von Zeitzeuginnen. Geschlechterperspektiven in der historisch-politischen Bildung. In: Lenz, Claudia/Schmidt, Jens/von Wrochem, Oliver (Hg.): Erinnerungskulturen im Dialog. Europäische Perspektiven auf die NS-Vergangenheit, Hamburg/Münster, S. 179-197

Kiegelmann, Mechthild (2002): Die soziale Dimension historischen Lernens in Gedenkstätten. In: Lenz, Claudia/Schmidt, Jens/von Wrochem, Oliver (Hg.):Erinnerungskulturen im Dialog. Europäische Perspektiven auf die NS-Vergangenheit, Hamburg/Münster, S. 141-149

Kleiber, Lore (2002): Die Rekonstruktion beruflicher Milieus im historischen Kontext des Nationalsozialismus. Konzept für eine andere, aktive Geschichtsaneignung in der Gedenk- und Bildungsstätte Haus der Wannsee-Konferenz. In: Lenz, Claudia/Schmidt, Jens/von Wrochem, Oliver (Hg.): Erinnerungskulturen im Dialog. Europäische Perspektiven auf die NS-Vergangenheit, Hamburg/Münster, S. 223-229

Kleinert, Corinna/Rijke, Johann de (2000): Rechtsextreme Orientierungen bei Jugendlichen und jungen Erwachsenen. In: Schubarth, Wilfried/Stöss, Richard (Hg.): Rechtsextremismus in der Bundesrepublik Deutschland. Eine Bilanz, Bonn, S. 167-198

Kleßmann, Christoph (2002): Zeitgeschichte als wissenschaftliche Aufklärung. In: Aus Politik und Zeitgeschichte, B 51-52/, S. 3-12

Koopmans, Ruud (2001): Schlüsselbefunde der wissenschaftlichen Forschung zum Rechtsextremismus in Deutschland in den letzten zehn Jahren, 07.09, www.wz-berli.de/akt/re.de.htm

Leo, Annette (2003): Keine gemeinsame Erinnerung. Geschichtsbewusstsein in Ost und West. In: Aus Politik und Zeitgeschichte B 40-41, S. 27-32

Dies. (2004): Nicht vereinigt. Studien zum Geschichtsbewusstsein Ost- und Westdeutscher. In: Behrens, Heidi/Wagner, Andreas, Deutsche Teilung. Repression und Alltagsleben. Erinnerungsorte der DDR-Geschichte, Leipzig, S. 58-68

Dies./Reif-Spirek, Peter (1999): „Es darf sich entsprechend der vorhandenen Hinweisschilder frei bewegt werden." Eine Analyse von Berichten Thüringer LehrerInnen über Klassenfahrten zur Gedenkstätte Buchenwald. In: Gedenkstättenrundbrief 2, S. 12-20

Märkische Allgemeine Zeitung (13.07.2004): „'Darf man hier rauchen?' Besuch einer Jugendgruppe im ehemaligen Vernichtungslager Auschwitz wurde zum Fiasko"

Moller, Sabine (2003): Vielfache Vergangenheit. Öffentliche Erinnerungskulturen und Familienerinnerungen an die NS-Zeit in Ostdeutschland, Tübingen

Nickolai, Werner/Lehmann, Henry (Hg.) (2002): Grenzen der Gedenkstättenpädagogik mit rechten Jugendlichen, Freiburg i.Br.

Oesterreich, Detlef (2003): Sind deutsche Jugendliche besonders ausländerfeindlich? Ergebnisse aus dem internationalen Civic Education-Project der IEA. In: Gesellschaft-Wirtschaftt-Politik. Sozialwissenschaften für politische Bildung, 52. Jg., 1. Vierteljahr, S. 13-25.

Robert-Bosch-Stiftung/Stiftung Haus der Geschichte der Bundesrepublik Deutschland (Hg.) (2002): Geschichtsbewusstsein und Geschichtsvermittlung in den neuen Bundesländern. Reihe: Zeit-Fragen, Stuttgart

Steil, Armin (2003): Politische Bildung in der Arbeitswelt – Das Projekt „Heimat", in: POLIS – Report der Deutschen Vereinigung für Politische Bildung, Heft 4, S. 20-22

Ders./Panke, Martina (Hg.) (2001): Betriebsnahe Bildungsarbeit und moralisches Lernen. Angebote für Lehrende und Lernende in Berufsschulen und Betriebe, Berlin/Flecken Zechlin

Welzer, Harald/Moller, Sabine/Tschuggnall, Karoline (2002): „Opa war kein Nazi". Nationalsozialismus und Holocaust im Familiengedächtnis, Frankfurt Main

Zumpe, Helen (2003): Tagesveranstaltungen der Gedenkstättenpädagogik – Konzeptionen, Zielsetzungen, Angebotsformen und Nutzergruppen. In: Politisches Lernen 1-2/03: Denk mal! Politische Bildung und Gedenkstätten, S. 35-82

„Stumme Zeugen"

Der Einsatz von kognitiven und kreativen Methoden in der historisch-politischen Bildung. Eine Seminarreihe zum Thema „Todesmarsch im Belower Wald"[78]

Michael Thoß und Akim Jah

In diesem Beitrag stellen wir eine Seminarreihe mit Schülerinnen und Schülern zum Thema *Der Todesmarsch im Belower Wald* vor, die wir zwischen Herbst 2002 und Frühjahr 2003 in der DGB-Jugendbildungsstätte Flecken Zechlin durchführten. Am Ende stand eine Ausstellung, die bislang an sechs verschiedenen Orten in Berlin und Brandenburg gezeigt worden ist. Sie wurde an Gedenkorten der nationalsozialistischen Gewaltherrschaft wie dem Todesmarschmuseum im Belower Wald und im Museum in Sachsenhausen, aber auch an anderen Orten wie einer Schule und einer öffentlichen Bibliothek präsentiert. Darüber hinaus

---

[78] Bei dem vorliegenden Artikel handelt es sich um eine erweiterte Fassung unseres Artikels „Stumme Zeugen" – Ein Erfahrungsbericht über historisch-politische Bildung zum Belower Wald, in: Gedenkstättenrundbrief 03/2004.

sind Teile der Ausstellung dauerhaft in der DGB-Jugendbildungsstätte zu sehen. Eine kleine mobile Version der Ausstellung wurde an verschiedenen Aktions- und Projekttagen in Berlin und Oranienburg aufgestellt.

Im Zentrum der Seminare standen die nationalsozialistische Ideologie und Politik, die anhand des Konzentrationslagersystems und dem Paradigma der Ungleichwertigkeit von Menschen behandelt wurden. Als methodische Herangehensweise wählten wir kognitive und kreative Ansätze. Obwohl die kreative Betätigung einen hohen Stellenwert während der Seminare einnahm, lag unser Schwerpunkt in der kognitiven Auseinandersetzung. Kreative Methoden verstehen wir dabei als einen Zugang und als eine Möglichkeit für eine emotionale Bearbeitung des historischen Stoffes, und somit als eine Voraussetzung für kognitive Lernprozesse.

Im Folgenden wollen wir entscheidende Stationen bei der Durchführung des Projekts aufzeigen und einige grundsätzliche Überlegungen zu Kriterien solch einer Projektarbeit in und um Gedenkstätten vorstellen.

Der historische Ort und der rechtsextreme Brandanschlag 2002

Das Museum des Todesmarsches im Belower Wald befindet sich im Norden des Landes Brandenburg unweit der Kleinstadt Wittstock. Historisch betrachtet ist der Ort eng mit der Geschichte des Konzentrationslagers Sachsenhausen verbunden. Bedingt durch den Vormarsch der sowjetischen Truppen auf Berlin wurde die Auflösung des Lagers beschlossen und die Gefangenen mit Ausnahme der todkranken Häftlinge am 21. April 1945 in mehreren Kolonnen zu Fuß Richtung Schwerin getrieben. Verpflegungs- und bekleidungsmäßig völlig unzureichend ausgestattet, kamen sie einige Tage später in der Umgebung von Wittstock an und biwakierten völlig entkräftet im Belower Wald. Zum Schutz vor der Witterung dienten einzig selbsterrichtete Unterstände und Erdlöcher. Nach knapp einwöchigem Aufenthalt trieb die SS den Großteil der Häftlinge weiter. Einheiten der US-amerikanischen und sowjetischen Armee befreiten die Überlebenden zwischen dem 3. und 6. Mai im Raum Schwerin und Ludwigslust.

In Erinnerung an die Opfer des Marsches wurde nach dem Krieg eine Stele und ein Ehrenhain errichtet und 1981 ein kleines Museum eröffnet. Dort sind Zeugnisse und Gebrauchsgegenstände der ehemaligen Häftlinge zu besichtigen. Die von den Häftlingen errichteten Unterstände im Wald wurden im Rahmen von Aufräum- und Säuberungsarbeiten zerstört, dagegen sind ihre an Bäumen eingeritzten Inschriften bis heute zu erkennen. Ins Bewusstsein einer breiteren Öffentlichkeit gelangte dieser Ort, als in der Nacht vom 5. zum 6. September 2002 Rechtsextreme einen Brandanschlag auf das Museum verübten, bei dem ein Ausstellungsraum sowie ein Teil der Exponate beschädigt wurden. Zudem schändeten die Rechtsextremen das Mahnmal mit einem knapp ein Meter großen Hakenkreuz, SS-Runen und der antisemitischen Parole „Juden haben kurze Beine". Die Ermittlungen der Polizei zu Tätern und Tathintergrund verliefen bisher erfolglos.

Das Projekt: Seminar I

Geplant war ein Seminar, in dem sich Jugendliche am Beispiel des Todesmarsches mit der nationalsozialistischen Rassenpolitik und -ideologie auseinander setzen. Außerdem sollte in einer Einheit über heutigen Rechtsextremismus auf Ideologie und Strategie der rechtsextremen Szene eingegangen werden. Ziel war hier die Beschäftigung mit der Frage, welche Faszination warum der Nationalsozialismus heute insbesondere auf junge Menschen ausübt. Unter dem Eindruck des Anschlages wurde der im Konzept angelegte Gegenwartsbezug vertieft: Die sichtbaren Folgen des Brandanschlages beeindruckten die Teilnehmenden[79] stark und riefen damit eine Dynamik hervor, die den weiteren Verlauf wesentlich beeinflusste.

Im Mittelpunkt des ersten Seminars standen die Reflexion des eigenen Bezuges zum Nationalsozialismus, die Vermittlung zentraler Ereignisse und Strukturen des NS, der Besuch des historischen Ortes sowie der Rückgriff von Rechtsextremisten auf ideologische Versatzstücke des Nationalsozialismus. Angelehnt an die biographische Methode von Gudjons/Pieper/Wagener (vgl. dies., 222f) wurden zum einen der Bezug der Teilnehmenden zum Thema Nationalsozialismus herausgearbeitet und zum anderen diejenigen Faktoren zum Gegenstand der Betrachtung gemacht, die das eigene Bild vom NS prägten. Das Ziel lautete, eine Einschätzung zum Wissenstand der Teilnehmenden und zum Gruppengefüge zu erhalten und eine Grundlage für eine vertrauensvolle Zusammenarbeit zu schaffen. In der folgenden Einheit vertieften die Jugendlichen ihr Wissen zu zentralen Ereignissen und Strukturmerkmalen des Nationalsozialismus. Im Mittelpunkt stand dabei die Verknüpfung von rassistischer Ideologie und staatlichem Aufbau des Konzentrationslagersystems. Anhand einer *Zeitleiste* wurden entscheidende Ereignisse des Nationalsozialismus aus den Jahren 1933-1945 von uns erläutert oder – abhängig vom Wissensstand – durch die Jugendlichen in einer Gruppendiskussion erarbeitet. Der Vorteil dieser Methode besteht darin, dass das „Gesamtpanorama" von 12 Jahren nationalsozialistischer Herrschaftspolitik gezeigt und allen TeilnehmerInnen zugänglich wird, wesentliche Aspekte der Ideologie thematisiert und zugleich der Todesmarsch historisch eingeordnet werden kann.

---

[79] Es handelte sich um Jugendliche zwischen 14 und 19 Jahren aus zwei Schulen in Oranienburg und Berlin-Hohenschönhausen, die in Arbeitsgemeinschaften organisiert waren und sich freiwillig zu den Seminaren angemeldet hatten.

Zudem ermöglicht die Methode den Jugendlichen, ihr Wissen einzubringen und offene Fragen zu klären.

Nach diesem kognitiven Einstieg stand der nächste Tag im Zeichen der Exkursion an den historischen Ort. Die Führung durch den Wald in Below zu den Spuren der Häftlinge dokumentierten die Jugendlichen mit Tonband, Video und Fotografie. Einige nutzen die Zeit nach der Führung, um noch einmal allein in den Wald zu gehen und die Stimmung des Ortes auf sich wirken zu lassen. Anschließend teilte sich die Gruppe. Ein Teil der Jugendlichen fuhr nach Wittstock, um dort in einem Einkaufszentrum mit BewohnerInnen der Region Interviews zum Anschlag auf das Museum zu führen. Andere liefen einen kleinen Teil der Todesmarschstrecke zum Dorf Grabow nach, wo sich ein Notlazarett befunden hatte. Hier fand der zweite Teil der Führung statt. Einer Gruppe von Schülerinnen war es zudem möglich, ein Gespräch mit einer Zeitzeugin zu führen, die noch heute in Grabow lebt und den Zug der Häftlinge beobachtet hatte. Der Einsatz unterschiedlicher Medien zur Dokumentation des Tages wie Video und Tonbandgeräte diente der Vorbereitung der kreativen Aufarbeitung.

Entscheidend war in dieser Phase, dass nun abstrakte historische Ereignisse, die sich vorher nur mittelbar über Bilder, schriftliche Quellen oder ZeitzeugInnenberichte erschließen ließen, greifbar wurden. Darüber hinaus machte der noch in der Luft liegende Brandgeruch des Anschlages die Zerstörungswut dieser Ideologie in der Gegenwart erfahrbar.

Am dritten Tag konnten die Teilnehmenden unter der Fragestellung „Was denke ich über meinen Besuch in der Gedenkstätte Belower Wald und was möchte ich anderen darüber mitteilen?" den vorherigen Tag reflektieren und durch eine Produkterstellung kreativ bearbeiten. Die Jugendlichen hatten damit die Möglichkeit, die rein kognitive Ebene zu verlassen und die eigenen Gefühle kreativ auszudrücken. Die Vorgaben waren dabei bewusst weit gefasst: Einzel- und Gruppenarbeiten waren zulässig, auch die Form konnte frei gewählt werden. Es entstanden einige kleine Texte, ein Gedicht, ein in Gruppenarbeit erstelltes Poster und diverse Collagen. Die Kreativität, die in den Arbeiten zum Ausdruck kam, gab einen Eindruck davon, wie intensiv die Jugendlichen sich auch emotional mit dem Thema beschäftigt hatten. Die Ergebnisse wurden anschließend in der gesamten Gruppe vorgestellt.

Am Nachmittag gab es einen Block zum Thema „Rechtsextremismus heute", in dem Funktion und Bedeutung rechtsextremer Musik für die Strategie der extremen Rechten untersucht wurde. Die Jugendlichen bearbeiteten zunächst in Kleingruppen, anschließend im Plenum unter verschiedenen Fragestellungen in Bezug auf Inhalte, Bilder und Anknüpfungspunkte an den Nationalsozialismus Liedtexte bekannter Rechtsrock-Bands. Im Ergebnis wurde deutlich, dass sich in weiten Teilen Deutschlands eine Jugendkultur entwickelt hat, die inhaltlich an den Nationalsozialismus anknüpft und Nährboden für eine Ideologie ist, die Anschläge wie in Below als legitimes Mittel politischer Auseinandersetzung verherrlicht.

Für das erste Seminar lassen sich zusammenfassend vier Phasen festhalten:

- Einstiegs- und Gruppenbildungsphase
- Wissensfundierung zu Nationalsozialismus und Rechtsextremismus
- Besuch des historischen Ortes und Interviews
- kognitive und emotionale Verarbeitung des Erlebten.

Durch den Einsatz der verschiedenen Methoden wurden die Jugendlichen von unterschiedlichen Gesichtspunkten aus an das Thema herangeführt. Das Setting erlaubte es ihnen, dass sie sich intensiv mit dem Thema auseinander setzten und eigenständig nach Möglichkeiten suchten, ihre Erlebnisse zu verarbeiten. Am Abend nach der Exkursion trafen sich spontan einige Teilnehmende, um sich bei laufender Kamera über ihre Erfahrungen in Wittstock und in Grabow auszutauschen. Daraus entstand ein Text, der über den Todesmarsch, den Anschlag und die Reaktionen der Wittstocker Bevölkerung Auskunft gibt, aber auch Gefühle und Stimmungen der Jugendlichen widerspiegelt. Im gegenseitigen Erzählen verarbeiteten sie ihre Erfahrungen und konnten eigene Positionen zu den erlebten Ereignissen austauschen. Die Dokumentation des Besuchs am historischen Ort, die Umfrage in Wittstock, das Zeitzeugingespräch und das Selbstinterview am Abend waren im ursprünglichen Seminarkonzept nicht vorgesehen. Sie entwickelten sich spontan vor dem Hintergrund der aktuellen Situation.

Zum Abschluss des Seminars äußerten die Teilnehmenden der Wunsch, weiterzuarbeiten und - als Reaktion auf den Anschlag - das erarbeitete Material in die Öffentlichkeit zu tragen. Verschiedene Möglichkeiten (Website, Film und Ausstellung) wurden diskutiert. Gemeinsam einigten sich Teilnehmende und Team schließlich darauf, auf Grundlage der Einzel- und Gruppenarbeiten eine Ausstellung zu entwickeln. Ganz entscheidend für diesen Prozess war, dass kein Produktzwang bestand. Erst vor dem Hintergrund der Aktualität des Brandanschlages und der im Seminar entstanden Arbeiten entstand die Idee eines Endprodukts.

Seminar II

Im Mittelpunkt des zweiten Seminars standen die Konzeption der Ausstellung, die Überarbeitung und Diskussion der verfassten Texte sowie die Vertiefung des Themas und die Reflexion der Arbeitsergebnisse vom letzten Seminar. Wie im ersten Seminar haben die Teamer in Gruppendynamik und Entscheidungsprozesse der Gruppe nur strukturierend eingewirkt und den Teilnehmenden frei Hand bei der Umsetzung ihrer Ideen gelassen. Die Mischung aus spontan assoziativer Ideenentwicklung der Jugendlichen und moderierendem Anleiten stellte sich als produktiv für die weitere Arbeit heraus. Das Seminar wurde fortan arbeitsteilig organisiert. Die Jugendlichen konnten sich einer von vier Kleingruppen zuordnen. Neben einer für den Arbeitsprozess sinnvollen Arbeitsteilung war die Idee der Gruppenarbeit, dass sich jede Gruppe das Medium und den Inhalt suchen konnte, das sie besonders ansprach. So entstanden die Möglichkeiten, Texte zu schreiben, zu recherchieren, sich kreativ, konzeptionell oder handwerklich zu betätigen:

Die Arbeitsgruppe zum Thema Häftlingsbiographien/Todesmarsch recherchierte in Häftlingsberichten, zeitgenössischen Quellen und Sekundärliteratur über den Todesmarsch.

Die Arbeitsgruppe zum Thema Rechtsextremismus sammelte Informationen über mögliche Hintergründe des Anschlags.

Die Medien-AG sichtete und bearbeitete Video-, Ton- und Fotomaterial und transkribierte und editierte das Selbstinterview.

Die Konzept-AG entwickelte ein Konzept für die Ausstellung. Ihre Arbeit umfasste sowohl die inhaltlichen als auch die gestalterischen Aspekte der Ausstellung und die Erstellung von Modellen.

Die Arbeit in den Kleingruppen erfolgte jeweils unter professioneller Anleitung. Die Betreuung der ersten beiden AGs wurde durch uns, einen Historiker und einen Politologen, realisiert. Wir leisteten sowohl bei der inhaltlichen Recherche als auch beim Verfassen der Texte Unterstützung. Die technische Betreuung der dritten AG übernahm ein Medienpädagoge der Bildungsstätte und die Konzept-AG arbeitete mit einem Ausstellungsdesigner zusammen.

Die Konzept-AG entwickelte nach einem Input zum Thema Ausstellungskonzeption mit Hilfe unterschiedlicher Modelle ein zweigeteiltes Konzept, das später in leicht modifizierter Form wie folgt umgesetzt wurde: Der erste Teil der Ausstellung besteht ausschließlich aus Texten und Fotos zur Geschichte des Todesmarsches und zum Brandanschlag, die Ausstellungsständer sind dem Belower Wald nachempfundene stilisierte Bäume. Dieser angedeutete Wald wird von

schwarzen Stellwänden, die trichterförmig zusammenlaufen, umfasst. Am Ende des Trichters steht eine blaue Wand, die das Licht am Ende des Tunnels und die Hoffnung der Häftlinge auf Befreiung symbolisieren soll. Erst danach gelangen die BesucherInnen zu den Arbeiten der Jugendlichen. Auf sogenannten Gästebäumen erhalten die Betrachtenden die Möglichkeit, die Ausstellung zu kommentieren. Der reflexive und bewertende Teil wurde bewusst vom darstellenden Teil getrennt. Damit lag die Gewichtung eindeutig auf der Vermittlung der Fakten zum Todesmarsch. Der Arbeitsprozess der Gruppe wurde im Gegensatz dazu geringer bewertet. Die arbeitsteilige Vorgehensweise erforderte eine ständige Rückkopplung mit der gesamten Gruppe, die schließlich in einer gemeinsamen

Diskussion die endgültige Entscheidung über Form und Inhalt der Ausstellung getroffen hat.

Diese konkrete Abbildung des Themas Wald im Ausstellungskonzept stieß zunächst auf die Ablehnung des Ausstellungsdesigners, der ein eigenes abstrakteres Konzept favorisierte. Nachdem die Vorstellungen von Jugendlichen und Experten nicht in Einklang zu bringen waren, griffen die Teamer moderierend in die Diskussion ein. Ausschlaggebend war schließlich das Argument, dass es sich um ein Projekt der Teilnehmenden handelt, die letztendlich auch die Verantwortung für die Außenwirkung der Ausstellung übernehmen. Die Funktion des Experten bestand überwiegend darin, auf Probleme bei der Ausführung und der technischen Umsetzung hinzuweisen und hatte damit einen überwiegend moderierenden Charakter.

Die Ergebnisse dieses Seminars waren bestimmend für die Umsetzung der Ausstellung, die den Namen „Stumme Zeugen - eine Ausstellung über den Belower Wald" erhielt. Nachdem wichtige konzeptionelle Entscheidungen getroffen und ein großer Teil des Rohmaterials (Fotos, Tonbandaufzeichnungen, Texte) aufbereitet worden war, konnte mit der Realisierung begonnen werden. Die finanzielle Förderung durch das *Respektabel*-Programm machte es möglich, einen Großteil der technischen Umsetzung als Auftragsarbeiten zu vergeben (z.B. die Anfertigung der Holzaufsteller als Träger der Exponate). Ein Planungstreffen zwischen den Seminaren diente zur Absprache über die Details der Ausstellung mit dem Ausstellungsdesigner.

Seminar III

Während des dritten Seminars bauten die Jugendlichen eine Woche vor Ausstellungsbeginn unter Anleitung des multiprofessionellen Teams die Ausstellung in den Räumen des Museums im Belower Wald auf. In Vorbereitung der Ausstellungseröffnung diskutierten sie eine Ansprache, die von zwei Jugendlichen vorbereitet worden war. Darüber hinaus erfolgte, dem Seminarkonzept gemäß, eine inhaltliche Vertiefung zum Thema Rechtsextremismus.

Während der jährlichen Gedenkveranstaltung zum Todesmarsch im April 2003 eröffneten zwei Jugendliche schließlich die Ausstellung mit der vorbereiteten Rede. Die Resonanz gerade auch unter den jüngeren BesucherInnen auf die Ausstellung war hoch. Die Exponate blieben zunächst vier Monate im Belower Wald und wurden danach an weiteren Orten in Oranienburg und Berlin gezeigt. Im Oranienburger Runge-Gymnasium wurde ein Exponat gestohlen und Geld aus der Spendenkasse entwendet. Durch den Diebstahl, aber vor allem durch die Kommentare der BesucherInnen auf den „Gästebäumen" bekommt die Ausstellung ihrerseits eine eigene Geschichte und sorgt für Diskurse, die weit über die Seminargruppe hinausgehen. Abgerundet wurde das gesamte Projekt durch eine informelle Auswertungsrunde, bei der die Jugendlichen die Möglichkeit hatten, Kritik am Gesamtprojekt zu äußern.

Während der Auswertung brachten die Teilnehmenden eine ambivalente Einschätzung zum Ausdruck. Einerseits befürworteten sie den Aufbau des Seminars, seine Inhalte, das Arbeitspensum, die Vermittlung der Methoden und die Tiefe der Auseinandersetzung. Zudem gaben sie stets neue Impulse, die die Arbeitsdynamik erhöhten. Andererseits wurde von vielen die zu geringe Freizeit bemängelt. Dadurch, dass wir den Teilnehmenden weitestgehend Freiheit bei der Umsetzung ihrer Ideen gelassen haben, entstand der Wunsch, immer tiefer in das Thema einzudringen. In einem späteren Seminarprojekt, in dem Jugendliche in noch viel größerem Maße Verantwortung für die Projektdurchführung übernommen haben, entwickelten sich ähnliche Dynamiken. Die pädagogische Aufgabe bei dieser Konzeption liegt u.E. dabei darin, die „Fallstricke" selbständigen Arbeitens zu thematisieren und einschätzen zu lernen.

Überlegungen zu Kriterien in der historisch-politischen Bildung mit Jugendlichen

Das hier beschriebene Projekt fand unter geradezu idealen Bedingungen statt. Neben der Infrastruktur der Jugendbildungsstätte, der – wenngleich auf recht niedrigem Niveau – abgesicherten Finanzierung und der reibungslosen Zusammenarbeit der verschiedenen Akteure spielte auch die überdurchschnittlich hohe Motivation der Jugendlichen für das Gelingen des Projekts eine entscheidende

Rolle. Diese günstige Ausgangssituation und der Erfolg der Seminarreihe laden dazu ein, Rückschlüsse zu ziehen, welche methodischen Vorgehensweisen sich positiv auf Projektarbeit an historischen Orten auswirken, und die inhaltlichen Zielsetzungen zur Diskussion zu stellen.

Schlussfolgerungen

Zunächst müssen von den Projektverantwortlichen klare thematische Ziele formuliert werden. Diese sollten nicht nur der vorbereitenden und begleitenden Lehrkraft, sondern auch den Teilnehmenden bekannt sein. Die Vielschichtigkeit der Herangehensweisen und das Ziel, auch die Kompetenzen der Jugendlichen zu stärken, befreien das pädagogische Team nicht davon, das Thema im Auge zu behalten. Mit Markus Köster plädieren wir dafür, den historischen Themen einen starken eigenwertigen Platz einzuräumen und auf den „expliziten Transfer (...) historischer Themeneinheiten auf die politische Gegenwart" zu verzichten (vgl. Köster, 86). Unserer Ansicht nach sollte die Beschäftigung mit dem Nationalsozialismus nicht darauf abzielen, einfache Analogien zu aktuellen gesellschaftlichen Phänomenen und Problemlagen zu bilden, sondern den historischen Gegenstand durchdringen und das Geschichtsbild zu präzisieren (vgl. Zimmer).[80]

Das Herausgreifen einzelner historischer Ereignisse als Richtschnur und Beispiel für gegenwärtiges moralisches Handeln birgt die Gefahr von „unterkomplexen Analogieschlüssen" (vgl. Köster, 86), die weder zum Begreifen von Geschichte und Gegenwart beitragen noch der Förderung von kritischem Denken und der Entwicklung von neuen Fragen dienlich sind. Auf die Gefahr, die Geschichte zu benutzen wie der Betrunkene den Laternenpfahl, nämlich als Stütze und nicht als Erhellung, haben schon in den 1980er Jahren die KritikerInnen der Alltagsgeschichte hingewiesen. Eine unreflektierte, d.h. in die Gegenwart projizierte Übernahme der Opferperspektive und eine unkritische Identifizierung mit „Idolen und Vorbildern für das eigene politische Handeln" (vgl. Borscheid, 88) läuft Gefahr, auf einer identitätsstiftenden Ebene zu verharren und zu einem verzerrten Bild sowohl der Vergangenheit als auch der Gegenwart zu führen.

Vor dem Hintergrund der zwischenzeitlich recht umfangreichen regionalen bzw. lokalen Forschungen zu unterschiedlichen Aspekten des Holocausts und des Nationalsozialismus können die thematischen Schwerpunkte und die lokalen Bezugspunkte bei einem Projekt über die Geschichte des Nationalsozialismus stark variieren. Doch auch bei Projekten mit lokaler Schwerpunktsetzung ist der

---

[80] Insofern stehen wir dem seit längerem zu beobachtenden Trend in der historisch-politischen Bildung, diese mit einer Menschenrechtsbildung zu verknüpfen, kritisch gegenüber.

Rückbezug auf den historischen Gesamtkontext, insbesondere auf den rassistischen Kern der nationalsozialistischen Politik, essentiell. Das Ziel, die Geschichte zu begreifen darf nicht verdrängt werden durch das Bestreben möglichst viele lokale Details und Einzelschicksale als Bestandteil einer „Heimatgeschichte" zu präsentieren, die Zusammenhänge ignoriert und in der alle „irgendwie" als Opfer von Makrostrukturen betrachtet werden.

Fragen nach dem Umgang mit Verantwortung und Schuld in der Aufarbeitung nach 1945 gehören ebenso zur Geschichte des NS wie die "Kultur" des Gedenkens. Im unmittelbaren Zusammenhang damit stehen auch Ideologie und Praxis rechtsextremistischer Gruppen in der Bundesrepublik, die sich einem Ursprungsmythos gleich explizit auf die Zeit des Nationalsozialismus beziehen und damit nicht nur auf die gleichen gesellschaftlichen "Lösungsmodelle" zurückgreifen, sondern dieses Gedankengut offensiv verbreiten. Da die rechtsextreme Szene oft mit ideologischen Versatzstücken arbeitet und diese zeitgemäß modifiziert, ist auch hier ein Gesamtverständnis nationalsozialistischer Herrschaftspraxis für die Auseinandersetzung unerlässlich.

TeilnehmerInnenorientierung

Die Bedürfnisse, die Interessen und das Vorwissen der Teilnehmenden sollten Orientierungspunkte bei der Planung und Durchführung von Seminaren sein, ohne dabei Seminarziele, methodische Gesichtspunkte und die Unterschiedlichkeit der Seminarphasen aus dem Blick zu verlieren. Die Rücksichtnahme auf individuelle Zugänge bildete einen zentralen Bestandteil unserer Konzeption und schaffte so unterschiedliche Möglichkeiten, sich dem Thema zu nähern. Die Orientierung an den Teilnehmenden heißt auch, deren Realität und ihren Bezug zum Thema zu berücksichtigen. Dies bezieht sich nicht nur auf den familiären und kulturellen Hintergrund, sondern auch auf das konkrete Interesse der Teilnehmenden und ihre Fragestellungen an das Thema NS. Es geht also darum, einen individuellen Zugang zum Thema zu eröffnen und Möglichkeiten zu bieten, sich aktiv in den Lernprozess einzubringen. Eine Voraussetzung dafür sind Arbeitsphasen, in denen die Jugendlichen explizit von sich und ihrem Bezug zum Thema Nationalsozialismus erzählen können.

Stärkung der Kompetenzen

Die Orientierung auf die Teilnehmenden schließt die Stärkung ihrer Kompetenzen ein. Die Jugendlichen sollen dabei unterstützt werden, die Fähigkeit zur Auseinandersetzung mit Geschichte im Allgemeinen und dem Nationalsozialismus im Besonderen zu entwickeln. Dazu gehört die Erschließung und Bearbeitung von Quellen, die Strukturierung von Informationen und die Fähigkeit, die Ergebnisse in Gruppen zu reflektieren. Damit verfolgen wir auch das Ziel, den Jugendlichen entsprechend ihres Wissens und ihrer kognitiven Fähigkeiten an Kriterien und Standards von wissenschaftlichem Arbeiten heranzuführen. Diese Kernkompetenzen bilden eine Grundlage dafür, dass sich die Beschäftigung mit der Geschichte nicht nur auf das Seminar bzw. Projekt bezieht, sondern auch nachhaltige Wirkung entfalten kann.

Einerseits sollen also die Jugendlichen so viel wie möglich selbst erarbeiten, andererseits müssen sie eine ausreichende professionelle Unterstützung erfahren. Neben inhaltlichen Zielen ist deshalb auch die Vermittlung von methodischen Kenntnissen von Bedeutung. So gehörten das Verfassen von Texten und die qualifizierte Kritik daran ebenso zum Ziel des Projekts wie die Moderation von Arbeits- und Diskussionsprozessen durch die Jugendlichen. Diese Kompetenzstärkung geht über die z.B. im *Konfrontationen*-Projekt des Fritz-Bauer-Instituts vorgeschlagenen pädagogischen Ziele wie „gegenseitige Anerkennung", „Einfühlvermögen" und „Kenntnis von Asymmetrien" (vgl. Kößler/Mumme, 6) hinaus. Während diese als Voraussetzung, sich überhaupt auf die Erfahrungen der Opfer – und damit auf die Geschichte – einzulassen, verstanden werden können, bilden die von uns thematisierten Kompetenzen die Voraussetzung, sich eigenständig mit historischen Themen auseinander zu setzen. Welche Kompetenzen in einem Seminar gezielt gefördert werden, hängt von der Gruppenkonstellation und der Bereitschaft der Lernenden ab, sich in das Thema zu vertiefen.

Eine weitere Ebene der Kompetenzstärkung bildet die Unterstützung dafür, das erworbene Wissen an andere weiter zu vermitteln. Diese Vermittlung kann sich, wie im Fall der Ausstellung geschehen, an eine Öffentlichkeit richten, oder sich wie im Konzept *Führeinander* der Gedenk- und Bildungsstätte Haus der Wannseekonferenz (vgl. Gryglewski/Kreutzmüller) auf die lernende Gruppe selbst beziehen.

Methodenwechsel

Der Methodenwechsel gehört zum Handwerkszeug aller außerschulischen politischen Bildung. Dieser darf jedoch nicht mit Beliebigkeit der Methodenwahl verwechselt werden. Der Wechsel von intensiven Inputphasen, Vertiefung des Themas am historischen Ort und Reflexionsphasen, in der das eigenständige Arbeiten im Mittelpunkt steht, ist notwendig für die Wissensaneignung und -vertiefung. Raum für Reflexion zu bieten, gehört dabei genauso zu den Kriterien einer erfolgreichen historisch-politischen Bildung wie fachlich qualifizierte Inputs. Auch innerhalb der einzelnen Programmpunkte sollten unterschiedliche Möglichkeiten der Auseinandersetzung angeboten werden: So hatten die Teilnehmenden in der Reflexionsphase die Wahl zwischen Textarbeit und künstlerischer Tätigkeit. Gleiches galt bei der Vorbereitung der Ausstellung, wo die Möglichkeiten vom Verfassen von Texten über die Entwicklung eines Ausstellungsentwurfs bis zum Bau von Modellen reichten.

Notwendigkeit von Auswertungs- und Reflexionsphasen

Oben haben wir vier unterschiedliche Seminarphasen beschrieben: Die Einstiegsphase stellt die Arbeitsfähigkeit der Gruppe her. Die Wissensfundierung dient der kognitiven Vermittlung von Wissen, Bearbeitung von inhaltlichen Fragen und der Vorbereitung auf die Exkursion. Der Besuch des historischen Ortes macht abstrakte Ereignisse begreifbar. In der Reflexionsphase werden schließlich Erfahrung und Wissen strukturiert, bearbeitet und nachhaltig gefestigt.

Die emotionale und kognitive Verarbeitung des erfahrenen und erlernten Wissens betrachten wir dabei als wichtige Bestandteile längerfristiger historisch-politischer Bildung. Gerade die kognitive Verarbeitung bildet die Voraussetzung, aus dem Erfahrenen zu lernen und Offenheit und Neugierde für die weitere Beschäftigung mit dem Thema zu entwickeln und nicht auf der Ebene emotionaler Betroffenheit zu verharren. Jürgen Kocka hat dies folgendermaßen formuliert: „Die ehrlichste Betroffenheit, das eindrucksvollste Mahnmal und die angestrengteste Trauerarbeit können das Begreifen, die Erklärung, die Einordnung des historischen Phänomens nicht ersetzen." (Kocka 1998, 152) Insofern bilden die im Seminar erstellten Produkte keinen Endpunkt der Auseinandersetzung, sondern dienen dazu, Gefühle und Gedanken auszudrücken, die wiederum den Ausgangspunkt für die weitere Beschäftigung bilden.

Die Verarbeitung des Erfahrenen und Gelernten kann dabei unterschiedliche Formen annehmen. In unserem Projekt haben wir die Form bewusst offen gelassen, so dass die Möglichkeit der gestalterischen Auseinandersetzung wie Collagen und Poster ebenso bestand wie die Erstellung von unterschiedlichen Textgattungen. Dies berücksichtigt die Erfahrung, dass Menschen sich durch verschiedene Medien unterschiedlich gut ausdrücken können.

Multiprofessionalität

So wie die Möglichkeiten des Machbaren und Wünschenswerten innerhalb eines Seminars begrenzt sind, so sind auch die Fähigkeiten von TeamerInnen begrenzt. Aus diesem Grund wurde bei der Seminarumsetzung Wert darauf gelegt, in "sachfremden" Bereichen professionelle Unterstützung zu suchen. Vor allem durch die Beteiligung des Ausstellungsdesigners war nicht nur ein produktiveres bzw. effektiveres Arbeiten gewährleistet, sondern auch ein qualifiziertes Lernen auf der Methodenebene.

Zu einer Multiprofessionalität gehört zudem die Vergabe derjenigen Arbeiten an Dritte, die realistischerweise in einem außerschulischen Projekt selbst nicht umgesetzt werden können und die nicht Bestandteil der gesetzten pädagogischen oder inhaltlichen Ziele sind. Dabei muss jedoch gewährleistet sein, dass alle Entscheidungen, in unserem Fall z.B. über Design und Form der Ausstellung, von den Teilnehmenden selbst getroffen werden. Dies stärkt zudem die Fähigkeit, gemeinsame Entscheidungen zu treffen und nach außen zu vertreten. Für Projekte, die einen Gedenkstättenbesuch einschließen, bedeutet Multiprofessionalität ferner Absprachen mit den MitarbeiterInnen der Gedenkstätte und die Inanspruchnahme ihres Fachwissens. Auch hier sind langfristige Kontakte wünschenswert, die eine inhaltlich aufeinander abgestimmte Arbeitsteilung ermöglichen.

Kein Produktzwang

Auch wenn sich in diesem Projekt die öffentliche Präsentation eines Produkts als wirkungsvoll erwies, kann dies nicht die Meßlatte für den Erfolg historisch-politischer Bildung sein. Bei einer Fixierung auf das Produkt besteht die Gefahr, dass die Inhalte in den Hintergrund treten. Wir sahen uns z.B. ab einem gewissen Zeitpunkt auf Grund der beantragten Mittel dem Druck ausgesetzt, die Ausstellung fertig zu bekommen. Trotzdem haben wir darauf geachtet, dass in allen Phasen, selbst am Wochenende vor der Ausstellungseröffnung, thematische Einheiten fester Bestandteil des Seminarablaufs waren. Außerdem ist oft aufgrund der knapp bemessenen Zeit in der außerschulischen Bildung die Arbeit an einem Produkt schlichtweg nicht möglich. Aus diesen Erwägungen plädieren wir für einen Prozess, bei dem eine Vertiefung des historischen Gegenstandes im Mittelpunkt steht, das Ergebnis aber offen ist. Mit den Autoren und Autorinnen von *Konfrontationen* gehen wir davon aus, dass nicht die sichtbaren Ergebnisse eines Lernprozesses entscheidend sind, sondern die Erfahrungen, die dabei gemacht wurden.

Resümee

Unsere Erfahrungen mit dem Ausstellungsprojekt „Stumme Zeugen" sehen wir als Plädoyer für langfristig angelegte und methodisch reflektierte historisch-politische Bildung: Nur so können Lernprozesse über einen längeren Zeitraum begleitet, das Programm spezifischer auf die TeilnehmerInnen ausgerichtet und die Themen differenzierter bearbeitet werden. Im Unterschied zu kurzzeitigen

Gedenkstättenbesuchen bieten Seminare die Möglichkeit eine reflexive Distanz zu erzeugen, die Informationen zu verarbeiten und historisch einzuordnen.

Im vorgestellten Projekt waren die Zeit und der Rahmen für eine intensive inhaltliche Auseinandersetzung mit der nationalsozialistischen Rassenideologie und der Politik der Ausgrenzung und Ermordung gegeben. Inputphasen über die Geschichte wurden ergänzt durch Einheiten, in denen Fragen nach dem Gedenken und dem Umgang mit dieser Geschichte nach 1945 sowie die rechtsextremistischen Bedrohungspotentiale heute im Mittelpunkt standen. In verschiedenen Phasen konnten die Teilnehmenden ihr eigenes Wissen einbringen, Fragen entwickeln und das Gelernte und Erfahrene verarbeiten. Kreative Ansätze wie die Produkterstellung oder die Gestaltung der Ausstellung dienten dabei als Ausdrucksmöglichkeit für Gefühle und Fragen, die während der Beschäftigung mit dem Thema entstanden waren, sowie als ein möglicher individueller Zugang zum historischen Stoff, stets mit dem Ziel, Lernprozesse zu initiieren und zu unterstützen.

Während des gesamten Projekts war es uns wichtig, die Kompetenzen der Jugendlichen bei der Erarbeitung des historischen Themas zu stärken und sie dabei zu unterstützen sich und ihre Arbeit – z.B. ihre eigenen Texte – kritisch zu hinterfragen. Insofern war das Ziel des Projektes nicht nur die Auseinandersetzung mit der NS-Geschichte zu fördern, sondern das Interesse an einer eigenständigen Auseinandersetzung mit dem Thema zu erhöhen und dadurch eine Nachhaltigkeit von Bildungsprozessen zu unterstützen. Die Vermittlung von methodischem Handwerkszeug zielte zudem auf eine Stärkung derjenigen Jugendlichen, die sich in ihrem Alltag mit (geschichts-)politischen Themen beschäftigen und ihre gesellschaftliche Wirkungsmacht verstehen wollen, insbesondere in Regionen, in denen rechtsextremistische Übergriffe an der Tagesordnung sind. Durch die Präsentation der Ausstellung zielte das Projekt schließlich direkt auf die Einmischung in den vergangenheitspolitischen Diskurs.

Die oben dargestellten Kriterien, die sicher noch erweitert werden können, betrachten wir als Parameter für die projektbezogene historisch-politische Bildung, die sowohl auf kognitive als auch auf kreative Methoden zurückgreift. Dies gilt für die interne Diskussion über Methodik und Ziele wie für die Vermittlung nach außen. Nicht zuletzt ist eine Transparenz von Bildungszielen, Methoden und Selbstverständnis nicht nur für die eigene (politische) Verortung und die Verständigung mit externen PartnerInnen und „NutznießerInnen" der Seminare wichtig, sondern auch im Hinblick auf potentielle GeldgeberInnen. Schließlich wird gerade in Zeiten leerer öffentlicher Kassen der politischen Bildung besonders leicht ihr gesellschaftlicher Wert abgesprochen. Dabei kann sie Menschen befähigen, gesellschaftspolitische Diskurse zu verstehen und an ihnen teilzunehmen, in dem sie das Begreifen von Geschichte und Gesellschaft fördert, zur politischen Einmischung motiviert und selbstbestimmtes, reflektiertes und solidarisches Handeln unterstützt.

Literatur

Borscheid, Peter (1987): Alltagsgeschichte – Modetporheit oder neues Tor zur Vergangenheit? In: Wolfgang Schieder/Volker Sellin (Hg.): Sozialgeschichte in Deutschland. Entwicklungen und Perspektiven im internationalen Zusammenhang. Bd. III, Göttingen

Gryglewski, Elke/Kreutzmüller, Christoph (2000): Führeinander - Pädagogisches Arbeitsmaterial und Kopiervorlagen zur Geschichte des Nationalsozialismus, Berlin

Gudjons, Herbert /Pieper, Marianne/Wagener, Birgit (1999): Auf meinen Spuren. Die Entdeckung der eigenen Lebensgeschichte, Hamburg

Kocka, Jürgen (1989): Geschichte und Aufklärung. In: ders.: Geschichte und Aufklärung. Aufsätze, Göttingen

Köster, Markus (2002): Aus der Geschichte lernen?! Ein historisch-politisches Seminarprojekt mit Besuch einer KZ-Gedenkstätte. In: Siegrid Grillmeyer/Zeno Ackermann (Hg.): Erinnern für die Zukunft. Die nationalsozialistische Vergangenheit als Lernfeld der politischen Jugendbildung, Schwalbach/Ts

Kößler, Gottfried/Mumme, Petra (2000): Identität. In: Fritz-Bauer-Institut (Hg.): Konfrontationen. Bausteine für die pädagogische Annäherung an Geschichte und Wirkung des Holocausts. Heft 1, Frankfurt/M.

Zimmer, Hasko(2003): Erinnerung im Horizont der Menschenrechte - Perspektiven der Erinnerungsarbeit im Rahmen der Globalisierung. "Zukunft der Erinnerung": Aspekte eines Krisendiskurses. In: Jahrbuch für Pädagogik 2003: Erinnern - Bildung - Identität, Redaktion Hans-Jochen Gamm, Wolfgang Keim. Eingesehen in: http://www.menschenrechte.org/beitraege/vergangenheit/beitV007.htm

Experimente:
Internationale Jugend-Kunst-Workcamps in der KZ-Gedenkstätte Neuengamme

Melanie Klaric und Jonny Schanz

...Jugend, Kunst und Gedenkstätte

"This work camp was very special.

The other Workcamps I was looking at were manual work.

I think this was perfect.

I hope that this will happen again and again and again because I think this is the best way to learn about

this place through art." (Suzie, 20 Jahre, Kanada)[81]

Aufgrund der besonderen Geschichte des Ortes ehemaliges KZ Neuengamme beschränken wir uns in den Jugend-Kunst-Workcamps bewusst auf das Thema Konzentrationslager. Über Nationalsozialismus oder den Zweiten Weltkrieg kann auch an anderen Orten gearbeitet werden. Die Spuren auf dem Gelände haben ihre Geschichte: Die Geschichte davon, dass nur noch Spuren der Geschichte vorhanden sind. Allerdings finden sich diese Spuren selten von alleine. Es braucht einige Information, um das Gelände über die Spuren erkunden zu können.

Die positiven Erfahrungen mit den Kunst-Workcamps bestärken uns in der Erkenntnis, dass historische Fakten zu vermitteln schon lange nicht mehr ausreicht. Gestalterisches Ver-Arbeiten fordert neben der Wissensakkumulation, die immer auch in großer Distanz zum Gegenstand erfolgen kann, die persönliche Auseinandersetzung. Gestalterisches Ver-Arbeiten bringt den persönlichen Standpunkt zum Ausdruck. Dabei wird künstlerisches Geschick nebensächlich. Es geht um die Kreativität und die damit verbundenen Denkprozesse. Die Arbeit selber findet selbstbestimmt statt und lässt viel Freiraum. Kunst- und kreativpädagogisches Arbeiten in Gedenkstätten ist Bildungsarbeit mit künstlerischen Mitteln. Sie bietet einen Zugang zur Thematik Konzentrationslager, der sinnlich, impressiv und

---

[81] Die Zitate stammen alle von TeilnehmerInnen der internationalen Jugend-Workcamps 2002 und 2003 in der KZ-Gedenkstätte Neuengamme.

expressiv zugleich ist. Eindrücke werden individuell, einzeln oder in der Gruppe, be- und verarbeitet. Dass kann sehr persönlich und plakativ sein, aber auch abstrakt und zurückhaltend. Oft lässt sich aus den Produkten herauslesen, was die TeilnehmerInnen beschäftigt, wo sie Zugänge zur Thematik finden und welche Schwerpunkte sie haben.

Gestalterische Arbeit verlangt sehr viel Zeit für die Einarbeitungsphase, das gestalterische Arbeiten selbst und eine Auswertung. Reflexion findet zweimal statt. Zum einen nach dem Input, der Einarbeitungsphase, und zum anderen in der Auswertung, im Gespräch über die entstandenen Arbeiten. Allerdings kann es sich als schwierig erweisen, über das Produzierte zu sprechen, da die hier stattfindenden Auseinandersetzungen auf emotionaler Ebene stattfinden. Es ist eine sehr persönliche Auseinandersetzung. Diese muss von den TeamerInnen begleitet werden können. Nicht selten haben die TeilnehmerInnen Schwierigkeiten, für die Englisch meistens eine Fremdsprache ist, sich sprachlich auszudrücken.

Diese Arbeit ist nicht produktorientiert! Das Ergebnis ist kein Werk, kein Bild, kein Stück. Auch wenn einige PädagogInnen davon überzeugt sind, dass ein fassbares Ergebnis, etwa ein Bild, eine Skulptur, sehr wichtig sind, soll dies hier nicht gelten. Das Ziel ist der Prozess, ist die Reflexion und zuallererst die Überwindung, sich mit dem Thema zu „be-fassen". Denn ebenso wie es Überwindung braucht, eine Meinung, eine Haltung zu formulieren, braucht es Überwindung, die eigenen Gedanken gestalterisch zu formulieren. Nicht zuletzt deswegen braucht gestalterische Arbeit in Gedenkstätten Zeit. Dieser Raum ist kostbar, nahezu unerschwinglich für BesucherInnen im Rahmen von Kurzzeitbesuchen.

Ein Projekt wie ein Sommercamp dagegen bietet einen Rahmen, in dem diese Voraussetzung erfüllt ist.

Arbeit mit Kunst zum Thema Konzentrationslager kann Impulse geben. Der/die Einzelne ist selbst kreativ und setzt sich mit der Kreativität anderer auseinander. Ideen der TeilnehmerInnen werden aufgenommen. Die Aufgabenstellung zu Beginn eines kunstpädagogischen Projektes kann nur eine Art Richtschnur sein. Dennoch bleibt auch diese nötig, da ein "macht mal was" vor einem weißen Blatt oft nur ein weißes Blatt hinterlässt. Um kreativ werden zu können, bedarf es Anregungen und Begleitung. Um zu gewährleisten, dass die Vielfältigkeit der TeilnehmerInnen auch in der Umsetzung bestehen bleibt, liegt eine Menge an unterschiedlichem Material vor, das in unterschiedlichster Art und Weise genutzt werden kann.

"To me it was quite interesting. I never worked with my hands before." (Prak, 22, USA)

Kunstpädagogisches Arbeiten funktioniert. Es funktioniert mit internationalen Gruppen, aber auch mit Schulklassen[82] oder mit ReferendarInnen, sogar mit TeilnehmerInnen eines bundesweiten Gedenkstättenseminars.[83]

Die vorgestellten Jugend-Kunst-Workcamps projektierten jeweils eine Ausstellung und beschäftigten sich aus aktuellem Anlass mit historischen Aufarbeitungen. Es wurde teilweise oder ganz draußen gearbeitet, teilweise in dafür eingerichteten Werkstätten. Verbindend waren die historische Information sowie die persönliche und ästhetische Verarbeitung von Eindrücken und Wahrnehmungen.

---

[82] Im Rahmen einer Projektwoche erarbeiteten SchülerInnen eine kleine Ausstellung. Diese wurde in ihrer Schule ausgestellt. Während die SchülerInnen an ihren Werken arbeiteten, kam eine von ihnen zur Gedenkstättenpädagogin und erklärte, wie gut dieses Projekt sei. "Sogar die Jungs machen Bilder und machen keinen Scheiß. Und dass, wo es noch nicht mal Noten dafür gibt."

[83] Im Rahmen des bundesweiten Gedenkstättenseminars im Dachau im Mai 2004 wurde ein Workshop zu "Kunstkonzepten in Gedenkstätten – Kurzvorstellungen" angeboten, in dem tatsächlich gestalterisch gearbeitet wurde, was so nicht wirklich angekündigt gewesen war. Nachdem einige TeilnehmerInnen vor Schreck darüber, dass praktisch-gestalterisch gearbeitet werden sollte, diesen Workshop verlassen hatten, blieb dennoch eine kleine Gruppe, die, neugierig und verwirrt, sichtlich Spaß daran fand, sich zu überwinden, zu produzieren und zu erstaunen darüber, was entstanden war.

...der Beginn

Im Sommer 2002 fand in der KZ-Gedenkstätte Neuengamme ein internationales Jugend-Workcamp unter dem Motto „pieces – stücke" statt, das kunstpädagogische Praxis vor Ort versuchen wollte. Wie sich herausstellte, wurde es ein großer Erfolg und im Sommer 2003 fortgesetzt. Im Vorfeld gab es folgende Überlegungen der TeamerInnen: Die Hürde zu überwinden, die Ferien freiwillig in einem Umfeld zu verbringen, das in erster Linie für Willkür, Folter und Mord steht, setzt bei den TeilnehmerInnen[84] eine starke politische Auseinandersetzung mit dem Thema voraus, über die eine gewisse Sicherheit in der Begegnung mit dem Ort vermittelt ist; oder aber die Ausschreibung bietet Zugänge zu dem Thema, die junge Menschen in einer besonderen Weise ansprechen. Für ein Workcamp muss das Thema so angelegt sein, dass die TeilnehmerInnen ihre Interessen entwickeln, sich ausprobieren und sich auf das Wagnis der Konfrontation mit einem ehemaligen Konzentrationslager einlassen können. Aber auch die TeamerInnen benötigen ein „Oberthema", um die individuellen Auseinandersetzungen der Teilnehmenden mit der Geschichte des Konzentrationslagers und den Schicksalen der Häftlinge konstruktiv begleiten zu können und ihre Verzweiflung, Trauer und Wut nicht in Angst und Ohnmacht umschlagen zu lassen

Die Kunst als Möglichkeit einer internationalen individuellen und/oder kollektiven Auseinandersetzung kann ein solches Oberthema sein. Die entsprechende Ausschreibung macht dabei von Anfang an deutlich, dass eine aktive Form des Er- und Verarbeitens von Inhalten elementarer Bestandteil des Camps sein wird. Das gestalterische Arbeiten dient hier als Methode, individuell, sensibel und frei mit dem Ort, auf dem sich das KZ Neuengamme befand, und der damit verbun-

---

[84] Die Workcamps fanden in Zusammenarbeit mit dem Service Civil International statt, der u.a. die internationale Ausschreibung übernahm.

denen Thematik umzugehen. Im Mittelpunkt dieser Überlegung standen nicht etwa Produkte künstlerischen Schaffens ehemaliger Häftlinge wie etwa Zeichnungen und andere im Konzentrationslager oder nach der Befreiung entstandene Kunstwerke, sondern das kreative Ver-Arbeiten des Erfahrenen. Natürlich wurden die Kunstwerke ehemaliger Häftlinge einbezogen, zum einen um die Möglichkeiten des künstlerischen Umgangs mit dem Grausamen zu demonstrieren, zum anderen aber auch, um diese Werke als direkte Vermittler über Generationen hinweg zu nutzen, also als ZeitzeugInnenberichte. Den Erfolg unserer Workcamps wollen und wollten wir nicht am fertigen Produkt messen, sondern an dem Weg der Auseinandersetzung dahin - das Kunstprodukt dient als Mittel. Im Folgenden sollen die bisherigen internationalen Kunst-Jugend-Workcamps skizziert und im Anschluss daran einige Erfahrungen aus der Praxis reflektiert werden.

...wir wollen eine würdige Gedenkstätte

Das Gelände des ehemaligen KZ Neuengamme und die dort durchgeführten internationalen Workcamps befinden sich zur Zeit in einem bedeutenden Umgestaltungsprozess. Nach langen, zu Beginn vor allem von ehemaligen Häftlingen, dann einer breiteren Öffentlichkeit getragenen Kämpfen wurde ein Teil des Geländes des ehemaligen KZ Neuengamme, der Bereich des ehemaligen Häftlingslagers, an die Gedenkstätte übergeben.[85] Zur Gestaltung der Gedenkstätte trugen und tragen Internationale Workcamps entscheidend bei. Bei den meisten stand bisher die politische Auseinandersetzung im Vordergrund. „Oberthema" war hier das aktive Eingreifen in die politische Auseinandersetzung um eine würdige Gedenkstätte. Denn die Regierenden der Stadt Hamburg hatten über Jahrzehnte einiges getan, um eine KZ-Gedenkstätte, die diesen Namen verdient, sowie eine Auseinandersetzung mit dem Nationalsozialismus im Allgemeinen und mit dem KZ Neuengamme im Speziellen an diesem Ort nicht zu fördern. So bildeten die Workcamps auch in ihrem Selbstverständnis „Trutzburgen" gegen die Politik des Hamburger Senats. Die wenigsten Jugendlichen haben heute noch einen direkten/familiären Bezug zu den Geschehnissen des Nationalsozialismus. Das Engagement für die Durchsetzung eines würdigen Gedenkortes stellte auch eine Art StellvertreterInnenpolitik dar – von TeilnehmerInnen der Workcamps

---

[85] Auf dem Gelände war 1948 von der Stadt Hamburg eine Justizvollzugsanstalt errichtet worden. Eine weitere JVA wurde in den 1970er Jahren gebaut und steht noch heute auf dem Gelände der ehemaligen Tongruben. Hier mussten KZ-Häftlinge Ton ausgraben und diesen im Klinkerwerk zu Backsteinen verarbeiten. Die Backsteine wurden von der SS an die Stadt Hamburg verkauft.

akzeptiert und gewollt. Das eigentliche Ziel der Camps aber sollte es unserer Meinung nach sein, aus der Geschichte für Gegenwart und Zukunft lernen und sich diesem Ziel uneingeschränkt widmen zu können.

Die ersten internationalen Jugend-Workcamps, die seit 1982 fast jährlich stattfanden, machten durch das Anlegen eines Rundwegs das Gelände für BesucherInnen begehbar. Sie bildeten eine Tongrube nach, legten Fundamente frei oder gestalteten den Ort des ehemaligen Bahnhofs des Lagers. Diese Spuren der Camps sind heute noch erkennbar; sie werden in Rundgangsgespräche integriert und sind für BesucherInnen der Gedenkstätte sichtbares Zeichen dafür, dass internationale Gruppen sich immer wieder mit dem Ort auseinander setzen und mit dazu beitrugen, eine KZ-Gedenkstätte Neuengamme zu ermöglichen. Nachdem nun der Jahrzehnte andauernde Kampf für eine würdige Gedenkstätte erfolgreich war und die weitere Umgestaltung endlich von Landes- und auch Bundesmitteln finanziert wird, war klar, dass sich auch die Campinhalte verändern werden. Waren die bisherigen Workcamps von der politischen Notwendigkeit zur Erhaltung und Nutzbarmachung des Ortes geprägt, so geht es heute um den Transfer der Geschichte der Opfer des Nationalsozialismus; in einer Zeit, in der es immer schwieriger wird, mit ZeitzeugInnen in Kontakt zu kommen. Deshalb stellen wir die Auseinandersetzung mit der Geschichte der ehemaligen Häftlinge in den Mittelpunkt des Workcamps.

...eine Idee, ein Team, und wir schütteln ein Kunst-Workcamp aus dem Ärmel

Während der Vorbereitungen auf das internationale Jugend-Workcamp im Sommer 2002 entstand die Idee, im Schwerpunkt mit gestalterischen Methoden und Mitteln zu arbeiten. Den Verlauf des Projektes „pieces – Stücke" stellten wir uns als einen permanenten Kulturworkshop mit verschiedenen Strängen vor. Über eigene ästhetische Phantasien und praktische Umsetzungen sollten die TeilnehmerInnen mit der KZ-Geschichte in Berührung kommen, sich damit befassen und einen eigenen Standpunkt entwickeln. Die Ergebnisse verstanden wir als ästhetischen Kommentar der Jugendlichen zu einem sich in Umgestaltung zur Gedenk- und Lernstätte befindenden historischen Ort. Am Ende wurden die Ergebnisse der Öffentlichkeit vorgestellt in Form einer Ausstellung der entstandenen Arbeiten und Dokumentationen. Konzeptionell an der Entwicklung des Camps beteiligt waren Freiwillige der Aktion Sühnezeichen Friedensdienste e.V.,

PraktikantInnen, Gedenkdiener[86], freie MitarbeiterInnen und der Museumspädagoge der KZ-Gedenkstätte Neuengamme.[87]

... und stellen fest, dass es funktioniert, sehr gut sogar

Das Workcamp fand traditionell auf dem Gelände des ehemaligen KZ-Neuengamme unter freiem Himmel statt: 19 Tage lang Leben, Wohnen und teilweise auch Arbeiten in Zelten. Die gemeinsame Campsprache der 20 internationalen TeilnehmerInnen war Englisch. Selbstorganisation und Verpflegung des Camps war Aufgabe der gesamten Gruppe. Durch die aktive Einbeziehung der gesamten Gruppe sollte die gemeinsame Verantwortung für das Projekt verdeutlicht und die jeweilige Eigeninitiative gefördert werden. Der inhaltliche Schwerpunkt lag auf dem Fokus Lagerkunst bzw. Kunst als Möglichkeit der Verarbeitung sowie Kunst als Dokument. Die TeilnehmerInnen beschäftigten sich während der ersten zwei Tage mit der Geschichte des Ortes. Vertieft wurde diese Auseinandersetzung durch die Arbeit mit Biographien verschiedener Häftlinge. Die Teilnehmenden tauschten sich untereinander über ihre Fragen und Themenstellungen aus und entwickelten so neue Perspektiven. Gefördert wurde die Eigeninitiative, der dafür nötige Freiraum, entfernt von standardisierten Zugängen und Wegführungen, wurde bereitgestellt. Die jungen Leute suchten Räume, die im gedenkstättenpädagogischen Alltag nicht geöffnet sind, und Orte auf dem weitläufigen Gelände auf, die jenseits der Rundgangswege liegen. Darüber hinaus wurden Themen angeboten und Methoden probiert, die abseits derer liegen, die in der relativ kurzen Zeit der Tagesbesuche bearbeitet werden können.

"I am so happy with this camp. I had time to talk about topics that arise at a place like this and I got answers, but I also got more questions. Some of those talks I will take home." (Harriet, 24, Niederlande)

Den theoretischen Einführungen folgten praktische Auseinandersetzungen mit der Thematik. Die Arbeitsgruppen befassten sich mit unterschiedlichen Einzelprojekten. Ein Workshop beschäftigte sich mit der Entwicklung und Gestaltung einer Ausstellung zum künstlerischen Werk eines ehemaligen Häftlings des KZ Neuengamme. Der KZ-Häftling Lazard Bertrand hatte im KZ Neuengamme Zeichnungen angefertigt und auch nach dem Krieg seine Erlebnisse in Zeichnungen dokumentiert. In seinen Zeichnungen verbanden sich die dokumentari-

---

[86] Zivildienstleistende aus Österreich.

[87] Alle TeamerInnen haben Erfahrung mit politisch-historischer Bildungsarbeit in Gruppen, waren an den letzten internationalen Jugend-Workcamps als TeamerInnen beteiligt und sind im Umfeld der KZ-Gedenkstätte Neuengamme, meist in der Museumspädagogik tätig.

sche Darstellung der Grausamkeiten mit seiner individuellen Auseinandersetzung mit dem Geschehen und mit seinem Überleben. Auf diese Weise bekam das schwer fassbare Leid im KZ ein Gesicht, wurde aus einem anonymen Häftling in einer unüberschaubaren Masse ein Mensch in seiner ganzen Würde. Die TeilnehmerInnen entwickelten Empathie und setzten sich mit grundsätzlichen Fragen der menschlichen Existenz auseinander.

Ein zweiter Workshop befasste sich im Rahmen des szenischen Spiels mit dem Thema Ausgrenzung, Deportation und Schuld. Hier entstand der individuelle Zugang über das intensive Betrachten einzelner Lagersituationen. Außerdem wurde gezeigt, dass Mitmachen oder Schweigen der Bevölkerung, egal an welchem Punkt der Entmenschlichung, weitreichende Folgen haben kann, sowohl

für die Verfolgten, denen die Bevölkerung hätte helfen können, denen Solidarität aber versagt wurde, als auch für die schweigende oder applaudierende Masse, die damit eine konkrete Verantwortung für die Verfolgung übernommen hat.

Im Skulpturenworkshop, angeleitet vom Künstler Wolf Leo, stand die individuelle Auseinandersetzung mit den eigenen Gefühlen, die durch die Beschäftigung mit der KZ-Geschichte entstehen, sowie deren Verarbeitung im Mittelpunkt Leo fertigte mit dieser Gruppe Lehm-Beton-Skulpturen nach einer von ihm entwickelten Methode an.[88]

Ein letzter Workshop war für die Dokumentation des Workcamps zuständig.

---

[88] Wolf Leo war mit seiner Methode bereits in mehreren Gedenkstätten mit internationalen Jugendgruppen tätig.

Neben diesen vier Workshops gab es einen begleitenden study-part mit vertiefenden Einheiten zur Geschichte und den Veränderungen des Ortes. Außerdem fand ein für die TeilnehmerInnen sehr eindrucksvolles Zeitzeugengespräch mit Fritz Bringmann, einem ehemaligen KZ-Häftling, statt.

"I learnt a lot of things about the history. The interview to the eye witness was a precious experience." (Kei, 25, Japan)

Die Interessen und Erfahrungen der TeilnehmerInnen aufnehmend wurden einzelne Themenabende zu Antisemitismus, Neofaschismus, Argumentationsstrategien oder Zivilcourage angeboten, in deren Gefolge Diskussionen und ein reger Gedanken-Austausch entstanden. Zudem gab es die Möglichkeit für Gespräche darüber, wie in den verschiedenen Ländern Nationalsozialismus thematisiert wird, wie unterschiedlich Erinnerungskultur und der Umgang mit Geschichte sein kann und wo Gemeinsamkeiten liegen. Ein Kulturprogramm mit Angeboten in Hamburg (Stadtrundgänge, Besuch der Hamburger Kunsthalle, Hafenrundfahrt, Einkaufsmöglichkeiten) schuf psychische und physische Ausgleichsmöglichkeiten.

Das Jugend-Kunst-Workcamp war ein großer Erfolg. Das Arbeiten in den Workshops mit gestalterischen Methoden wurde von den TeilnehmerInnen gut angenommen und zeigte beeindruckende Ergebnisse. Schon bei der Auswertung von „pieces – stücke" wurde klar, dass diesem Projekt ein weiteres, ähnliches folgen sollte.

...sogar so gut, dass gleich noch eins hinterher kommt

Im Sommer 2003 fand das internationale Jugend-Workcamp „changes - Wandlungen" statt. Dieses Mal nahmen 30 junge Menschen aus aller Welt teil. Im Mittelpunkt stand die Aufgabe, die sich in rasantem Tempo vollziehenden Veränderungen bei der Gestaltung und Nutzung des ehemaligen KZ-Geländes zu dokumentieren und darin auch Spuren zu hinterlassen. Thematisch lag der Schwerpunkt auf der Nutzung des Geländes in der Nachkriegszeit und auf dem Umgang mit Erinnerung und Gedenkkultur. Die Nutzung nach 1945 ist eng mit der Stadt Hamburg verbunden ist und hatte meist wenig mit den Vorstellungen der Überlebenden zu tun. Zu der Zeit war die Justizvollzugsanstalt vom Gelände des ehemaligen Häftlingslagers des KZ Neuengamme gerade ausgezogen und die Abrissmaßnahmen standen bevor. Diese Lücke zwischen Auszug und Abriss nutzte das Camp, um das Gelände, seine Gebäude und die damit verbundenen Geschichten zu dokumentieren: Die Überlagerung des KZ-Geländes durch die Justizvollzugsanstalt und die Auswirkungen dieser Politik auf Ort und Menschen, auf ehemalige Häftlinge und ihre Angehörigen einerseits, aber auch auf die Justizgefangenen andererseits. So bekam unser zweites Kunst-Workcamp ein weiteres Leitmotiv: Neben der Beschäftigung mit den Verbrechen des Nationalsozialismus standen nun also die immer wieder erneuerte Demütigung der Opfer durch die Bundesrepublik Deutschland ebenso wie die Frage nach den Möglichkeiten des Weiterlebens der Überlebenden im Mittelpunkt. Erneut arbeiteten die Teilnehmenden in parallel stattfindenden Workshops. Ein Fotoworkshop dokumentierte die verlassenen Gefängnisgebäude mit allen Hinterlassenschaften: 63 Jahre Ort für Gefangene, KZ-Häftlinge, Displaced Persons, Internierte und Justizgefangene. So wurde auf sehr eindrucksvolle Art das Nachwirken der Geschichte auf die Gegenwart erlebbar. Mit der fotografischen Dokumentation wurde zugleich auch greifbar, welche Anstrengungen im Land der TäterInnen unternommen wurden, um den Angehörigen der Opfer und den Überlebenden des Naziterrors eine Anerkennung ihrer Leiden zu verweigern. Für die Teilnehmenden bot dieser Workshop die Möglichkeit, sich unterschiedlichsten Perspektiven anzunähern und sich sehr persönlich dem Ort und vor allem derer zu nähern, die hier leiden mussten.

Der Theaterworkshop behandelte das Thema „Weiterleben". Ausgehend von einem Überlebendenbericht voller Brüche, zwischen Anpassung und Widerstand, entwickelten die TeilnehmerInnen ein Theaterstück. Neben den Schwierigkeiten einer Theaterproduktion ohne einen Theaterprofi stand die Gruppe vor einem ganz anderen Problem: Ist es möglich, einen Überlebenskampf aus dem Konzentrationslager auf die Bühne zu bringen? Dieses Problem wurde durch das Spiel in verschiedenen Zeitebenen gelöst. Überlebende KZ-Häftlinge feiern Jahrzehnte nach ihrer Befreiung ausgelassen eben diese. Ausgelöst durch Erinnerungen gelangen sie durch einen Sog zurück in das Konzentrationslager und müssen ihren Überlebenskampf erneut kämpfen. Dieser Kampf, so stellt sich heraus, besteht aber aus Bruchstücken der Erinnerung, eben wie ein Gespräch über, aber nicht das gerade durchlebte Leid. Zum Ende des Stücks kehren alle wieder in die Gegenwart zurück und tragen ein antifaschistisches Transparent. Die Auswahl des Überlebendenberichts brachte der Gruppe die Möglichkeit ausgehend von dem was ein Häftling erlebte sich mit den Gräueln aber auch mit der praktizierten Solidarität zu befassen und so einen persönlichen Einblick zu erlangen.

Ein weiterer, als offene Werkstatt konzipierter Workshop bot den TeilnehmerInnen die Möglichkeit, ihre Gedanken, Fragen und Gefühle auf unterschiedliche Weise zum Ausdruck zu bringen. Verschiedene Materialien ermöglichten die individuelle Wahl der Mittel, etwa Zeichnen, Malen, Modellieren oder Collagen erstellen. In ihrer Auseinandersetzung wurde den TeilnehmerInnen deutlich, dass ihre Gedanken immer wieder um die Themen Verzweiflung und Solidarität, Hilfe, Suchen und Geben kreisten. Der Wunsch, diesen Gedanken Ausdruck zu verleihen, brachte die Gruppe auf das Stilmittel „Hände". Es entstanden Bilder und Skulpturen von Händen, die flehend, reichend, zerrend, verletzt, schupsend oder auch schützend und stützend waren. So entstand eine kleine Ausstellung von Bildnissen von Händen in verschiedensten Materialien und Dimensionen, die sehr starke Gefühle transportierten. In anderen Arbeiten wurden bestimmte Orte auf dem Gelände, von denen historische Bilder aus dem KZ Neuengamme vorhanden waren, aufgesucht und Bilder gefertigt, die diesen Ort heute zeigen. Die Gegenüberstellung der historischen Bilder und der Bilder mit dem Gegenwarts-Eindruck der TeilnehmerInnen visualisierten die Auseinandersetzung darüber, wie der Ort des ehemaligen KZ Neuengamme seit der Nachkriegszeit mehrfach überschrieben wurde.

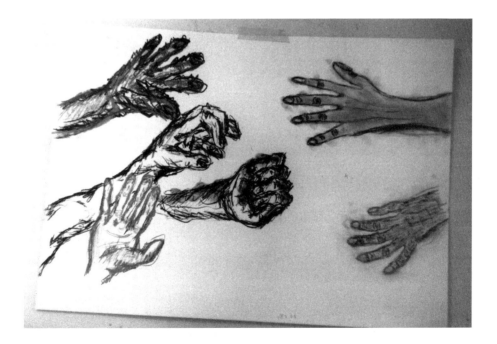

„It's hard to express what is going on in your head on a place like this but that's our aim – that is what this workshop is about." (Floor, 18, Niederlande)

Ein anderer Workshop dokumentierte Arbeit und Leben der CampteilnehmerInnen und veröffentlichte in Zusammenarbeit mit der lokalen Zeitung jeden Tag einen Artikel, um die Öffentlichkeit zu motivieren, sich mit der Geschichte des Ortes KZ, Justizvollzugsanstalt, Gedenkstätte zu beschäftigen. Dieser klar produktorientierte Workshop fand für sich erst in der Erstellung der Camp-Dokumentation zu einem kreativen Weg. In der Dokumentation tobte er sich dann richtig aus und brachte uns allen eine herzliche und amüsante Erinnerung. Jedoch müssen wir eingestehen, dass hier eine Annäherung an das Schicksal der ehemaligen Häftlinge nur sehr begrenzt möglich war. Eine zentrale Frage in diesem Workshop war „Was macht das hier mit uns?". Ebenso zentral waren immer wieder langwierige Diskussionen darüber, was über diesen Ort vermittelt werden sollte.

Die Teilnehmenden eines weiteren Workshops fertigten das Ausstellungsmobiliar für die Präsentation der Workshopergebnisse an. Die Grundlage der Installation bildeten Fundstücke aus dem verlassenen Gefängnisgebäude. Die Teilnehmenden dieses Workshops wie auch diejenigen, die an der Dokumentation arbeiteten, ließen sich über regelmäßigen Kontakt zu den anderen Gruppen ins Bild setzen, mit welchen Fragen diese gerade beschäftigt sind. Daraus ergaben sich weitere Fragen, anhand derer die Auseinandersetzung aller intensiviert wurde. Denn natürlich gab es immer Diskussion um die Darstellungsmöglichkeiten sowohl in der Presse als auch in der Präsentation. Dieser Prozess ermöglichte eine eigene, vertiefende Beschäftigung entlang der Frage „Wie können wir die Dinge so ins Licht rücken, dass die Auseinandersetzung mit der Geschichte deutlich wird?".

„The workcamp will leave forever something special in ourselves at the same time we'll leave something of ourselves in the workcamp, like many other volunteers have before." (Roberto, 24, Italien)

...und das war's noch lange nicht

Nach den positiven Erfahrungen mit „pieces - Stücke" (2002) und „changes - Wandlungen" (2003) will das CampleiterInnenteam gern ein weiteres Projekt folgen lassen: „writings". Künstlerisches Arbeiten als Methode der Auseinandersetzung mit der Geschichte des Nationalsozialismus und des Konzentrationslagers Neuengamme soll durch diesen dritten Versuch vertieft werden. Lag der Schwerpunkt der beiden vorangegangenen Kunst-Workcamps auf kreativ-künstlerischem Gestalten mit bildnerischen Mitteln, könnte in einem nächsten Projekt nun auch „kreative Schreibpraxis" als Methode erprobt werden. Über eine Auseinandersetzung mit literarischen Zeugnissen ehemaliger Häftlinge des KZ Neuengamme, so die Idee, soll der Zugang zum Thema Nationalsozialismus geschaffen werden. Als biographisch angelegte Methode wollen wir die TeilnehmerInnen veranlassen, ihren eigenen Hintergrund, ihre eigene Biographie stärker in die Auseinandersetzung mit der Geschichte einzubeziehen. Dies soll erleichtert werden, indem Geschichten von ehemaligen Häftlingen ausgewählt werden, die aus den Ländern kamen, aus denen die TeilnehmerInnen kommen werden. Diese Pläne mussten wir allerdings erst einmal auf Eis legen, da mit der Umgestaltung der Gedenkstätte und der Fertigstellung der neuen Ausstellung andere Prioritäten gesetzt wurden. Wir hoffen jedoch stark, im Sommer 2006 ein weiteres Kunst-Workcamp veranstalten zu können.

Die Erfahrungen, die wir in den Kunst-Workcamps gemacht haben, fließen in unsere tägliche Arbeit ein. Wir können nun Projekttage anbieten, die, neben den bisherigen, die Möglichkeit einer kreativen Bearbeitung des Erfahrenen ermöglichen. Dies hat sich in der Praxis als sehr gut erwiesen, da die Gruppen direkt die Möglichkeit haben, ihre Gefühle wahrzunehmen und in Handlung umzusetzen – leider nehmen Schulklassen dieses Angebot viel zu selten in Anspruch.

...der Transfer

Erfahrungen, die in der zeitlich ausgedehnten Situation von Workcamps entstanden sind, können in die alltägliche Gedenkstättenpädagogik übertragen werden. Eine Erkenntnis aus den Workcamps ist die Tatsache, dass durch Eigenaktivität den TeilnehmerInnen eine Möglichkeit gegeben wird, Erfahrenes für sich zu bearbeiten. Somit muss die Information nicht bruchlos in den Alltag mitgenommen werden, in dem sie meist keinen Platz findet und daher oft theoretisches Wissen neben anderen Informationen wird. Eine kurze Aktivität kann aus dem Gehörtem und Gesehenem etwas Erlebtes machen und erreicht so ein völlig anderen Stellenwert, nämlich emotionales Wissen. Es kann und soll nicht darum gehen, das Leid der KZ Häftlinge nachfühlbar zu machen, das ist nicht möglich und soll auch nicht suggeriert werden. Aber es bleibt etwas anderes in Erinnerung und ermöglicht so eine aktive Verknüpfung zu dem Erfahrenen. Wenn etwa einer Schulklasse nach einer Führung die Möglichkeit geboten wird, sich Gedanken zu machen, was sie besonders bewegt oder entsetzt hat, und ihr der Raum gegeben wird, mit kunst- oder kreativpädagogischen Mitteln diese Gedanken zu verdeutlichen, sei es in Form von Statuentheater, einem fiktiven Brief, einem Bild oder ähnlichem, kann dies mehrere positive Folgen haben. Erzeugt wird damit ein Bruch zum Alltag, die Situation ist abgeschlossen, die SchülerInnen müssen nicht versuchen den „Schock", den ein Gedenkstättenbesuch verständlicherweise oft auslöst, in ihren Alltag zu integrieren. Eine kreative Aktivität macht das Thema Nationalsozialismus und Lageralltag im Wortsinn handhabbar, sie können damit arbeiten und damit auch verarbeiten, stehen nicht hilflos dem Schrecken gegenüber, sondern können eine aktive Rolle einnehmen, in der sie handeln. Mit diesem „Erfolgserlebnis" bleibt ihnen etwas Dauerhaftes in Erinnerung und der

Gedenkstättenbesuch bekommt eine positiv-produktive Wendung. In Erinnerung bleibt die kreative Arbeit und damit essentiell verbunden, das neue Wissen. Und - wenn es richtig gut läuft - auch noch die Erkenntnis, dass eigenes Handeln Veränderung mit sich bringt. Womit dann auch der Schritt gemacht wurde, aus der Geschichte für Gegenwart und Zukunft lernen.

...der Ausblick

Der schon eingangs erwähnte Umgestaltungsprozess der KZ-Gedenkstätte Neuengamme ist formal so gut wie abgeschlossen. Im Mai 2005 wurden das neu (zurück) erschlossene Gelände und die neuen Ausstellungen für die Öffentlichkeit eröffnet. Das erste Kunst-Workcamp genoss seinerzeit einen gewissen Freiraum, als besonderer Rahmen in einem besonderen Raum. Beim zweiten Kunst-Workcamp waren wir in der glücklichen Situation, innerhalb der Umbaumaßnahmen einen einmaligen Raum vorzufinden. Besondere Rahmen scheinen ganz besondere Ergebnisse und Erfahrungen hervorzubringen. Letztlich scheint es auch das zu sein, was kunstpädagogische Ansätze momentan noch so besonders macht. Sie finden nicht in standardisierten Räumen statt und bewegen sich abseits von lang erprobten Zugängen. In der KZ-Gedenkstätte Neuengamme sind sie Experimente, die funktionieren. Bleibt zu hoffen, dass sich auch weiterhin Gelegenheiten ergeben, in der KZ-Gedenkstätte Neuengamme einen besonderen Raum aufzuschließen.

„I missed some more structure, I mean beginning at a time and also ending, but later I was thinking that it might be quite normal if you are working with artists." (Jan, 36, Netherlands)

„Freiheit wagen"
Ein Ost-West-Workshop in Kreisau/Krzyzowa mit Jugendlichen

Katrin Hattenhauer

Warum mache ich diese Workshops?

Workshop bei der Tagung in Dachau

„Die Zukunft liegt in der Erinnerung", hat der jüdische Philosoph Franz Rosenzweig gesagt. Die Entwicklung unserer Gesellschaft wird in nicht geringem Maß mitbestimmt durch das, was wir für erinnerungswert halten.

1991 habe ich das Archiv Bürgerbewegung mit gegründet, um Zeugnisse der Bürgerrechtsbewegung der DDR zu erhalten, und habe mich in Leipzig an Aktionen zur Gründung und Durchsetzung der dann so genannten Gauk-Behörde[89]

---

[89] Der ostdeutsche Pfarrer Joachim Gauck war Mitinitiator des Stasiunterlagengesetzes der DDR-Volkskammer von 1990. Zunächst „Sonderbeauftragter der Bundesregierung für die personenbe-

beteiligt. Mit meinem Workshop „Freiheit wagen" möchte ich zusammen mit Jugendlichen Brücken schlagen von früheren Erfahrungen zu heutigen und zukünftigen.

In Deutschland hat sich in den letzten Jahrzehnten eine „Erinnerungskultur" ausgebildet, eine Art der Auseinandersetzung mit Fragen des Widerstandes angesichts täglicher Unfreiheit, angesichts vor allem der Ermordung von Millionen Menschen während des dritten Reiches. Der Holocaust ist ein einmaliger Vorgang, für unser Geschichtsbild von zentraler Bedeutung.

Aber auch zur DDR-Geschichte, dem Erlebenshorizont meiner Jugend, beginnt sich eine Art des Umgangs mit Erinnerung an das Handeln im jüngsten deutschen Unrechtsstaat und an die Opposition gegen die damalige Diktatur auszubilden.

Neben die Erinnerung durch Forschungsarbeit, durch das Lesen von Büchern sind der Besuch von speziellen Erinnerungsorten und die ZeitzeugInnenbefragung auch durch das Fernsehen getreten. Verschiedene Arten, sich zu erinnern, ergänzen einander.

30 Jahre hat es nach dem Zweiten Weltkrieg gedauert, bis zentrale Fragen nach Gewissen, nach Verhalten, nach der Rolle und den Möglichkeiten des Einzelnen im Gewaltregime in der Breite wirksam diskutiert wurden. Zwar gab es seit den 1950er Jahren offizielle Gedenkveranstaltungen zum NS-Widerstand, zwar wurden die Überlebenden des Widerstandes, etwa die Witwen der hingerichteten Mitglieder des Kreisauer Kreises[90], dazu eingeladen – davon abgesehen waren

---

zogenen Unterlagen des ehemaligen Staatssicherheitsdienstes", wirkte er von 1991 bis 2000 als „Bundesbeauftragter für die Unterlagen des Staatssicherheitsdienstes der ehemaligen Deutschen Demokratischen Republik". Laut Gesetz nur zwei Mal für jeweils 5 Jahre wählbar, steht dieser Behörde seit 2000 die ehemalige DDR-Bürgerrechtlerin Marianne Birthler vor.

[90] Ab 1940 fanden auf dem niederschlesischen Gut Kreisau von Heltmuth James Graf von Moltke und seiner Familie, aber auch in Berlin und München regelmäßige Treffen des später von der Geheimen Staatspolizei so genannten „Kreisauer Kreises" statt. Der Kreisauer Kreis entwickelte sich zum Zentrum des bürgerlichen zivilen Widerstands, geplant wurde eine grundlegende staatliche, wirtschaftliche und soziale Neugestaltung Deutschlands nach dem Sturz der NS-Diktatur. Die Gruppe bestand aus ca. 20 aktiven Personen und ebenso vielen Sympathisanten, darunter Adelige, bürgerliche Sozialdemokraten und überzeugte Christen. Nach der Verhaftung Moltkes im Januar 1944 zerfiel der Kreis weitgehend, einige schlossen sich der Gruppe um Claus Schenk Graf von Stauffenberg an und beteiligten sich an den Vorbereitungen zum Attentat auf Hitler am 20. Juli 1944. Nach dem Scheitern des Attentats wurden auch mehrere Angehörige des Kreisauer Kreises hingerichtet, Moltke selber im Januar 1945.

ihre Erlebnisse, ihre Empfindungen jahrzehntelang nicht gefragt. Erst seit den 80er Jahren hat sich das mit „Oral History" und einem damit verbundenen direktem emotionalen Zugang zur Geschichte geändert.

Nach der Wende gelang in Deutschland die Einrichtung des Bundesbeauftragten für die Stasiunterlagen[91], eine Institution, die über die Öffnung und Bearbeitung von Akten des früheren DDR-Unterdrückungsapparates auch versucht, die Auseinandersetzung mit diesem Teil der jüngsten deutschen Geschichte mit zu gestalten. Erstmals in der Geschichte können alle auskunftssuchenden BürgerInnen fast unmittelbar nach dem Ende eines Unrechtsregimes nachvollziehen, welchen Niederschlag ihr tägliches Verhalten – und das ihrer Nächsten - in den staatlichen Aufzeichnungen gefunden hat. Das ist eine in ihrer Wirksamkeit für die Erinnerungskultur unseres Landes bisher nicht da gewesene, bedeutsame Grundlage.

Mir geht es darum, die Chance zu nutzen, durch unmittelbares Einbringen persönlichen Erlebens zeitnah Geschichte zu thematisieren und Erinnerung auf die Zukunft hin zu erschließen. Ich habe in der DDR Freiheit eingefordert und ich habe mit meiner Freiheit bezahlt. Diesen „Glaubwürdigkeitsvorteil" kann ich in die Arbeit mit Jugendlichen einbringen. Immer wenn es gelingt, zum Gefühlskern von Handlungen und Verhaltensweisen vorzudringen, immer dann gelingt emotional-empathische Annäherung an Geschichte, ob in Fernsehsendungen, in Interviews oder in Workshops.

Workshop bei der Tagung in Dachau

---

[91] Siehe Anmerkung 1.

Das europäische Jugendbegegnungszentrum in Kreisau/Krzyzowa[92] ist eine großartige Einrichtung. Was haben hier die über neunzigjährige Freya von Moltke und ihre Freunde schon alles erreicht. Jugendliche aus West- und Osteuropa kommen zusammen um sich kennen zu lernen. Aber nicht nur so wie in einem Freizeitcamp, sondern sie erfahren am historischen Ort von anderen jungen Menschen, die in ihrer Zeit, so wie ich es nenne, „Freiheit gewagt" haben. Sie erfahren von anderen Menschen, die dort gelebt haben, die in ihrer Zeit für das, was sie waren oder für das, was sie sein wollten, Konsequenzen, ja den Tod, auf sich genommen haben. Sie erfahren es durch Sachreferate, sie erfahren es durch eine Ausstellung – eine Ausstellung, die didaktisch ähnlich wie die Ausstellung im jüdischen Museum in Berlin konsequent personalisiert. Elemente von „oral history" sind mit Videoeinspielungen von Interviews mit Überlebenden des Kreisauer Kreises, die im dortigen Studienzentrum vorgehalten werden, präsent.

Ziel des Kreisauer Kunstworkshops

Hinzukommen kann, hier wie an anderen Stellen der Erinnerung, die Arbeit in Kunstworkshops. Ziel ist es mit Hilfe künstlerischer Arbeit und Ausdrucksformen zu emotionalen Grundwahrheiten, zu wichtigen Gefühlen wie Liebe, Freundschaft etc. vorzustoßen, die über Länder und Gesellschaftsgrenzen hinweg menschliches Leben und politisches Handeln prägen. Denn darin liegt nach meiner Überzeugung der Wert des Erinnerns: Da, wo Menschen diesen Grundgefühlen treu geblieben sind, sich treu geblieben sind, da haben sie widerstehen den Zumutungen können, die Zeit und Umstände ihnen entgegengestellt haben. Da, wo Menschen diese Grundgefühle nicht mehr in sich gespürt haben oder gegen sie gehandelt haben, da war keine Orientierung mehr oder nur Ersatzorientierung und andere Menschen sind ihre Opfer geworden.

Künstlerische Arbeit, Malen, Theaterspielen, Tanzen ermöglicht nämlich den Zugang zu dem, was im Menschen steckt. Über die Brücke dieser Grundgefühle kann ein heute Jugendlicher gehen und so verstehen oder wenigstens erfühlen, was zu anderen Zeiten persönliche Grundlage für Handeln gewesen ist.

---

[92] Im Sommer 1990 wurde die Stiftung Kreisau gegründet, die 1998 auf dem Gut Kreisau mit Mitteln der Stiftung für deutsch-polnische Zusammenarbeit die heutige Begegnungsstätte errichtete. In der Begegnungsstätte finden u.a. binationale und internationale Jugendbegegnungen statt, Arbeit mit Kunst bildet einen festen Bestandteil der Arbeit.

Ablauf des Workshops vom 23.11.-7.12.2002

1. Vorstellung: Was verbindet ihr mit dem Titel dieses Workshops: „Freiheit wagen"?

Am Anfang des Workshops stehen Fragen an die Jugendlichen: Was erwartet ihr? Warum findet der Workshop hier in Kreisau statt? Was wollen wir gemeinsam erreichen, was sollte am Ende der Woche als Ergebnis stehen?

Die Gruppe setzt sich aus 26 Jugendlichen aus Litauen, Deutschland und Polen im Alter von 15-17 Jahren von Gymnasien mit Kunstschwerpunkt (Litauen und Polen) sowie von einem „normalen" Gymnasium zusammen. Arbeitssprachen sind Kunst, Deutsch und Englisch (beide Betreuer der litauischen und polnischen Gruppe können auch übersetzen).

Die Gruppensituation lässt sich beschreiben als freudig gespannt, erwartungsvoll, aber auch angespannt, mit der Haltung nicht zuviel von sich preiszugeben. Ländergruppen bleiben für sich, die Erwartungen heißen: eine Woche frei von schulischen Anforderungen, Zusammentreffen mit Gleichaltrigen, Ferien und ein bisschen malen.

2. Thema: „Ich fühl mich ….frei?. gut, schlecht…wie?"

Jede/r soll versuchen, ihre/seine persönlichen Gefühle zu artikulieren und diesen Gefühlen in künstlerischer Form Ausdruck zu verleihen.

Die Aufgabe lautet: Wie kann ich den Satz: „Ich fühle mich…" für mich persönlich beenden und künstlerisch ausdrücken. Alle künstlerischen Mittel sind erlaubt. Was ich mir vorstellen kann, ist auch möglich. Schnell werden die unterschiedlichen Herangehensweisen in der litauischen, polnischen und deutschen Gruppe deutlich. Die einen gehen das Thema eher nur auf sich selbst bezogen an, viel privater, nach innen gerichteter, persönlicher. Gerade die deutschen Jugendlichen sehen ihre eigenen Gefühle eher in Bezug und in Abhängigkeit von Politik und äußeren Umständen. Für die deutschen Jugendlichen ist die Präsentation der Arbeit eher wie Lohn für die Arbeit, für die LitauerInnen und PolInnen eher eine Herausforderung und Prüfungssituation. Ganz verschieden sind die Mittel bei der Umsetzung des Themas: Die LitauerInnen, die von einer Kunstschule kommen, nutzen Malerei, die Deutschen, in Kunsttechniken nicht so ausgebildet, setzen mehr auf den Einsatz von Bodypainting und Tanz – sozusagen Aktionskunst mit vollem Körpereinsatz. Die Gruppe fängt an zusammen zu wachsen, den „AktionskünstlerInnen" ist es zu verdanken, dass Hemmschwellen abgebaut werden, ein freier Umgang miteinander, fern von ausgelacht werden oder Peinlichkeiten, entsteht. Die Deutschen bewundern den fröhlichen Individualismus der LitauerInnen. Den polnischen und litauischen Jugendlichen wiederum ist die

Freizügigkeit, die ausgefallenen Ideen und deren zum Teil provokante Umsetzung und die Auseinandersetzung mit politischen Themen (Irakkrieg, Umweltschutz etc.) neu.

3. Bildung von Teams

Anders als am Tag zuvor, als es auf Individualität im Zusammenhang mit „Freiheit wagen" ankam, sollen die Jugendlichen sich jetzt in Teams um einen frei gewählten Inhalt zusammen finden: Politik, Gesellschaft, Schule, Kunst o.ä., und es künstlerisch bearbeiten. Die Teams bestehen aus 2-3 Jugendlichen. In manchen Teams wird viel diskutiert und um Gemeinsamkeit gerungen, andere beschließen, ihre Uneinigkeit darzustellen. Ziel ist es zu erleben, dass Freiheit auch die Freiheit des anderen einschließen muss und individuelle Freiheit an der Nasenspitze des anderen aufhört. Dann werden die Gruppen aus den verschiedenen Ländern per Los durchmischt. Die Arbeiten, die entstehen, zeigen eins: Wichtige Gefühle sind überall gleich intensiv. Auch wenn die Ausdrucksformen in verschiedenen Ländern und Lebenszusammenhängen sehr unterschiedlich sind: Themen wie Liebe, persönliche Freiheit, Freundschaft, Familie werden in allen Gruppen thematisiert.

Sich einigen auf ein Thema oder die Nichteinigung darstellen, diese Aufgabe ist Bestandteil aller weiteren Arbeit. Die Diskussion geht bis hin zur Gestaltung von Bildflächen. Sich auf ein gemeinsames künstlerisches Projekt einigen zu können ist schwer, aber das gilt auch für politische Arbeit: Gruppen sind in der Lage stärkere Veränderung zu bewirken als Einzelne. Die Einzelnen müssen sich zuerst bewusst machen, was sie wollen, in der Diskussion in der Gruppe findet sie Argumente für ihre Position, entsteht dann eine Gruppenposition, dann kann die Gruppe mehr Druck, mehr Aufmerksamkeit erzeugen, und das ist der Beginn von Wirkung nach außen und in die Gesellschaft hinein.

Mittlerweile arbeiten die Jugendlichen bis in die Nacht hinein zusammen.

4. Material

Der Schwerpunkt liegt heute auf dem Material, aus dem die „Kunst" ist. Da viele Jugendliche im Ausdruck ihrer Empfindungen gehemmt sind, viele eigene Ausdrucksmöglichkeiten gar nicht als künstlerisch, oder anders: in der Öffentlichkeit ihrer Gruppe nicht als vorführbar empfinden, geht es in einem Zwischenschritt darum, zu klären, dass alle Materialien, alle Ausdrucksformen im erweiterten künstlerischen Horizont möglich sind. Also: „Sachensuchen". Heute kann, muss aber nicht mit dem klassischen Material gearbeitet werden. Jetzt geht es um Ausdehnung des Kunstbegriffes: Was ist alles Kunst? Womit kann ich Kunst machen? Fundstücke, Naturmaterialien, Alltagsgegenstände, alles kann verarbeitet werden. Kann man alles transformieren und in einen künstlerischen Zusammenhang stellen?

Auch in der Kreisauer Landschaft entstehen temporäre Kunstwerke.

5. „Freiheit wagen" in Kunst und Gesellschaft - Plakatentwurf

Was würdet ihr als BürgerInnen, als KünstlerInnen für ein Plakat entwerfen? Für welches Thema, welche Sache würdet ihr euch mit den Mitteln der Kunst engagieren? Die BetrachterInnen sollen mindestens zum Nachdenken gebracht werden. Jede/r stellt ihr/sein Plakat vor und somit die Thematik, für die das Plakat steht. Die anderen sagen, wie es auf sie wirkt und ob sie sich zur Unterstützung oder zum Mitmachen animiert fühlen: Für welche Sache, welche Idee, für welche Überzeugung würden wir uns engagieren? Für was würden wir kämpfen?

6. Unterschiede Litauen/Deutschland/Polen

Aus meiner recht starren Vorgabe und Einteilung der Tage in Arbeitsschritte machen die Jugendlichen schon gegen Mitte des Workshops etwas Bewegliches. Sie entwickeln eigene Vorschläge, Themen zu verbinden oder ganz neue Dinge aufzunehmen ins Programm. LitauerInnen und PolInnen erfinden und spielen jeweils als gesamte Gruppe ein Theaterstück, Kulissen und Kostüme werden ebenfalls selbst gebaut. Die Deutschen teilen sich in viele kleine Gruppen mit ganz unterschiedlichen Aktionen bzw. Aufführungen. Sie wollen sagen: Wir haben keine gemeinsamen Positionen, alles ist unterschiedlich, vielseitig usw. Die LitauerInnen und PolInnen hingegen wollen eine Länderaussage zum Thema. Für sie war Politik kein Themenschwerpunkt. Die PolInnen führen ein Stück „zur Entstehung der Aggression" auf. Aggression folgt auf Wut, Wut folgt oft auf Ungerechtigkeiten. Für die LitauerInnen spielen in ihrem Stück Mythen und Traditionen, Geschichten, die in der Familie weiter erzählt werden, eine Rolle. Was im Staat passiert, sehen sie LitauerInnen in hohem Maße von sich und ihrer Familie getrennt. Zwei deutsche Teilnehmerinnen thematisieren das schwierige, durch den Irakkrieg belastete Verhältnis der Deutschen zu Amerika. Für die PolInnen und LitauerInnen ist dies gleichermaßen befremdlich. Sie sehen ihre Länder als Verbündete von Amerika, zugleich ist ihnen das Thema auch gar nicht so wichtig, da es auf ihr Leben keinen Einfluss hat. Die Deutschen stellen viel mehr aktuelle Themen zur Debatte und Fragen nach Schuld und Verantwortung.

Spontan und kreativ werden Gegensätze erlebt, Gemeinsamkeiten entdeckt, Vorurteile abgebaut und gemeinsame Ziele gefunden. Während der gemeinsamen Arbeit entsteht eine Gemeinschaft, aus der sich Freundschaften über die Zeit des

Workshops hinaus ergeben. Es ist wie eine Probe für die Wirklichkeit. Hier wird mit Pinseln und Farben gestritten, diskutiert um Standpunkte und Meinungen, auf Papier werden Pläne und Visionen entworfen. Es entstehen engere Verbindungen und Einsichten, weil miteinander gearbeitet und um Ergebnisse gerungen wird.

7. „Freiheit wagen" – von Kreisau nach heute

Was haben die Kreisauer zum Ausdruck bringen wollen? Was ist, wenn individuelle Gestaltung von Freiheit im eigenen Leben eingeschränkt oder bedroht wird durch einen totalitären Staat? Was sind die Kreisauer Werte? Inzwischen haben die TeilnehmerInnen das Berghaus in Kreisau, den Wohnort der Familie Moltke, besichtigt, haben einen Vortrag zum Kreisauer Kreis gehört, haben die Ausstellung im Gutshaus Kreisau besucht. - Heute würden sich die Kreisauer einsetzen für …?

Wie würdet ihr das künstlerisch umsetzen? - werden die Jugendlichen gefragt. In den darauf folgenden Gesprächen, Bildern, Darbietungen spielen Umweltschutz, Konflikte zwischen Ländern und Menschen, aber vor allem auch ganz persönliches Verhalten in schwierigen Situationen eine zentrale Rolle.

„Freiheit wagen" fängt bei einem selbst an, in kleinen Entscheidungen des täglichen Lebens wird man sich ja seiner persönlichen Freiheit bewusst. Später geht es dann darum, Freiheit auch als Gruppe zu gestalten. Und schließlich geht es darum, in die Gesellschaft hin und für die Gesellschaft wirksam zu werden.

Setze ich mich für meine Überzeugungen ein oder nicht, habe ich Angst oder nicht, finde ich Verbündete oder nicht, zahle ich den Preis oder nicht - denn es hat seinen Preis, wenn man seine Überzeugungen zu leben versucht, und Dinge, von deren Richtigkeit man überzeugt ist, auch einfordert. Wie viele Kompromisse kann man machen, was darf man machen, was nicht, um das Leben gut zu meistern. Am Ende des Workshops wollen die Jugendlichen selbst nicht mehr klar trennen zwischen den Fragen der Kreisauer und ihren Fragen, über die Auseinandersetzung mit sich selbst, mit den anderen, mit mir, haben sie erkannt, dass es im Grunde immer das gleiche bleibt: Man darf das, woran man glaubt nicht verraten. Der Gedanke, die Idee von Freiheit bleibt am Leben, wenn man sich konsequent dafür einsetzt.

8. Abschluss - Präsentation

Gemeinsame Präsentation der Arbeiten, Ausstellungseröffnung und Kunsthappening – am letzten Abend feiern wir ein Kunstfest. Einzelne, Paare, Gruppen überlegen ihre Vorstellung. Der Inhalt ist „frei" und jede/r sieht, was dem oder der anderen wichtig ist, was er/sie von sich zeigen will, was er/sie schön findet, was er/sie träumt – in jeder Hinsicht der Höhepunkt des Workshops.

Ausblick

Kreisau ist ein Ort des Handelns, des Widerstandes. Kreisau heißt: Gedenken an tapfere Menschen, die, noch während das System herrschte, widerstanden haben und die nicht in erster Linie Opfer sind, sondern beispielhaft Handelnde. Für meine Workshoparbeit ist es wichtig, an Orte zu erinnern, die Erkenntnis einfordern, dass man selbst etwas tun kann. In Kreisau wirkt das Vorbild. Wenn die Kreisauer für ihre Ideen und Überzeugungen einstehen konnten in einer anderen, einer harten Zeit, um wie viel mehr sollten wir erst couragiert in unseren demokratischen Gesellschaften handeln können.

In Bezug auf die jüngste Geschichte gibt es in Deutschland, Polen, in Tschechien und der Slowakei Orte, die an politischen Widerstand, an öffentlichen Protest, erinnern – etwa die Gethsemanekirche in Berlin oder die Nikolaikirche in Leipzig. Daraus kann sich eine besondere Chance ergeben. Diese Zeit liegt noch nicht so weit zurück, spielt im Alltäglichen noch eine Rolle, ist noch im unmittelbaren Erfahrungshorizont von Jugendlichen präsent. Viele Jugendliche in Europa kommen ja teilweise aus Ländern, in denen noch vor wenigen Jahren Diktaturen herrschten, auch wenn ihnen selbst die prägende Erfahrung politischer Unfreiheit aufgrund ihres Alters fehlt. In der Ukraine fand erst jetzt 2005 ein wichtiger Umbruch statt. Von den Menschen, die in diesen Ländern gegen Diktaturen angegangen sind, sind viele heute noch aktiv. Jugendliche können sich in direktem Austausch mit diesen Erfahrungen auseinandersetzen, können sich dem Thema „Freiheit wagen" annähern, können vergleichen, Erfahrungen direkt abfragen – und begreifen, dass Menschen, die „Freiheit wagen", genau die gleichen Empfindungen haben wie sie selbst.

Die Kreisauer haben für Ihre Überzeugungen beispielhaft mit ihrem Leben eingestanden. Sie sind für Jugendliche aber auch schier unerreichbare Vorbilder, das schafft Respekt, Distanz. Die Frage, ob man in letzter Konsequenz sogar sein Leben einsetzt, um seinen Überzeugungen treu zu bleiben, wurde diskutiert und von den Jugendlichen aus dem Workshop mitgenommen.

Die Erinnerung an Kreisau gilt es wach zu halten. Vielleicht kann man die unmittelbaren Erfahrungen im Umgang mit den jüngsten Unrechtsregimen in der DDR und in Osteuropa nutzen, um auch aus dieser Sicht Kreisau neu auf uns heute hin zu beziehen.

Ich wünsche mir daher, dass solche und ähnliche Workshops auch an den Erinnerungsorten des Widerstands gegen das DDR-Regime möglich werden.

Aktive Medienrezeption und handlungsorientierte Medienarbeit in der Gedenkstättenpädagogik

Annette Eberle

Der Medieneinsatz an KZ-Gedenkstätten hat sich unter dem Einfluss der Digitalisierung in der Dokumentensicherung, der Aufnahme von Interviews oder in Ausstellungspräsentationen erweitert. Die verschiedenen multimedialen, miteinander kompatiblen Formate – CD-ROM- und DVD-Präsentationsmöglichkeiten, mp3-Formate, Digitalfoto- und Filmkameras, Schnittprogramme, Internetnutzung bis zur Websiteherstellung – verändern auch die rezeptiven und aktiven medialen Anwendungsmöglichkeiten in der Bildungsarbeit (vgl. Sedlaczek; Gerecht). Ob und in welcher Weise diese eingesetzt werden, hängt nicht nur von der technischen Ausstattung ab, sondern vor allem davon, ob die erweiterten technischen Möglichkeiten auch inhaltlich zu neuen Wegen führen. Besucherbefragungen an Gedenkstätten haben festgestellt, dass audiovisuelle Medien als Informationsquellen über den Nationalsozialismus vor allem bei den jüngeren Generationen eine zunehmend wichtige Rolle spielen (vgl. Fuchs, 77; Rogoll/Paetrow, 21ff)[93].

Die medienpädagogische Herausforderung für KZ-Gedenkstätten und ihre Bildungsarbeit, die mit der Ablösung analoger durch modularisierte und/oder digitale Medien geschaffen wurde, heißt: Auseinandersetzung mit einer neuen sequentierten Ästhetik der digitalen Medien, Reflexion ihrer Ausdrucks- und Wirkungsmöglichkeiten, Manipulationsmöglichkeiten der Medieninhalte schon für ErstnutzerInnen, eine Herstellungsqualität, die sich kaum von professionellen Produkten unterscheidet, Geschwindigkeit und BenutzerInnenfreundlichkeit bei Be- und Verarbeitung endlose Kopier- und Verteilbarkeit, Informationsflut, trotz Bilderflut hohe Textlastigkeit vieler Neuer Medien, die weit reichende Kompetenzen in der Texterfassung für die Rezeption voraussetzen.

Der folgende Beitrag zeigt auf, inwieweit medien- und gedenkstättenpädagogische Herangehensweisen im Umgang mit digitaler Medientechnik interessante Schnittstellen aufweisen, um eigenständiges Urteilsvermögen und Kreativität der NutzerInnen zu fördern, und welche konkreten Beispiele aktiver, handlungso-

---

[93] Fuchs verweist in diesem Zusammenhang auf eine unveröffentlichte Besucherbefragung der KZ-Gedenkstätte Buchenwald und auf die unveröffentl. Ergebnisse einer Besucherbefragung an der KZ-Gedenkstätte Dachau, in der die befragten Besucher zu über 73,1% den Einsatz von „modernen audiovisuellen Medien" in einer Gedenkstätte als „gut" befunden hatten.

rientierter Medienarbeit sich aus der Verschränkung medialer und historischer Vermittlungsansätze ergeben können.

Medien sind Mittler und zugleich Gestalter von „Geschichte" oder „Erinnerung". Mediale Geschichtsbilder werden aus spezifischen Sichtweisen erzählt, die Empfindungen und Vorstellungen bei den NutzerInnen evozieren. So können bezogen auf filmische Darstellungen folgende Gestaltungsmittel eine Rolle spielen: die Verwendung von Symbolen zur Präsentation und Deutung von historischer Wirklichkeit, die Art und Weise, wie ZeitzeugenInnen-Erzählungen mittels Schnitt- und Aufnahmetechniken dargestellt werden, die Auswahl von Kameraeinstellungen oder der subtile Einsatz von Musik etc.. Medienpädagogische Entschlüsselungstechniken ermöglichen das Aufdecken der subjektiven Perspektiven der AutorInnen in Bezug auf inhaltliche Positionen. Anhand der Wechselwirkung zwischen Präsentation und den Wahrnehmungsgewohnheiten der NutzerInnen werden deren emotionale Haltungen, vorgefasste Einstellungen und bestehende Geschichtsbilder reflektiert. Hier könnte es um die Frage gehen, welche Bildsymboliken oder Filmdramaturgien die NutzerInnen mit der Geschichte der Konzentrationslager „automatisch" verbinden, mit menschlichem Leiden oder der Darstellung von Gewalt oder Terror. Des weiteren kann untersucht werden, ob von den NutzerInnen medialer Darstellungen eine Reaktion wie „ich muss jetzt betroffen, traurig oder schockiert sein" erwartet wird (vgl. Brink), oder wie mediale Darstellungen die Sichtweisen auf Geschichte beeinflussen. Dass Medien eine zunehmende Bedeutung in der Aneignung von (historischer) Wirklichkeit einnehmen, ist eine Tatsache, die u.a. von Röll in seiner Untersuchung über multi-mediale Wahrnehmungsprozesse analysiert und als Herausforderung für die Medienpädagogik beschrieben wurde (vgl. Röll 1998, 425).

Für die Auseinandersetzung mit den vorhandenen Prägungen und Erwartungen empfehlen sich wahrnehmungs- und handlungsorientierte Methoden, die den NutzerInnen eine aktive Haltung und gestalterische Rolle ermöglichen. Wahrnehmungsorientierte Methoden befähigen zum Verständnis und zur Anwendung der Sprache der Medien. Hier geht es um das Bewusst-Machen von „Routinen", die sich in der Aneignung medialer Erfahrungen gebildet haben. In einem weiterführenden Schritt befähigen handlungsorientierte Methoden auf der Basis des erworbenen medienkritischen Verständnisses die NutzerInnen, ihre Sicht, ihre Eindrücke, Emotionen, inneren Bilder und Fragen medial zu kommunizieren. Grundlegend für Konzeption und Möglichkeiten handlungsorientierter Medienarbeit sind (immer noch) die Arbeiten von Baacke, in denen er sein Modell der vier Ebenen von Medienkompetenz entwickelt (vgl. Baacke). Vor allem die letzten beiden Ebenen sind für die medienpraktische Seite entscheidend: „Mediennutzung" sollte rezeptiv, anwendend und interaktiv gelernt werden. Darauf aufbauend soll die Kompetenz der „Mediengestaltung" befördert werden, „zu verstehen als innovativ (Veränderungen, Weiterentwicklungen des Mediensystems innerhalb der angelegten Logik) und als [...] kreativ (Betonung ästhetischer Varianten, das Über-die-Grenzen-der-Kommunikations-Routine-Gehen)" (ebd., 99). Röll entwickelt dieses Modell, das eine umfassende Persönlichkeitsbildung „vermittelt durch und mit Hilfe von Medien" anstrebt, in Hinblick auf die sich inzwischen veränderte Medienlandschaft weiter (vgl. Röll 2003, 43ff). Den Schwerpunkt von Medienkompetenz setzt er auf die Aufdeckung individueller Konstruktion und der ihr zu Grunde liegenden subjektiven Erfahrungsstrukturen. Den Lernenden soll dabei bewusst werden, welche Rolle subjektive Wahrnehmungsstrukturen bei der Konstruktion von Wirklichkeit spielen und wie sich daraus Wahrnehmungsmuster bilden, die sich in der aktiven multi-medialen Gestaltung der Lernenden widerspiegeln. „Medienkompetenz bedeutet unter diesem Vorzeichen Wahrnehmungskompetenz {bzw.} (Imaginations-Kompetenz)" (ebd., 49f). Zusammenfassend können hier drei wichtige medienpädagogische Zielsetzungen benannt werden: Wissen um Perspektivität von Medieninhalten, um mediale Gestaltungs- und Wirkungszusammenhänge und Fähigkeiten (inter)aktiver Medienrezeption und –gestaltung.

Welches sind nun die aktuellen gedenkstättenpädagogischen Fragestellungen im Umgang mit „Geschichte und Erinnerung" in der medialen Vermittlungsarbeit von KZ-Gedenkstätten (vgl. Baier, 299-324)?

Eine Schlüsselaufgabe von KZ-Gedenkstätten liegt in ihrer Bedeutung als historisches „Gedächtnis" der nationalsozialistischen Verbrechen am Ort des damaligen Geschehens. Unmittelbar auf diese Orte bezogen sind die historischen Erfahrungen der Überlebenden sowie ihre Erinnerungen an und Reflexionen der erlebten Verbrechen. Die Gedenkstätten waren seit ihrer Gründung ein Archiv und auch Mittlerinnen der mündlichen wie schriftlichen Zeugnisse, mit einer hohen Aufmerksamkeit gegenüber den Überlieferungen der Opfer. In der jetzigen Situation, der absehbaren Endlichkeit der Überlieferung durch die ZeitzeugInnen, übernehmen die neuen Medien wichtige Bereiche der Vermittlung und stützen sich dabei auf die vorhandenen Medienbestände in den Archiven. So werden in vielen Gedenkstätten seit Jahr(zehnt)en auditive und fotografische Zeugnisse gesammelt. Seit Mitte der 80er Jahre, nach der Durchsetzung der Video-Techniken, entstand eine Fülle an filmischen ZeitzeugInneninterviews, die auf das Engagement von „Laien" zurückzuführen und/oder unter Verwendung semiprofessioneller Produktionsweisen entstanden sind. Mit dem Einzug elektronischer, digitalisierter Mediendokumentationen werden die Medienbestände erweitert, verschlagwortet und für einen sequentierten Zugriff nutzbar gemacht. So entstehen - fast nebenbei - neue Formen eines technisch implementierten Gedächtnisses, die zunehmend druckgestützte Überlieferungskulturen ablösen.

Eine weitere Entwicklung des medialen kulturellen Gedächtnisses äußert sich in Website-Projekten, die darauf ausgelegt sind, dass sie von den NutzerInnen gestaltet und verändert werden. Durch das Einstellen „eigener" Erinnerungen, Kommentare oder Geschichten auf den Websites entstehen „virtuelle" Erinnerungsräume (vgl. Baier)[94]. Es entsteht eine Fülle von Erinnerungsmaterial, das durch die Möglichkeiten der Digitalisierung aus dem subjektiven Erinnerungs- und historischen Erfahrungszusammenhang, aber auch vom örtlichen Bezug menschlicher Erinnerung herausgelöst werden kann. Es werden digitalisierte, beliebig konstruierbare audiovisuelle Erinnerungsmodule in Präsentationen geschaffen und/oder interaktiv verfügbar gemacht.

Neben dem Internet bleiben nach wie vor Film und Fernsehen einflussreiche Geschichtskonstrukteure. Bei den History-Formaten des Fernsehens steht die „Authentizität" des persönlichen, historischen, visualisierten Zeugnisses im Vordergrund, die den BetrachterInnen einen hohen Glaubwürdigkeitscharakter suggerieren soll. Die Individualität erinnerter Geschichte wird vorrangig, gleichermaßen wird die Frage, an wessen Geschichte erinnert wird, immer nachrangiger. Weitere Einflüsse bei der Prägung medialer Geschichtsbilder üben z. B. fiktionale „Holocaust" Erzählungen wie „Schindlers Liste" aus, die von vielen LehrerInnen als Vorbereitung eines Gedenkstättenbesuches gezeigt werden. Vergessen wird dabei oft, die Unterschiede zwischen den historischen Ereignissen und der fiktionalen Darstellung zu reflektieren. Die SchülerInnen suchen dann auf dem Gelände einer KZ-Gedenkstätte die Kulissen des Films, ähnlich wie bei einem Besuch im Bavaria- oder Ufa-Filmgelände. Medial überlieferte Erinnerungen müssen in einen Kontext gestellt werden, sonst werden sie ohne Verständnis für das, was erinnert wird, aufgenommen und zu scheinbar austauschbaren Paraphrasen der NS-Verbrechen reduziert. Es werden durch die Kontextualisierung Reflexionen angeregt, die rein auf Emotionalisierung angelegte Medienproduktion aufdecken und deren appellative, affirmative Wirkung damit einschränken. Fragen dabei könnten sein: Welches ist für mich der Informations-, Emotions- und Symbolgehalt des Mediums? Wie verändern sich die Eindrücke, wenn ein anderer Präsentationskontext gewählt wird? Welche „Bilder" über den historischen Tatbestand sollen vermittelt, welche Emotionen oder Haltungen und Wertungen evoziert werden? Welche Informationen sind notwendig, um das medial vermittelte „Geschichtsbild" mit der historischen Realität zu vergleichen? In handlungsorientierte Methoden übersetzt lauten die Fragen: Welche Gestaltung soll gewählt werden, um bestimmte Inhalte, Fragestellungen und Sichtwiesen zu vermitteln? Welchen Einfluss spielen dabei die eigenen Gefühle, Reflexionen und Wertungen? Welches Medium wähle ich, um beispielsweise zwischen dem, was ich auf dem KZ-Gedenkstättengelände „sehe" und dem, was hier passiert ist,

---

[94] Beispiel dafür ist das Website-Projekte „Holocaust –Quilt".

eine Verbindung zu schaffen? Welche Gestaltungsmittel setze ich ein, um das, was ich denke, dass damals passiert, ist zu vermitteln?

Die Wahl der Methode sollte auch davon abhängig gemacht werden, ob sie dahingehend unterstützt, einen eigenen Standpunkt zum Geschehen zu entwickeln. Denn um zu verstehen, dass die historische Realität des Konzentrationslagers aus sehr unterschiedlichen Sichtweisen erzählt werden kann, sind die Grundlagern der Quellenkritik erforderlich. So ist der Standpunkt einer/s ZeitzeugIn geprägt von den Erfahrungen während und nach der Haft. Die Aussagekraft eines SS-Fotos muss nach den Auftraggebern und ihren Absichten bewertet werden, die Filme der US-Amerikaner sind auf dem Hintergrund der Situation während der Befreiung sowie den Erfahrungen und Motiven der KriegsberichterstatterInnen zu werten, die protokollierten Aussagen eines ehemaligen Lagerkommandanten im Rahmen eines Nachkriegsprozesses sind u.a. kritisch gegen Entlastungs- und Verdrängungsmotive zu lesen.

Folgende zwei Beispiele von aktiver Medienrezeption und handlungsorientierter Medienarbeit zeigen auf, wie die drei Ebenen „Vermittlung von Medienkompetenz", „Auseinandersetzung mit Geschichtsbildern" und „Erarbeitung eines Standpunktes" miteinander verbunden werden können.[95]

Beispiel 1: DVD-Lernstation „Das Heimweh des Walerjan Wrobel"

Wie „aktive Rezeption" bei der Vor- oder Nachbereitung eines Gedenkstättenbesuches aussehen könnte, soll an der DVD-educativ „Das Heimweh des Walerjan Wrobel"[96] vorgestellt werden. Der Inhalt des Films ist kurz erzählt: Im Jahre 1939 wird der 16-jährige Walerjan Wrobel aus dem besetzten Polen zur Zwangsarbeit nach Deutschland gebracht. „Pranca" heißt auf Polnisch Arbeit. Das und ein zweites Wort gibt der Vater Walerjan mit auf den Weg: „Jawohl!" Wenn er gut arbeite und immer höflich sei, werde es schon nicht so schlimm werden, tröstet er ihn. Auf der endlosen Fahrt nach Deutschland bekommt Walerjan ein Geschenk, das ihn später sein Leben kosten wird: eine Schachtel Streichhölzer. Walerjan wird Hilfsarbeiter auf einem Hof bei Bremen und der schmächtige Junge muss harte Arbeit leisten. Krank vor Schufterei, Heimweh und Kontakt-

---

[95] Beide Beispiele wurden im Rahmen des Workshops „Kreative Möglichkeiten und Chancen des Medieneinsatzes" bei der Tagung „Arbeit an Bildern der Erinnerung – Kunstpädagogische Ansätze in der Gedenkstättenarbeit" v. 14.1.-16.1.2004 vorgestellt.

[96] Spielfilm von Rolf Schübel nach dem gleichnamigen Buch von C.U. Schminck-Gustavus. BRD 1991. Die DVD enthält neben dem Film 35 „Extras" sowie Materialien für die Vor- und Nacharbeit auf einem ROM-Teil.

armut legt er schließlich in der Scheune Feuer, weil er hofft, dass man ihn dann nach Hause jagt. Doch er kommt in die Hände der Gestapo. Nach neunmonatigem Aufenthalt im Konzentrationslager Neuengamme wird er in einem eilig anberaumten Gerichtsverfahren zum Tode verurteilt und mit dem Fallbeil hingerichtet. Der Film basiert auf der historischen Dokumentation des Historikers C.U. Schminck-Gustavus.

Die DVD-educativ bietet neben dem Spielfilm inhaltlich weiterführende Kontextmedien an. Für die Arbeit mit den interaktiven Zusatzangeboten bieten sich Fragestellungen an, die je nach Interesse den Schwerpunkt auf die Mediengestaltung, die fiktionalen und dokumentarischen Mittel einer biografischen Rekonstruktion oder die Themen NS-Zwangsarbeit, NS-Ideologie, Kriegs- und Vernichtungspolitik legen können. Eine medienkritische Auseinandersetzung kann die Frage ins Zentrum stellen „Was ist real und was ist ‚erfunden'?". Problematisiert wird damit, ob sich das Leben eines 16jährigen polnischen Jungen, von dem selbst nur zwei Briefe erhalten sind, aus der Erinnerung von Freunden und Verwandten wie auch mittels von Dokumenten, die nur den Zweck hatten, ihn zu belasten und zum Tode zu verurteilen, rekonstruieren lässt. Die „Extras" und die zur Verfügung gestellten Auszüge aus der dokumentarischen Vorlage (ROM-Ebene) lassen die NutzerInnen die einzelnen Stationen von Walerjans Leben nachvollziehen: seine Herkunft, die Veränderung seiner Heimat durch Krieg und Besatzung, der Weg in die Zwangsarbeit, erlittene Diskriminierung und vollkommene Rechtlosigkeit, der Terror im Konzentrationslager Neuengamme und schließlich das Unrechtsurteil. Die „Extras" zeigen auch, warum der Regisseur eine fiktionale Darstellungsform gewählt hat, um die Perspektive des Walerjan Wrobel den heutigen ZuschauerInnen zu vermitteln, da sie in den historischen Dokumenten oder ZeitzeugInnenaussagen nur indirekt lesbar ist: seine Gefühle, seine Empfindungen, seine Sicht im konkreten Erleben und Erleiden der Zwangsarbeit, der Verfolgung und der physischen wie psychischen Zerstörung des Jugendlichen.

In einem weiteren Schritt lässt sich mit den „Extras" erarbeiten, auf welchem historisch-authentischen Hintergrund die Spielfilmszenen beruhen. Dafür stehen historische Dokumente und Interviewaussagen mit ZeitzeugInnen zur Verfügung. Man kann ebenso überprüfen, inwieweit die Bestimmung der Charaktere und ihre Besetzung mit den einzelnen SchauspielerInnen ihren realen Vorbildern gleichen. Ein wichtiges Moment der filmischen Gestaltung wird in den „Extras" deutlich, die sich mit der Rolle der Filmmusik in dem mit stark dokumentarischen Mitteln arbeitenden Spielfilm auseinandersetzen. Die Frage „Warum ist das (mit) Walerjan geschehen?" lässt sich mit denjenigen „Extras" erarbeiten, die Informationen über die nationalsozialistischen Herrschaft, ihre Ideologie, ihre Praxis der Zwangsarbeit und der Vernichtungspolitik liefern. Anhand von Kopien und Auszügen der Originalakte des Sondergerichtes wird deutlich, wie sehr wesentliche Bereiche der Gesellschaft, hier die der Justiz und des Polizeiapparates, zum Bestandteil dieser Vernichtungsmaschinerie geworden sind. Abschließend zeigen „Extras" zu der Frage „Was geht uns/mich das heute an?" auf, wie die Geschichte nach Kriegsende weiter ging, dass die Tat keine Konsequenzen für die Täter hatte und wie lange die Familie von Walerjan über sein Schicksal im Ungewissen gelassen wurde, dass sie keinerlei Entschädigung erhielt und dass es über 50 Jahre lang dauerte, bis eine Gedenktafel an den Jungen und den Mord an ihm erinnerte. Für die Vor- und Nachbereitung eines Gedenkstättenbesuches eignen sich vor allem diejenigen „Extras", die sich mit dem Alltag im Konzentrationslager Neuengamme, den herrschenden Terror und der Frage, warum es Walerjan und seinem Freund gelang zu überleben, auseinandersetzen.

Die Geschichte des Walerjan setzt sich aus multiplen Kontexten und unterschiedlichen Sichtweisen zusammen. Nach einer gemeinsamen Sichtung des Films können Fragestellungen in Gruppen- und Einzelarbeit selbst gewählt und Inhalte dazu recherchiert werden. Die Arbeitsergebnisse werden im Plenum präsentiert und diskutiert.

Beispiel 2: Recherchieren und Eindrücke verarbeiten mit der Video-Kamera

Im Rahmen von Seminaren erhalten die TeilnehmerInnen die Möglichkeit, die Geschichte des Konzentrationslagers Dachaus mit Hilfe der Videokamera zu recherchieren und ihre Eindrücke zu verarbeiten. Aufgabenstellung und Leitfragen regen zur Reflexion über das „Thema der Entrechtung" an und provozieren die Frage „Was geht uns das alles heute an?".

Mögliche Themen dazu, die im Gelände und in der Ausstellung sowie mit Überlebendenberichten recherchiert werden können, sind „Arbeit", „Einlieferung", „Häftlingsgruppen", „Lageralltag/Überleben", „Sterben/Morde", „Erinnern/Gedenken". Bevor die Gruppen mit der Arbeit beginnen, erfolgt eine Einführung in die Technik und die wichtigsten Gestaltungsmittel der Video-Kamera sowie zu Aufnahmetechniken und eventuell zu Schnittmöglichkeiten von Szenen. Anschließend erhalten die Gruppen Orientierungsmaterialien, mit deren Hilfe sie ihr Thema bearbeiten können, sowie einen „Fahrplan", der auf die entsprechenden Informationstafeln in der Ausstellung hinweist, einen Video- oder Tonausschnitt aus einem ZeitzeugInneninterview enthält sowie wichtige Orte im Gelände verzeichnet. Die Gruppen sollen ihre Filmaufnahmen so gestalten, dass ihr „Endprodukt" neben den für sie wichtigen Sachinformationen auch die Fragen und Schwierigkeiten vermittelt, die sie selbst bei der Erarbeitung beschäftigt hatten. Wenn mehrere Gruppen sich mit den gleichen Themenstellungen und Materialien beschäftigen, werden die subjektiven Wahrnehmungen, Fragen und Interessen der FilmerInnen, der Diskussionsprozess innerhalb der Gruppe, ihre darauf basierenden inhaltlichen Auswahl und filmischen Entscheidungen, die sich auch in sehr unterschiedlichen „Kombinationsmöglichkeiten" des recherchierten Materials manifestieren, besonders offensichtlich. Denn die Ergebnisse zeigen dann auf, welch unterschiedliche filmische Produkte trotz der gleichen Fragestellung und verfügbaren Materialien entstehen können. Die filmischen Ergebnisse werden dann gegenseitig präsentiert. Je nach technischer Ausstattung können noch Vertonungen vorgenommen, digitalisiertes Bildmaterial oder Interviewaufnahmen mit anderen BesucherInnen im Gelände eingefügt werden. Wenn eine gesamte Projektwoche zur Verfügung steht, kann so ein gemeinsamer, aus den verschiedenen filmischen Gruppen-Essays zusammengefügter Film entstehen.

Nun sollen die Erfahrungen bei dem MultiplikatorInnen-Workshop auf der Fachtagung vorgestellt werden. Zwei Gruppen, deren TeilnehmerInnen sehr unterschiedliche mediale Vorerfahrungen – auch keine – hatten, erarbeiteten mit der digitalen Videokamera das Thema „Einlieferung in das Konzentrationslager Dachau". Sie erhielten einen Orientierungsplan für die jeweiligen Ausstellungs- und Geländebereiche, die Informationen zur „Einlieferung" vermitteln. Zusätzlich dazu bekamen sie den Hinweis auf einen in der Ausstellung gezeigten Interviewfilm, in dem vier Überlebende, die aus sehr unterschiedlichen Gründen und zu jeweils anderen Zeiten in das Konzentrationslager eingeliefert worden waren, ihre Ankunft im Konzentrationslager Dachau beschreiben.

Hier sei nur kurz zusammengefasst, welche Basisinformationen und Stationen zum Thema „Einlieferung" recherchiert werden konnten: Die Gefangenen des Konzentrationslagers Dachau kamen von 1933 bis 1945 entweder zu Fuß vom Bahnhof vor den Augen der Dachauer Bevölkerung oder mit einem Schubwagen oder auch – vor allem in den letzten Kriegsjahren - in Waggons im ehemaligen SS-Lager an und wurden dann in das Häftlingslager getrieben. Der Grund der Einlieferung orientierte sich an den jeweiligen politisch bzw. rassistisch motivierten Feinkategorien wie zum Beispiel „politischer Häftling", „Asozialer", „Berufsverbrecher", „Jude", aber auch an der Zugehörigkeit zu einer nationalen und kulturellen Bevölkerungsgruppe, die im Laufe des Krieges überfallen und/oder besetzt worden war. Die Einlieferung gestaltete sich als Ritual, das aus einzelnen Stationen bestand und die Unterwerfung des Häftlings unter die Lagerordnung zum Ziel hatte. Auch wenn sich dieses Ritual, je nach der einzelnen Phase der Lagergeschichte, unterschiedlich gestaltete, sind die Erinnerungen der Überlebenden daran sehr ähnlich. Sie beschreiben den psychischen Schock, die erlittene Brutalität, die oft sadistisch gesteigerte Demonstration von absoluter Rechtlosigkeit und Willkür sowie das Bewusstsein um die existentielle Gefahr, in der sich jeder von ihnen befand. Die Ausstellungsgestaltung im ehemaligen Schubraum (1938-45) ermöglicht die Erarbeitung des Themenbausteins aus unterschiedlichen Perspektiven, die sich aus der Auswahl der Dokumente und medialen Präsentationen (SS-Photos, Dokumente der Lagerbürokratie, Berichte und filmische Erzählungen der Überlebenden) ergeben. Die Gestaltung der Tafeln und Dokumente auf der Fensterseite des Raumes rekonstruiert die Situation und die Perspektive der Häftlinge. Der Darstellung der schrittweisen Entwürdigung wird die Erinnerung an die Persönlichkeit und Würde jedes Einzelnen, der dieser Prozedur unterworfen war, gegenübergestellt. Neben dem „Schubraum" verweist der Orientierungsplan noch auf die Stationen „Häftlingsbad", „Jourhaus/Eingangstor zum Häftlingslager", „Appellplatz" und „Baracken".

Wie haben nun die beiden Gruppen den Themenbaustein filmisch umgesetzt? Welche ähnlichen und welche unterschiedlichen Fragestellungen waren dabei für sie leitend? Beide Gruppen hatten nicht die Möglichkeit, ihre Aufnahmen später zu „schneiden", sondern sie mussten sich während der Erarbeitung bereits einen „Aufnahmeplan" überlegen und die Szenen wie ihre spätere Abfolge festlegen.

Der Film der ersten Gruppe war ca. fünf Minuten lang, der entstandene Szenenaufbau lässt sich wie folgt beschreiben: Ein Teilnehmer der Gruppe betrachtet den Schutzhaftbefehl von Jan Ulehle, einem 1919 geborenen ledigen Tapezierer und Dekorateur. Danach erscheint ein Gesicht eines jungen Mannes in der Halb-Totalen, das sich als ein Bildausschnitt aus der Großaufnahme „Gruppe eingelieferter Häftlinge vor der Lagerkommandantur, Mai 1933" herausstellt. Es wurde von dem SS-Fotografen Friedrich Franz Bauer aufgenommen. Dann wandert der Kameraschwenk von einem Gesicht zum nächsten auf dem Foto, bis er – weg vom Foto – den ehemaligen „Schubraum" zeigt. Der Aufbau des Ausstellungsraumes wird deutlich. Der Schwenk beginnt links bei den unverputzten Wänden und denn Fenstern, zeigt die Ausstellungstafeln mit einzelnen Häftlingsfotos und endet in der Mitte des Raumes, in dem zwischen den Säulen die Vitrinen stehen. Ein Ausstellungsbesucher steht davor. Am Ende des Raumes sieht man eine großflächige Fotografie, die sich als die eben gezeigte zu erkennen gibt. Diesem Raumeindruck folgt wieder der Bildausschnitt mit dem Gesicht des jungen Mannes. Er wendet seinen Kopf zur Seite, zu den BetrachterInnen, ohne sie dabei direkt anzusehen. Die BetrachterInnen blicken direkt in seine angespannten Gesichtszüge. Dann, mithilfe des Zooms, wird das gesamte Bild in den Ausschnitt der Kamera gerückt. Jetzt sieht man, der junge Mann steht am Anfang der Gruppe, die vor der Kommandantur steht, bewacht von zwei Uniformierten. Einer ist abgewandt, vom anderen sind die Gesichtszüge nicht erkennbar, sie liegen im Schatten der Uniformmütze. Der Gefangene, der rechts von dem jungen Mann steht, sticht durch seine scheinbar selbstbewusste Körperhaltung und seine bayerische Tracht heraus. Die beiden Hände hält er rechts und links in die Hüften gestemmt. Die nächste Einstellung zeigt im Kameraschwenk von unten nach oben das Eingangstor, die BetrachterInnen schauen auf Augenhöhe durch das Tor auf den Appellplatz mit dem Wirtschaftsgebäude und dem Mahnmal. Weiter, im Laufen wird eine Außentafel am Rande des Appellplatzes gezeigt, die das damalige Geschehen anhand von historischen Aufnahmen erläutert. Im Mittelpunkt ein Foto, das jüdische Gefangene im Juni 1938 auf dem Appellplatz zeigt, wieder aufgenommen von dem SS-Fotografen. Die nächste Kameraeinstellung zeigt den Lagereingang, diesmal von der Position des Lagerinneren aus. Eine Besucherin geht gerade durch das Lagertor und lässt sich dabei von jemandem filmen. Dann folgt die Kamera den weiteren Weg über das Gelände des Appellplatzes, zu den Baracken und zur Lagerstraße, die von Pappeln begrenzt ist. Der abschließenden Einsstellung, die den Verlauf der Lagerstraße bis hin zum religiösen Gedenkbereich mit dem dominierenden katholischen Mahnmal zeigt, wird ein historisches Foto, das auf einer Außentafel zu sehen ist, gegenübergestellt. Rechts und links der Lagerstraße sieht man Häftlinge entlang der Längsseiten der Baracken, einzelne Gesichter sind nicht erkennbar. Vorne rechts läuft ein Häftling mit einem Eimer die Straße herunter. An der Stelle, wo heute das katholische Mahnmal erkennbar ist, fällt der Blick auf den Wachturm. Der letzte Teil des Filmes zeigt ausgewählte Schlüsseldokumente der Ausstellung. In einem Ausschnitt aus einem Zeitzeugenfilm erzählt ein älterer Mann, doch aufgrund der schlechten Akustik ist seine Stimme nicht zu hören. Die nächste Einstellung zeigt wieder den jungen Gefangen auf dem Foto der Einlieferung. Diesmal nimmt sein Kopf fast die gesamte Bildfläche ein, doch die Züge bleiben verschwommen. Dann folgen ausgewählte Texte und Bilder der Ausstellungstafeln. Ein Text erläutert kurz die Geschehnisse im Schubraum, zwei erkennungsdienstliche Fotos zeigen einen Häftling, der gerade eingeliefert worden war, eine Effektenliste erfasst detailliert die abgegebenen persönlichen Gegenstände. Die Unterschrift des Gefangenen auf dem Dokument ist die letzte persönliche Spur. Ein weiteres Foto eines Gefangenen in Häftlingsuniform, wieder vom SS-Fotografen Bauer, wird so ins Bild gerückt, dass die beabsichtigte diffamierende Bildaussage im Sinne der „Gemeinschaftsfremden-Propaganda" hinterfragt wird. Der Film endet mit drei Schlüsseldokumenten: der Tafel über die Winkel-Kennzeichnungen, der Verpflichtungserklärung, die die Häftlinge bei ihrer Entlassung unterschreiben mussten, sowie einer Liste aus dem Abgangsbuch, in der verzeichnet wurde, wohin die Häftlinge entlassen wurden, in die Freiheit oder auf Transport in ein anderes Lager.

Die zweite Gruppe wählte mit ihrem ca. 6minütigen Film eine etwas andere Dramaturgie: Die erste Einstellung zeigt einen Ausschnitt aus dem Zeitzeugenfilm, den auch die andere Gruppe bereits verwendet hatte. Im Film „im Film" sieht man das Jourhaus mit dem Eingangstor „Arbeit macht frei". Danach sind vier Zeitzeugen im Bild, Albert Theis, Hans Gasparitsch, Hermann Scheipers und Jerzy Skrzypzek. Albert Theis, der ab 1942 von Luxemburg in das Konzentrationslager Dachau deportiert worden und dort bis Kriegsende inhaftiert war, erzählt anschließend vor dem Wirtschaftsgebäude von seinem ersten Tag im Lager und die verschiedenen Stationen der Einlieferung „Jourhaus", Schubraum", "Häftlingsbad" und "Appellplatz". Mithilfe des Zooms wird das Bild mit dem erzählenden Albert Theis immer kleiner und der Raumkontext, in dem der Zeitzeugenfilm in der Ausstellung präsentiert wird, immer größer. So wird es immer dunkler, fast schwarz. Auf dem Bildschirm mit dem Interviewfilm werden jetzt erkennungsdienstliche Fotos von Albert Theis, die an jenem Tag aufgenommen worden waren, gezeigt. Es sind dieselben Aufnahmen, die von der ersten Gruppe bereits von den Ausstellungstafeln gefilmt wurden, allerdings ohne namentliche Zuordnung. Die Ausschnitte über den Film enden mit einem Foto, das Häftlinge auf dem Appellplatz abbildet. Dann folgt das weitere Suchen der Gruppe durch die Ausstellung, doch sie werden abrupt vom Museumspersonal, das zuschließen möchte, gebeten, zu gehen. Alles weitere ist nur sehr dunkel und schemenhaft zu sehen: Der Weg hinaus auf das Gelände, kaum erkennbar ist das Eingangstor, das durchschritten wird und der Schwenk über den Appellplatz. Man hört, wie die Gruppe sich berät, und das Gelände mit den beschriebenen Erinnerungen von Albert Theis und den Informationen in der Ausstellung vergleicht. Nachvollzogen werden die einzelnen Stationen der Einlieferung: das Eingangstor, der Schubraum, die Desinfektion, die Dusche, der Appellplatz und die Baracken. Plötzlich ist die ehemalige Lagerstraße bis zum katholischen Mahnmal zu sehen – fast identisch mit der Einstellung im vorherigen Film. Die Gruppe hat erst jetzt die Beleuchtungsfunktion der Kamera entdeckt. In der letzten Einstellung des Films wandert der Blick der Kamera über die eingefassten Fundamente rechts und links der Lagerstraße, die die Orte der ehemaligen Funktions- und Unterkunftsbaracken bezeichnen.

Beide Filme bieten vielerlei Interpretationsansätze. Zeigt der erste Film eine erheblich größere Auswahl an Schlüsseldokumenten und den auf dem Gelände verortbaren Stationen der Einlieferung, besticht der zweite Film bei den ZuschauerInnen durch die Atmosphäre des Unmittelbaren und des – in Teilen vergeblichen – Suchens der Gruppe. Für die ZuschauerInnen werden die gedanklichen und praktischen Schritte der Gruppe, ihre Fragen und Emotionen, die sie bei der Recherche bewegten, unmittelbar deutlich. Das Scheitern an der Technik – erst am Ende wird die Beleuchtungsfunktion entdeckt – mutiert zum eindrucksvollen dramaturgischen Mittel. Denn der "Weg durchs Dunkel" lässt die Bilder aus dem "Film" im Film nachwirken, und entspricht zudem der populären Bildsymbolik über "das Dunkle" der Geschichte.

Auch die erste Gruppe hat fast durchgehend eine Kameraeinstellung aus Sicht der Gruppe, der "BesucherInnen" gewählt. Einen Großteil des Films "läuft der/die ZuschauerIn mit". Hier erfordert die gewählte Dramaturgie aber eine höhere reflexive Anstrengung der BetrachterInnen. Immer wieder taucht als "roter Faden" das Gesicht des jungen Gefangenen auf, das lediglich ein "Bildausschnitt" ist, aber mittels der Kameratechnik wird es lebendig, es symbolisiert die menschliche Dimension bei der Einlieferung dadurch, dass er immer wieder zu den ausgewählten Dokumenten und Raumeindrücken „gegengeschnitten" wird. Es entstehen Fragen wie: Wer waren die Häftlinge? Welche Gedanken, Gefühle bewegten sie bei der Einlieferung? Woher kamen sie? Was mussten sie erleben und erleiden? Konnten sie das Lager, wie der ältere Zeitzeuge, überleben? Bei der Präsentation wird deutlich, dass beide Gruppen, trotz gleicher Fragestellung, die Fragmente, die zur Verfügung standen, höchst unterschiedlich einsetzten. Beide Filme weisen erhebliche Informationslücken zum Thema „Einlieferung in das Konzentrationslager" auf. So wird in der Diskussion über die Ergebnisse und das Vorgehen gefragt, welche Bilder die Filme zum Thema „Einlieferung" zeichnen, welche Perspektiven bei den „Bildern" eingenommen werden und welche wichtigen Informationen und Fragestellungen nicht angesprochen werden. Aus dem, was "noch fehlt", könnten nun weitere, die beide Filme ergänzende Arbeiten entstehen.

Literatur

Baacke, Dieter (1997): Medienpädagogik. Grundlagen der Medienkommunikation. Tübingen

Baier, Rosemarie (2000): Geschichte, Erinnerung und Neue Medien. Überlegungen am Beispiel des Holocaust. In: Dies. (Hrsg.): Geschichtskultur in der Zweiten Moderne. Frankfurt a. M, S. 299-324

Brink, Cornelia (1998): Ikonen der Vernichtung. Öffentlicher Gebrauch von Fotografien aus nationalsozialistischen Konzentrationslagern nach 1945. Berlin

Fuchs, Jochen (2003): Auschwitz in den Augen seiner Besucher. In: Hochschule Magdeburg-Stendhal (FH), Fachbereich Sozial- und Gesundheitswesen (Hrsg.): Magdeburger Reihe Bd.13, Magdeburg, S. 77

Gerecht, Ursula (2003): Die ersten Jahre der KZ-Gedenkstätte Moringen 1994-1999. In: Dokumente – Rundbrief der Lagergemeinschaft und Gedenkstätte KZ-Moringen e.V. (22)

Rogoll, Yvonne/Paetrow, Stephan (2001): Die Besucher der KZ-Gedenkstätte Buchenwald

Röll, Franz J. (1998): Mythen und Symbole in populären Medien. Der wahrnehmungsorientierte Ansatz in der Medienpädagogik. Frankfurt a. M.

Ders. (2003): Pädagogik der Navigation. Selbstgesteuertes Lernen durch Neue Medien. München

Sedlaczek, Dietmar (2001): Zum Einsatz von Neuen Medien in Gedenkstätten. In: Museale und mediale Präsentationen in KZ-Gedenkstätten. Beiträge zur Geschichte der nationalsozialistischen Verfolgung in Norddeutschland, Heft 6, hrsg. KZ-Gedenkstätte Neuengamme. Bremen

Sozialwissenschaftliches Institut (2000): Besucherbefragung zur Neugestaltung der KZ-Gedenkstätte Dachau. München

Matthias-Film GmbH (2003): „Das Heimweh des Walerjan Wrobel". Spielfilm von Rolf Schübel